THANKS, OBAMA

MY HOPEY, CHANGEY WHITE HOUSE YEARS

謝謝，歐巴馬

大衛·利特
DAVID LITT

朱崇旻——譯

（左起）這人不是我；中間這個就是我；這位顯然不是我。
（Courtesy of Lawrence Jackson）

給賈姬，

妳能一眼看穿我，

卻還是喜歡我。

【目次】

Part II

我們在歷史上（微不足道）的地位

關於「事實」（如果世上還存在這種東西）

A Note on Truthiness

我在白宮上班那段期間沒有寫日記，我不想留下任何證物，免得哪天收到國會的傳票。這本書裡發生的事情，也許源自我的記憶、Google查到的紀錄，或我對家人朋友說過無數次的小故事，我都盡量檢查過每一件事是否符合實情，我也盡量逐字還原每個人物過去的發言，就算用字有些不同，至少意思有到（特別是歐巴馬總統，我在書中盡可能原汁原味地寫下了他的話）。書中登場的公眾人物我都用真名，其他大部分的人都是用化名。

前言

空軍一號上的芝麻菜

Arugula on Air Force One

「幹，那臺車在打滑！」

那個整顆頭探出車窗的傢伙不知道自己是在對車隊叫罵，就算他知道，他應該也不在乎。這天是二〇一六年一月二十日，華府的路面積了一英寸的雪，使美國首都陷入混亂，用電影來比喻的話，我們現在應該介於《冰雪奇緣》（*Frozen*）和《瘋狂麥斯》（*Mad Max*）兩個世界之間。

總統不應該被困在車陣裡。永遠不為塞車煩惱，不就是當總統的福利之一嗎？可惜今晚是例外，突如其來的一場雪不僅害華府街道塞得水洩不通，還迫使總統的直升機停飛，工作人員甚至連為總統專車開道都來不及。白宮軍事辦公室也只能幫總統升級裝備：美國總統平常都搭別稱「野獸」（The Beast）的總統座車，那是一輛披著禮車皮的坦克車，可是現在路面結了冰，比起厚重的裝甲，總統座車更需要雪地牽引力。巴拉克．歐巴馬（Barack Obama）還是美國的大統帥，市場隨他的意志變化，美國與其他國家的命運握在他手裡。但在今晚，巴拉克．歐巴馬也就是個坐在運動休旅車裡的中年爸爸，下班後急著準時回到家。

至少他坐的是四輪傳動車。像我這種資淺小參謀搭的是普通十五人座小巴，我們這臺車一直在路上打滑，走的是歪七扭八的蛇行路線。

沒想到我們一離開安德魯斯聯合基地（Andrews Air Force Base），就一頭栽進了滑稽的譬喻：交通就像困在華府的僵局裡，前進的速度慢到令人崩潰。這是我最後一次陪同美國總統出行，我們深信自己朝著正確的方向走，卻又擔心巴士的輪子會掉下來，這倒是挺符合現況的。我們猛然滑向一排停在路邊的車輛，我甚至聽到自封為權威人士的最新評論：

「幹，車子**打滑了！**」

排除萬難後，我們的司機勉強控制住車輛，繼續緩慢前進。

今早登機時，我才沒去想這些象徵手法，我比較關心的是零食。從前從前，登上空軍一號簡直像穿過魔法衣櫥進入神奇的納尼亞（Narnia）。可是時至我最後一次登機的今日，我已經習以為常。上了登機梯後，我經過會議室，從水果碗裡拔幾顆葡萄來吃，把外套掛在衣櫃裡，隨手拿一條乙太網路線，順便拿一盒給總統吃的M&M巧克力。我點一杯冰咖啡，抬起座椅的腳踏板，別上上了釉的金屬別針，讓特勤局人員知道他們不能把我一槍斃了。完成上述動作之後，我試著在午餐前修完講稿。

我每次看到總統在飛機上吃東西，通常都是吃雞胸肉或蔬菜這種健康的食物。至於我們其他人吃的食物，我強烈懷疑那是食人族特地用來把人養肥的飼料。我們的飲食滿是熱量，菜單搭著配菜。那天早上我們搭機從安德魯斯聯合基地前往底特律，明明是一趟短短的旅程，卻提供口感綿密的布利起司佐香脆義式培根與香烤鄉村大蒜麵包、新鮮芝麻菜佐現磨胡椒與帕馬森起司。

我曾問過一位名叫泰德的空服員，為什麼連所謂「清淡」的選項，要麼不是撒了碎培根，就是淋了切達起司醬？

他回答：「軍隊是用肚子在行軍的。」

對真正的軍隊來說，吃飯可能真的很重要，人家可是受過訓練的軍人，他們長途行軍和殺人要耗費一大堆熱量。我不過是個演講撰稿者，又不用行軍，也不必擔心被敵軍槍擊——我該擔心的反而是吃太撐了，頭腦無法正常思考。我在總統專機上大啖塞了料的豬排、蟹味椒鹽捲餅，還有理論上是「零嘴」的一大杯水牛城藍起司沾醬。最後一分鐘的修改通常我會犒賞自己，從窗邊的糖果盤拿一小包特趣（TWIX）或士力架（Snickers）巧克力棒來啃。你以為我說完了嗎？還差得遠呢！前面那都只是零食，我還沒說到「真正」的甜點。誰曉得我在為國服務這段期間，吃了多少個山核桃派、草莓凍糕、蘋果塔和布朗尼？

倘若你問十年前的我：你覺得二十九歲的你會做什麼事？我絕對不會回答：在空軍一號上把自己吃到血管瀕臨爆裂。我讀的是耶魯大學（Yale University），的確有很多同學從一畢業就開始競選各種官職，可是我和他們不一樣。我每次想像自己二十到三十歲這十年，都是想像自己踏上驚險刺激的冒險，到人跡罕至的地方欣賞美景、學習新語言，還有練出六塊腹肌。在我的想像中，我會擾亂現有制度，不是推翻就是超越它們。加入這個體系？那是絕對、絕對不可能的。那太荒唐了。

時間快轉，十年過去了，我沒有踏上尋找自我的旅行，卻建立了牢固的人際關係網。我的皮夾裡有一小疊名片，包包裡還有厚厚一疊備用名片。每次我搭空軍一號出差，幫我遞上熱毛巾的軍官都會一本正經地叫我「長官」。

如果我不留神，可能還會相信這是我應得的待遇。

但是，身為參謀團隊一員的我，總會遇到宛如當頭一棒的事件，把我打醒。前往底特律的兩個月前，我去看歐巴馬總統錄製每週演講。這些錄影時我通常會偷偷躲在角落，但那天我居然大刺刺坐在前排正中間。(你問為什麼？我也很想問當初的自己啊！) 當總統向提字機一瞥時，剛好對上我的視線。

死死盯著總統不放的人，通常得不到什麼好處。可是現在我實在不知道該怎麼移開視線。如果我學珍·奧斯汀（Jane Austen）小說裡羞赧的女孩子垂下眼簾，只會讓雙方更尷尬。我只能一直一直盯著歐巴馬總統，歐巴馬總統也一直一直看著我。最後，就像我已經煎熬了好幾個小時之久，他終於開口。

「**你**，在這裡做什麼？」他其實也沒有不高興，只是覺得有點詫異我在場，像是你走進屋子看到狗沒有乖乖待在狗籠裡，反而跑到客廳亂晃。

如果是別的年輕幕僚，應該能用更得體的方式處理，像是冠冕堂皇地說：「我是來為國家服務的！」也可以簡潔明瞭地回答：「我是來抓錯字的。」

我卻是這樣應對的：首先，我試著擺出若無其事的模樣，對自由世界的領導人露出「啊呀，你逮到我了」的連續殺人犯笑容，然後說：

「沒事，我只是來看看而已。」

總統用鼻子淺淺吸一口氣，揚眉望向攝影師，接著嘆了口氣。

「每次利特在旁邊，都會害我緊張。」

我百分之九十相信歐巴馬總統是在開玩笑。不過，兩個月後的這一天，我最後一次跟隨他出差時，滿肚子芝麻菜與布利起司的我還是盡量避開他的視線。到了底特律，在後臺準備演講時，歐巴馬總統一如往常地和提字機操作員握手，和個人助理談笑。時間到了，他走上臺提醒臺下所有的汽車業從業人員，七年前是他救了他們的產業。

我為歐巴馬總統寫過不少和汽車業有關的講稿，這次演講沒什麼新奇的內容，但總統說到最後一段時，我卻不禁熱淚盈眶。我試著為一路走來的每道里程碑做心理準備：鎮靜地面對我為總統寫的最後一份講稿，最後一次搭乘總統車隊，在空軍一號上的最後一趟旅程。儘管如此，排山倒海的懷念還是潰堤了。我飛也似地逃離幕僚團隊的席位，躲進男廁，用左手撐著洗手槽，右手抓著缺了第一頁的講稿。

「你是大人了，」我提醒自己，**「大人怎麼可以在老闆的老闆面前掉眼淚？」**

我努力整理好情緒，深深呼吸，回到等候室。跟總統出差就是這樣，你前一秒和全世界最重要的人命運相繫；下一秒，你只能在廢棄的小學三年級教室或空無一人的辦公室裡消磨時間。五分鐘、十分鐘過去了，走廊傳來清亮的呼喚：

「利特！」

是歐巴馬總統，他左手拿著的講稿是由我擬的，現在第一頁上清楚簽了他的名字。他的右手掌心朝上地伸向我，要和我握手。

「你要走怎麼不先告訴我？」他說。

「其實我正要偷溜出去。」我的標準很低，所以對我來說這已經是很好的玩笑話了。總統也跟著開玩笑說：

「我抓到你了，看來你偷溜的技術還有待加強。」

他開口要問我問題時，一名助理揮手示意演講後訪談用的攝影機。「算了，」他說。「我們到飛機上再聊吧。」

我們當然沒有再聊，總統在坐飛機回華府的路上忙著處理總統該處理的事，我忙著吃古巴公雞嘴醬佐新鮮沙拉，還有控制自己的情緒。空軍一號距離安德魯斯聯合基地大約半小時航程時，我才聽到「天候不佳」。不久後，我們就在暴風雪中降落。再過不久，車隊出發了，我們赫然發現路上塞滿汽車。

現在，我們哪裡也去不了。紅燈亮起，車隊再次停止前進，這次是停在一家福來雞（Chick-fil-A）旁。唉，又是另一個譬喻。我既緊張又焦躁，感覺沒有人想得出解決辦法。

就在這時，共和黨政客莎拉．裴琳（Sarah Palin）的聲音在我腦中響起。每當我心情跌到谷底，她的聲音就會冒出來，她簡直是恨我入骨的神仙教母。

「所以呢？」她問我，「你的希望呢？你改變這個國家的心願呢？結果怎麼樣啊？」

從二〇一〇年歐巴馬總統的支持率一路下滑，茶黨運動[1]聲勢日益壯大那段時期開始，她就不時會說出這句話。重點是，如果你無視她譏諷的語氣與討厭的腔調，你會發現這其實是個好問題。我二十到三十歲的生命，有大半生活在歐巴馬世界當中，事業方面非常成功，但在影響更廣的方面呢？我和許多愛上候選人，看著那位候選人當上美國總統的人一樣，對我來說，過去八年我的心情起起伏伏，一下在雲端，一下在谷底。我看過史無前例的選舉與期中選舉的潰敗，經歷過通過健保法的喜悅與為新法辯護的疲勞。我看著美國首位黑人總統踏進白宮，讓

1 茶黨運動（Tea Party），二〇〇九年初興起的美國社會運動，最初發展自對刺激經濟復甦計畫的抗議。

聯邦變得更完美;但他將在一年後離開白宮,取而代之的則是集美國所有不完美於一身的唐納.川普(Donald Trump)。

車隊繼續打滑。接下來二十英里路程我們往左溜又往右滑,經歷一次又一次險境,最後終於抵達白宮南草坪。抵達目的地後,我一如既往地下車:穿過白宮西廂辦公室(West Wing),走向我在街道對面的辦公室。這條路我走過無數次,但這將是最後一次。行經玫瑰花園,皮鞋踩著柱廊的石板地前行時,我聽到莎拉.裴琳的問句飄在一月寒冷的空氣中。

所以,結果怎麼樣啊?

歐巴馬腦粉

Part I
Obamabot

01 痴迷 The Rapture

我在二〇〇八年一月三日，把自己的心靈獻祭給了巴拉克．歐巴馬。我沒有滿腔熱愛地發表宣言，沒有人在我胸口上刺下歐巴馬的「希望」海報，但我還是經歷了改變身心的轉化。前一刻，我還是個對政治沒什麼興趣的大四學生；下一秒，我成了願意為伊利諾州一位新手參議員做牛做馬的腦粉。

如果你認識變成腦粉之前的我，絕對猜不到我會有這一天。加入歐巴馬團隊的前一年夏天，我在一間搞笑的報社《洋蔥報》（*The Onion*）實習，上司是個穿著滾輪球鞋，在辦公桌前擺攤販售女性生理用品的傢伙。那真是我夢寐以求的工作。我每天端茶送水和打雜，作為回報，他們讓我旁聽編輯會議，我親耳聽到一位資深編輯瀕臨精神崩潰的發言：「我們是搞笑報社，不是無腦報社！」他吼出這一句之後就衝出會議室了。我從來沒參與過如此有意義的活動。

問題是，我和其他人格格不入。身為實習生最重要的工作就是校對文章和寫些關於天氣的笑話，可是後者一直妨礙我完成第一項工作。我每天早上走進辦公室腦中就浮現一句話：多雲，有下「肉丸雨」的機率！[1]我知道這句話不好笑，可是它像箴言、像腫瘤在我腦中扎根。結果錯字就這麼錯下去，句子也這麼連續錯下去。

多雲，有下「肉丸雨」的機率！多雲，有下「肉丸雨」的機率！多雲，有下「肉丸雨」的機率！你要知道，我不是隨便打工，這可是我夢寐以求的工作，《洋蔥報》可是我的摯愛。我從小住在紐約曼哈頓，時至今日我還記得九一一事件過後幾週，我深信自己十年級沒讀完就會被蓋達組織（al Qaeda）做掉，當時我看到《洋蔥報》一則頭條：

驚！劫機者如臨地府
束手無策，女子竟大烤美國國旗蛋糕

在黑暗痛苦的那一刻，一份小小的諷刺報紙展現出我深愛的美國精神，它大膽反抗，它桀驁不馴，它偏要在人心惶惶的時期樂觀向上。是《洋蔥報》給了我希望，我開始覺得自己或許有機會在死前脫魯——你告訴我，還有比這更令人振奮的事嗎？

若說諷刺文學是美國最好的一面，那政治一定是美國最糟的一面。我的家族故事就是「美

1 原文“Cloudy with a chance of meatballs”，為二〇〇九年上映的喜劇電影動畫《食破天驚》。

國夢」的故事。我的曾祖父曾祖母逃離俄羅斯的宗教迫害，來到美國。經過了兩代，我的父母週末不再待在紐約市，他們逃到鄉村別墅度假去了。我從來沒有為自己的好生活感到愧疚，因為我從小到大學到的信念是「努力工作的人能在美國得到回報」。但父母也告訴我，即使是勵志故事中白手起家的成功者，也必須仰賴運氣。他們告訴我，我生活在美國夢之中的代價就是，必須扛起將這份夢想與好生活帶給別人的責任，這樣才公平。

但是，負責經營這個國家的人可不這麼想。小布希（George W. Bush）坐鎮白宮時，百萬富翁與億萬富豪得到各種減稅福利，學校卻經費不足，道路和橋梁無人修繕，國民所得不停走下坡，財政赤字逐漸膨脹。

更要緊的是，美國還發動了戰爭。小布希總統為了「摧毀大規模殺傷性武器」而入侵伊拉克，戰爭打到一半，我們才發現那些大規模殺傷性武器壓根不存在，要反悔也來不及了——我們毀了別人的國家，不得不承擔引發混亂的責任。前國務卿科林．鮑爾（Colin Powell）把這個道理稱為「陶瓷倉規則」（the Pottery Barn Rule），意思就是你把人家要賣的陶瓷打破了，就得買帳。不過很難想像，我們這次打破的不是陶瓷器而已，而是數兆美元和幾千條美國國民的人命。

換句話說，我們國家的領導人做了糟糕的決策，我們應該找更好的領導人取代他們；然而在現實世界，入侵伊拉克的行動成了藉口，掩飾了黑暗且一點也不民主的真相。反對戰爭、反對用酷刑虐待俘虜，甚至是反對讓富人減稅的人們，被扣上近似叛國的罪名。支持總統的政策和支持美國的軍隊卻成了同義詞。這是項既危險又憤世嫉俗的選舉策略。

說到這裡，你應該看得出我從小就不怎麼喜歡政客。儘管如此，在我成長的環境中，人們時時刻刻告訴我，我有機會改變世界——於是，急著要證明自己能改變世界的我，在二〇〇四年加入總統候選人約翰·凱瑞（John Kerry）的團隊，以志工的身分幫凱瑞助選。

我們理論上站在歷史正確的一邊，我們支持平等！支持機會！支持小蝦米！但實際上，我們被貼上「不美國」、「左派民主黨」、「懦弱」與「膽小」等標籤，比《綠野仙蹤》（*The Wonderful Wizard of Oz*）裡那些畏畏縮縮的小矮人還不如。我相信凱瑞若當上總統，肯定能做得比小布希好，不過他為自己辯駁時總是缺了點自信，彷彿他想讓所有人同意披頭四（Beatles）最有才華的歌手是林哥（Ringo）。凱瑞落選時，我心碎了——不僅是心碎，還感到深深的羞愧，我居然相信自己微薄的力量能改變國家走向。我怎麼這麼傻？這麼天真呢？

我受夠了政治，也不再相信老套的故事，在我看來，只有自我矛盾的人才想「改變世界」，那些人吃到不是有機栽植的番茄就大呼小叫，卻從不想想自己用的大麻是從何而來。只有穿西裝打領帶去上課，未來注定成為白領罪犯的人才會想「奪回國家的主導權」。

那我呢？當我發現自己無法改變世界後，開始變本加厲地嘲諷這個世界。我在大學時期最熱衷於即興喜劇團，第二熱衷的是搞笑雜誌。當我開始在《洋蔥報》實習，發現熱愛這份工作的同事都是些痴痴傻傻、笨拙尷尬的虛無主義者時，我並沒有幻滅，反而高興得不得了。我恨不得成為憤世嫉俗卻又魅力無限的人，我幻想以後在開會時崩潰然後衝出會議室，我的目標是寫出《洋蔥報》有史以來最好笑的天氣笑話！

多雲，有下「肉丸雨」的機率！多雲，有下「肉丸雨」的機率！多雲，有下「肉丸雨」的機率！有時候，你很難知道自己究竟是缺乏天賦，還是命運要你走上一條不同的路。我開始做自己夢寐以求的工作時，滿心希望以後能買一大箱特大號衛生棉，跟隨老闆的腳步——或是他溜直排輪的軌跡——前進。可是八月來臨，《洋蔥報》刊登了另一名實習生——瑪麗安娜——寫的六則笑話，我寫的笑話卻沒有一則合格。

「現在想想，」我心想，**「這份工作好像沒什麼意義。」**

我此生首次開始追求更深切的意義，但因為之前為凱瑞助選的經歷太過慘痛，我一次也沒想過要往政治界發展。結果，我應徵了中央情報局（Central Intelligence Agency，簡稱CIA）。我認為主修歷史、有領導喜劇團經驗的我，能成功加入中情局，讓奧薩瑪．賓拉登（Osama bin Laden）嚐嚐正義的滋味。

我不記得中情局的電話打來時，我人在哪裡了。反正當時我讀大四，不是正在宿醉就是準備宿醉。至於電話那頭的面試官叫什麼名字，我也記不得了，只記得那是個聽起來就像美國人的名字，可能是奇普或吉米之類的吧，而且他的語氣意外地陽光，有點像挨家挨戶銷售餐具的推銷員。

「好喔，來吧！」名字也許是巴迪，還是泰克斯的面試官說。「我先問你第一個問題：你過去一年內有沒有用過非法物品？」

假如我當初對中情局撒謊，也許就能通過測試，現在的我就不會在這裡寫白宮回憶錄，而是為中情局執行機密任務。可能正在用藏在麻醉槍裡的小麻醉槍毒殺毒梟，或為了國家安全和嬌喘連連的超級名模做愛。但實際上能不能通過測試我也不曉得。總之，我坦承自己兩個月前抽過大麻。

面試官陽光般溫暖的聲音消失了。「一般情況下，我們很歡迎不墨守成規的人，」面試官——他是不是叫斯基伯？——告訴我，「可是非常抱歉，我們不能考慮過去十二個月內曾使用非法物品的人。」就這樣，我追緝恐怖分子的事業結束了。

我原以為自己對「意義」的追求會隨著加入中情局的夢想破滅，就像保麗龍餐盒隨著昨晚外帶的中國菜一起丟進垃圾桶那樣，沒想到我明知自己不可能成為中情局特務，還是希望找到有意義的人生。接下來數週，我幻想成為形形色色、千奇百怪的自己：嬉皮、環遊世界的旅行家、銀行家、彈藍調吉他的白人男生……但我總覺得這些不同的我，有點像小半號的牛仔褲，穿在身上感覺不怎麼舒服，而且一點也沒有修飾我的缺點或展現出我的優點。我從十一月開始尋找能取代這些選項的「新自己」，到了跨年那一天，我深深陷入懷疑自我存在的泥沼之中。

在這種情況下，別人可能會投入耶穌的懷抱，或追崇「原始人飲食」（Paleo Diet）吃天然的食材或翻開哲學家艾茵．蘭德（Ayn Rand）的書。

而我呢？我在新年的一月三日，找到了一位總統候選人。

「發掘」這位候選人的時候，我坐在一架準備降落在紐約甘迺迪國際機場的飛機上。當年，機上電視直播節目才剛推出不久，我正要從家庭購物電視網（Home Shopping Network）轉臺看娛樂與體育節目電視網（ESPN）比較不重要的體育賽事，無意中看到愛荷華州一場競選活動的新聞報導，看樣子一場黨團會議剛結束，有人正要發表演說。我想說反正我也不曉得要做什麼，乾脆檢查安全帶有沒有繫緊、餐盤有沒有收好，然後用位子上小小的螢幕看一位兩英寸高的小傢伙宣告勝利。

我不是沒聽過巴拉克．歐巴馬這號人物，我聽過他在二〇〇四年民主黨全國代表大會上的基本政策演說，我有幾個比較積極參與政治的朋友在關注他參選總統的行動；可是我這個人這麼成熟，怎麼可能把那些朋友的話當真？拜託，他們竟然支持一個中間名是「海珊」（Hussein）的人當美國總統？那何不乾脆也投給牙仙子？或提名脫口秀主持人琥碧．戈柏（Whoopi Goldberg）當下一任教宗？

然後，我聽了他的演說。

多年後的今天，我已經是寫過好幾十篇總統演講稿的撰稿人，每次聽到演講，腦袋就會自動編輯講稿。在愛荷華演講的那一夜，歐巴馬的開場白如下：「有人說，這一天永遠不可能來臨。」我現在回顧這段文字，不禁想問：**他說的「有人」是指誰？他們真的說過「永遠」兩個字嗎**？如果**「有人」**認為一個募款行動相當有力的反戰派候選人「永遠」不可能在三強鼎立的民主黨選戰中勝出，特別是原來支持希拉蕊．柯林頓（Hillary Clinton）的白領勞工，有部分被約翰．愛德華茲（John Edwards）拉走……那**「有人」**顯然沒什麼常識，還是別亂講話來得好。

當然，當時坐飛機聽演講的我還不會分析得這麼深入，這是我後來才養成的習慣——順帶一提，我當時不會因壓力過大而失眠，也不能在白宮西廂的海軍餐廳（Navy Mess）用餐。當時的我聽得入迷，歐巴馬參議員接著說：

「一些比較悲觀或憤世嫉俗的人不認為我們能走到今天，但在這歷史性的一刻，你們做了他們認為不可能做到的事。」他說話的樣子就和電影裡的總統沒兩樣，而且他看起來比我爸還年輕。我根本沒時間懷疑，連仔細思考的能力都消失無蹤，瞬間成為巴拉克．歐巴馬的信徒。

接下來十二分鐘，巴拉克．歐巴馬繼續演說，除了起落裝置彈出，我以為我們全都死定了的一剎那以外，我聽得如痴如醉。他說我們是同一個國家的國民，我煞有其事地對隔壁男士點點頭。他說他會團結民主黨與共和黨支持者的力量，為美國人提供更完善的健保，我聽了深信不疑。他掃視全場的志工與組織者。

「你們能走到今天、來到這裡，」他告訴眾人，「是因為你們深深信仰美國精神，相信即使面對不可能，深愛這個國家的人們還是能改變這個國家。」

我和其他二十一歲的青年一樣，對那種突然墜入愛河、無可自拔的感覺再熟悉不過了。「我認識一個女生，」能接受這種話題的朋友常聽我口若懸河地說個不停，聽到耳朵都快長繭了，「她是加州來的，而我以前在華盛頓州住過一個星期，我們都待過美國西岸耶！你看，我們有好多共同點喔！」聽歐巴馬演說的我，感受到的不是生理上的吸引力，而是他身為候選人的吸引力，而且我不得不說，政治和其他方面的差別其實沒有你想像的那麼大，我們通常還是會聽從自己的心。

「我深愛這個國家！」我心想，**「我能改變它！歐巴馬怎麼這麼懂我！」**

飛機接近跑道時，我試圖釐清剛剛發生的一切。我出生在雷根（Reagan）任職總統的末期，那時政府不僅無法解決問題，它就是這個國家的問題。我第一次投票是在小布希當總統的時期，當時無論對國外和國內，都充斥著「你不是支持我們，就是支持恐怖分子」的思想，競爭對手全被抹黑成恐怖主義擁護者。現在，飛行在紐約市上空數千英尺的我，從一位總統候選人口中得知我們不是分成支持共和黨的紅州與支持民主黨的藍州，而都是美利堅合眾國。只要能團結各方力量，我們就能建造無法獨力完成的偉大事業。

出了飛機跑道後，我已經成為話題離不開歐巴馬的粉絲，而且我這種人多的是，理想主義軍團在校園、在美國成形，我們宛如渴望希望與改變的殭屍群。

過一段時間，批評者會嘲笑我們對歐巴馬的景仰，叫我們「歐巴馬腦粉」（Obamabots）。老實說，他們說得有幾分道理，為歐巴馬著迷並不是我們的個人選擇，我感覺自己成了機器人殺手電影裡的角色（這類電影每幾年出一部，你應該看過吧？），開關一開，潛伏已久的編碼被啟動，原本溫溫吞吞的主角突然能用湯匙殘殺敵人。我是從來沒殘殺過人啦，就連那些口口聲聲要別人「上領英（LinkedIn）找我的帳戶」的人，我也一個都沒殺過；但我覺得自己和機器人殺手有不少共同點——我被寫入「厚臉皮」的預編程式，可以厚臉皮地向朋友募款，還能隨機打電話給別人，建議他們該如何投下選票。現在，有人開啟了我的厚臉皮開關。

回到學校之後，我加入我們學校的「為美國選歐巴馬」（Obama for America）分部，組織者發給我們一張張寫滿陌生人姓名與電話號碼的清單，我每天晚上打無數通電話，打到手指發痠才休息。現在的我，比起打電話更有機會接到這種電話，我掛電話的速度超級快，你要是不知情，可能會以為我怕被電話毒死。但二〇〇八年的我和今天的我不一樣，那是個特別的選季，民主黨支持者很樂意聽一個短短四個月前才能合法飲酒的陌生人提供投票建議。[2]

我把那些冷不防接到我電話的人們當成「我的選民」。如果他們不接電話，我會給他們留一段大約一分鐘的語音留言；如果他們接起電話，我會向我的選民傳達同一段訊息，最後留時

2 在美國，二十一歲才能合法飲酒。

間讓他們提問。我會在一些小方面客製化我的訊息。也許告訴名叫蒂芬妮的女性，歐巴馬能讓人們團結起來；也許會對名叫塔克的男性提起他在中西部的祖先；我可能會向名叫特雷孝的男性不時提到「歷史性」一詞。

但無論對象是誰，我最常提及的就是伊拉克議題。在這場戰爭前夕，希拉蕊支持小布希派軍入侵伊拉克，至於她的動機是個人原則或維持剛強形象的堅持，沒有人看得出來。我們再看看歐巴馬，在二〇〇二年，和小布希唱反調就等於提早終結自己的政治生涯，但歐巴馬還是毫不忌諱地稱伊拉克戰爭為一場「愚蠢的戰爭」。我常告訴我的選民，一位總統需要判斷力與勇氣這兩種特質，而我支持的候選人僅憑一場演說就完美展現出這兩者。

「那經驗呢？他不是只當過兩年的參議員嗎？」

「我覺得這不重要，」我信誓旦旦地說。要我把即興喜劇團的指導權交給大二的學弟妹，我寧可引火自焚；可是說到經營美國，我卻深信一位才剛當上參議員不久的總統候選人有辦法摸出一條門路。

講完電話後，我會給選民打分數：五分表示這個人支持希拉蕊，三分表示這個人尚未決定，一分表示他支持我們。打了一兩個星期的電話後，你想得到的每一個議題——候選人的可選性（Electability）、教育、基礎建設、基改作物——我幾乎都講過，我在試圖說服選民的過程中學到一個訣竅，那就是把個人經驗當成專業知識自吹自擂。

「我當然支持美國的農民，我超愛吃沙拉的！」

「我的祖父、祖母、外公、外婆都還健在，我**不得不**關心社會安全保險！」

嗯，你懂的。

我和這些民主黨支持者甚少提及一個議題，但這個議題總是在我們腦中徘徊不去，它就是……種族。我支持的候選人是非裔美國人，他在選民超過百分之九十都是白人的愛荷華州勝選，可說是奇蹟中的奇蹟，但奇蹟確實發生了。這，就是歐巴馬如此有吸引力的原因：他不僅為改變國家奮鬥，他**就是**改變。他是信使，同時也是再重要不過的訊息。你聽到先知將應許之地描述得有如人間天堂，當然會想追隨他；當你親眼看到他將大海一分為二時，更是五體投地，全心追隨了。

在這樣的情況下，**不**將福音傳播出去簡直是自私。我的朋友們一覺醒來，發現我成了福音傳播者，而這個狂熱的信徒不怎麼在乎你的靈魂，卻說什麼也要得到你神聖的一票。至於策略，我的策略靈感取自諸位先賢烈士。聖雄甘地（Mahatma Gandhi）絕食抗議，羅莎．帕克斯（Rosa Parks）[3]拒絕讓座，那我呢？我把通訊錄的所有人剪貼到郵件的密件副本欄，然後在信中寫下我對當週新聞的看法。

3 羅莎．帕克斯（Rosa Parks, 1913-2005），一位美國黑人民權行動主義者，她在公車上拒絕讓座給白人乘客，因此遭逮捕，引發聯合抵制蒙哥馬利公車運動。美國國會後來稱她為「現代民權運動之母」。

「歐巴馬前幾天能連連勝選，是因為有很多支持者在幫他拉票。他每一次在選戰中大勝競爭對手，勢力就變得更壯大！」

從來沒有人回覆我的福音公報，但我一點也不在乎，反正我愛這個國家，我正在努力改變這個國家。馬丁·路德·金恩（Martin Luther King）在推動黑人人權運動時，應該也沒順利到哪裡去吧。

為巴拉克·歐巴馬撥出第一通電話的四週後，我終於有機會親自投給他了。康乃狄克州在二月五日進行民主黨初選。我們雖然是小州，卻和「收養」希拉蕊·柯林頓的紐約州相鄰，因此這次黨內初選特別重要。選前大約一週，競選團隊宣布歐巴馬會親臨發表演說。

基督教有種稱為「被提」（Rapture）的概念，意思是耶穌再臨時，已死的信徒將復活升天，還在世的信徒也會升天與耶穌重聚。我們猶太人不相信「被提」這回事，可是在歐巴馬的造勢活動前那幾晚，我夜夜躺在床上期盼歐巴馬的到來，似乎多少體會到基督徒的感受了。二月四日，神聖的時刻終於來臨，我號召一群歐巴馬支持者，未經室友同意就「借」了她的車前往康乃狄克州哈特福市朝聖。

過了幾年，我現在隨車隊前往造勢會場，有時會感到好奇，觀眾沒事參加造勢活動做什麼？講者演說前好幾個小時，你就得等會場開門，排隊通過金屬探測器，等活動開始，等講者上臺說話。等了兩個小時，聽了至多一個小時的演講後，你還得等講者離場，等前面的所有人離場，最後還要等你的公車或火車或車子。聽總統或總統候選人演說，基本上就像是參加站著乾等的運動會。

何不上網看轉播就好了？我心想，我都忘了自己數年前大老遠跑去哈特福等了好幾個小時，你要我別去，我說什麼也不肯呢！我們站在籃球場上，和其他一萬六千個朝聖者站在一起，高舉自製的看板。我們和其他人一起玩人浪，還有幾個人試著帶頭歡呼。

「我、們、做、得、到！我、們、做、得、到！我、們……太早了嗎？好吧，不要理我。」

最後，我們都忘記究竟過了多少時間，造勢活動總算開始了。巴拉克・歐巴馬和泰德・甘迺迪（Ted Kennedy）[4]連續一週同臺演說，兩個不甚搭調的政治人物一起邁上有機會改變人生的旅程，這感覺有點像茱莉・安德魯絲（Julie Andrews）和女神卡卡（Lady Gaga）合錄一張聖誕專輯一樣奇怪。政治界老鳥先前不慎失足，但還是能憑數十年的經驗走下去；菜鳥有時略顯經驗不足，卻擁有過人的才華。兩人合作滿足了民主黨的基本要求：承諾會終結伊拉克戰爭，提供平價的保健系統，並為中產階級爭取權益。

有趣的是，他們說的話我居然一個字也不記得。在飛往甘迺迪機場的飛機上，我為歐巴馬

4　泰德・甘迺迪（Ted Kennedy, 1932-2009），民主黨的元老。二〇〇八年是第一位支持歐巴馬爭取黨內總統提名的重量級民主黨人士。

這位候選人著迷；在哈特福，我則是為觀眾著迷。我當然見過多元的群眾——在大學的招生宣傳手冊上見過——但我看著這些數以千計、不停尖叫的民主黨支持者，才首次發現自己也是這個多元群體的一分子。

把美國社會簡化成「一條魚、兩條魚、紅色的魚、藍色的魚」[5]有點冒險，但那天午後的球場上不存在樣板主義（Tokenism），年輕人、老人、同性戀、異性戀、黑人、白人、男人、女人、窮人、富人，形形色色的人齊聚一堂。在美國，這些差異經常使人們分裂為不同群體，但我在哈特福看到了希望，而代表這份希望的並不是我們的總統候選人，而是我們這些支持者。我們為自己的身分與背景感到驕傲，不過最令我們驕傲的是，我們得以參與如此宏大的一場運動。

「U、S、A！U、S、A！」

後方傳來逐漸壯大的呼聲，我驚訝地發現自己也跟著吶喊了起來。這種未經加工的愛國主義誕生於小布希當總統那幾年，所謂的「愛國」就等同支持侵略他國的行動；當時，右派認領了**「自由」**與**「自主」**等詞，左派則毫不猶豫地拋棄這些字眼。而現在，我們聚在一起喊口號時，我們的言語與動作不帶一絲諷刺。

我們不只為其他歐巴馬腦粉歡呼，高喊「我們做得到！」，我們指的也包括歐巴馬支持者、希拉蕊支持者、共和黨員、無黨籍人士。我們打從心底相信，再過不久，所有人都將恍然大悟，看見正確的道路。

當然，在那之前，我們必須勝選。回校後，我和朋友把一間宿舍寢室當總部用，我們不再打電話，乾脆帶著宣傳品挨家挨戶提醒選民去投票。巡完一輪後，我投下自己的一票，視線停留在歐巴馬名字旁那個塗黑的小圈圈。接著，我又未經同意就「借用」室友的車，載選民去投票。

我和朋友聚在酒吧看開票結果，一開始，我們看著希拉蕊遙遙領先，酒吧裡氣氛凝重。後來哈特福、布里斯托、紐哈芬等大城市的開票結果也出爐了，我們這才看清康乃狄克州民主黨初選的結果。最後，兩位候選人的得票數差了一萬四千票，以微幅差距獲勝，我們贏了。一群大學生又叫又跳地回校園總部，在路上經過兩個乞丐。他們看看我們，我們也看看他們。

「巴拉克．歐巴馬？」

「巴拉克．歐巴馬！」

我們突然抱在一起，尖叫著跳上跳下。我們這群大學生和那兩個乞丐的人生也許有天壤之別，但這些差異都因歐巴馬的勝利而消失了。當時，我深信全世界都從根本改變了。

逼我看清現實的，是那時候和我關係曖昧的大三學妹——艾莉卡。我知道她到民主黨初選的那天早上還是不曉得該投給誰，但我把這當成她讀哲學的副作用。在我看來，她最後一定能做出正確的選擇。

5 出自蘇斯博士（Dr. Seuss）的童書《一條魚，兩條魚，紅色的魚，藍色的魚》（*One Fish, Two Fish, Red Fish, Blue Fish*）。

結果呢?結果，她把自己那一票投給希拉蕊。她告訴我，她喜歡歐巴馬，但她想支持同樣是女性的希拉蕊。我「理論上」理解她的選擇，但「實際上」，這感覺像是我們一起去吃晚餐時，她若無其事地點了道人肉料理。我試圖讓她看清自己的選擇有多愚昧，但不知為何，她並沒有如我所想地重新審視自己的人生。數日後，我們結束了那段曖昧的關係。

那時候歐巴馬屢戰屢勝，內布拉斯加州、緬因州、馬里蘭州、威斯康辛州……從康乃狄克州的初選到二月十九日，總共辦了十一次州內初選，那十一次全都是我們得勝。到了二月底，歐巴馬顯然勝券在握。他集結非裔美國人、中產階級白人與年輕人的力量，使數月前毫無瓜葛的群體團結一氣。現在，他即將成為代表民主黨參選的總統候選人。我呼吸著勝利的味道，哪有時間為一場已經結束的曖昧戀情哀悼?

於是，我轉而將希望寄託在新的戀情上，對朋友滔滔不絕地說：「我認識一個女生，我一直不敢約她，她也從來沒表現出希望我約她的意思!你看，我們有很多共同點吧!」

這個女生名叫愛米，她是個有趣又叛逆的女孩，喜歡的東西包括蝙蝠俠和電腦科學。我這種人和愛米根本不是同一個層級。但每當我懷疑自己，歐巴馬的言語就會在我腦中響起：「當我們面對不可能的困境，當別人告訴我們，我們還沒做好準備、我們不該嘗試，或者我們無法做到這件事的時候，每一代美國人的回答都一樣，我們的信念就是美國人的精神。」這句話宛如箴言，宛如腫瘤，在我腦海扎根。

我們做得到。我們做得到。我們做得到。

然而隨著二月底一步步逼近，愛米種種禮貌的暗示卻告訴我：你做不到。我使出渾身解數，做墨西哥酥餅給她吃，把剩下三分之一瓶黃尾袋鼠葡萄酒（Yellowtail）給她喝、找《黑道家族》（*The Sopranos*）DVD給她看，結果每次都碰了軟釘子。

然後，就在我萬念俱灰之時，命運為我開了一扇窗：愛米也得了歐巴馬狂熱症。在三月四日，羅德島州民主黨初選那一天，我問愛米要不要丟下一切，和我一起去羅德島州首府普洛威斯頓市，挨家挨戶為歐巴馬「傳福音」拜票——然後呢？她竟然答應了！我趁她還來不及反悔，趕緊「借用」室友的車，沿著九十五號州際公路向羅德島疾駛。

從我們抵達羅德島州那一刻，我就知道我的候選人不太可能贏下這一場戰役。羅德島州選民聽到我建議他們投給歐巴馬時的反應，就像有一次我半夜一點邀愛米去散心，她當時的反應。儘管如此，即使是和我們意見相左的人，也多少察覺到自己身在歷史的轉捩點。這些人通常完全不認同我們的說法，但他們看到年輕人為了改變我們所有人深愛的國家而登門造訪，還是十分高興。有個支持希拉蕊的選民問我們要不要吃檸檬蛋糕，還有一個擔心我會凍死，邀我進屋裡去。一個蓄了鬍子的男人打開家門，對我提出我為歐巴馬助選過程中，從來沒有人問過的問題：

「你是猶太人嗎？」

我回答「是」，他便邀我進他小小的白色屋子，和他們一家一同進行安息日禱告。這家人完全沒有要投給歐巴馬的意思。他們看上去寧可破戒吃一大盤培根起司漢堡，也不肯投給我支持的候選人；但他們還是友善地邀請我進屋禱告。政治就該是如此——**生命**就該是如此。

我回到街上和愛米會合，心中充滿了希望與信心，我知道世界即將改變。在羅德島州戰敗又如何？美國將開啟閃亮的嶄新篇章，而我們將是帶來改變的那批人。我並沒有失望，反而興奮不已，我覺得自己充滿力量、欣喜若狂，這是我從來沒有過的感覺。

我和愛米回到車上，我知道她也感受到這份喜悅了，我很想湊過去親她，但這太普通、太像平時的政治、太侷限於現狀了。我不給自己多想的時間，瘋狂的語句脫口而出：

「要不要脫光衣服開車回紐哈芬？」

她肯定想都沒想過我會說出這種話，但我的提議卻在可行的範圍內，就和巴拉克．歐巴馬一樣。她只遲疑了一秒。

我已經不記得我們是怎麼做到的，但如果邊開車邊脫衣服是一種成就，那我們解鎖了這個成就。城市的街道有減速丘和紅綠燈，比較有挑戰性；等我們開上高速公路，我們就自由了。我開到最左線，一路飆過無數車，其他駕駛人瞥見我們車內的情景都驚得目瞪口呆。

我們是在約會嗎？還是公然猥褻？不管是何者，我們都不希望這趟旅程結束。我和愛米每次四目相對都忍不住哈哈大笑，每次看到警車我們都會緊張得全身緊繃。我們決定闖入水族館——我們當時覺得這很理所當然——結果失敗，於是我們再次開上高速公路，繼續光著身子開車。

「有人說，這一天永遠不可能來臨。」我心想。

倘若你問我，我今生政治道路上最重要的一刻是什麼時候，我當然很想告訴你，是我在飛機上聽到巴拉克．歐巴馬演講的那一剎那，或是我第一次見到他本人的造勢活動，或是六個星期後，在我和愛米之間擦出火花，火苗又迅速熄滅後，歐巴馬那場著名的「種族演說」。

但如果我這麼回答你，我就是在說謊。改變我人生軌跡的瞬間，發生在車水馬龍的州際公路上，那時我光溜溜的屁股貼在從室友那裡「借來」的日產車（Nissan）駕駛座上。短短數月前，社會上人人憤世嫉俗；但現在，我們卻能著手建造一個更好的世界——一個陌生人會邀請你進屋子裡吃飯，你喜歡的女孩會為莫名其妙的原因脫光衣服的世界。我們不只是為改變而奮鬥，我們**就是**改變。我踩著油門，興奮與期盼的心情令我起雞皮疙瘩。

二十一歲的我，生活在巴拉克．歐巴馬的美國，在我看來，世界上沒有不可能的事。

02 如何弄到在白宮的工作……的相反

How to Not Land a White House Job

別打掃辦公室，歐巴馬的人是清潔工！

密西根州韋恩縣的民主黨領袖詹妮絲．麥爾（Janice Maier）不喜歡我，持平來說，她也不喜歡歐巴馬。八十多歲的她是希拉蕊支持者，而且她引以為豪。在她看來，年紀輕輕就站出來和希拉蕊競爭民主黨候選人之位的歐巴馬，簡直像個暴發戶。我則是歐巴馬陣營的胎兒，而且還是個惹人厭的胎兒。黨內初選早在一個月前結束了，但詹妮絲迎接我的態度依然冷冰冰、不屑一顧，像個被迫歡迎西哥德人進澡堂的羅馬人。

她當然不可能在肢體上霸凌我，她身高才四呎十吋，而且還像卡通裡的老巫婆一樣駝著背，下巴垂著鬆垮的皮膚。但是，儘管詹妮絲身材嬌小，我還是能感覺到她凶悍又固執的恨意，還看到她那張全部大寫的「清潔工」告示。一天深夜，我離開我們只有一間辦公室的競選總部，隔天早上回來，就看到那張貼在牆上的公告。只有兩個人有辦公室鑰匙，一個是我，另一個就是詹妮絲·麥爾。

我搬到俄亥俄州時，從沒想過會遇到這樣的挑戰。民主黨初選和我的學生生涯一同在五月結束，兩週後，我開車朝俄亥俄這個搖擺州前進。「為美國選歐巴馬」競選陣營給了我一個叫「組織合作會員」(Organizing Fellowship) 的職位，簡單說就是「契約奴工」。我每天無償工作十六小時，作為回報，總部有人幫我找了臨時住所，我睡在某個陌生人家多餘的房間，房裡總是飄著狗味。我怎麼會如此幸運呢！每天早上我都興高采烈地跳下床，拍掉襯衫上的狗毛，開開心心地去騷擾俄亥俄州坎頓市的居民。

「抱歉打擾了，請問你登記投票了嗎？」我問他們。

「我從不投票的。」

「太棒了！我幫你登記吧！」

我不是在登記選民，就是在打電話給歐巴馬的支持者，請他們讓我到他們家聊聊——我們把這種談話稱作「一對一」。如果一對一進行得順利，那位新志工也許會在家裡辦派對，播放鼓勵人們支持我們的DVD給朋友看；如果進行得非常順利，這位志工也許會用發自內心的偉大行為表示支持，像是帶千層麵到辦公室給工作人員吃。

「別忘了，」我們在俄亥俄州哥倫布市受訓時，其中一位指導員——史黛芙·斯皮爾斯(Steph Speirs)——曾說：「他們來到這裡是為了歐巴馬；但他們會留下來，是因為有你們。」

史黛芙是我的大學學姊，只比我大一屆，但到俄亥俄州之後不久，我就發現像她這麼年輕的人在這裡並不少見。這個競選團隊唯才是用，沒有人有時間盲從資歷或組織架構。只要你有能力招募大量志工、聯繫大量選民，就能往上爬；如果你做不到，那只能原地踱步。史黛芙十二個月前才加入競選團隊，現在她卻是俄亥俄州西南分部的管理者。來俄亥俄州支援競選團隊的新人受訓時，史黛芙和我們分享了幫助她成功的幾句話。

「別妄想贏得每一票，只要過半數就好。」

「電話是你最強大的武器。」

「用頭腦思考，用心去推動。」

最後一句你可能會覺得聽起來太美好，但實際上並非如此。我要達成每週的目標，就不能把選民當成活生生的人，必須把他們當成數字。「在血漿庫外還有一排沒登記投票的人！」你如果是我同事，可能會聽我這麼說，「而且他們都閒閒地站在那邊！」

但是，我也在工作中找到了溫暖。我最初進行「一對一」的對象之一布蘭達，是位身穿飄逸短衫的中年女性。我們道別時，她一臉緊張地看著我。

「你真的覺得我們能贏嗎？」

我平常不會隨便下定論，什麼事情都有前提，但在競選團隊中，一部分的我——在我心中沉睡已久的我——站了出來。

「我們隊上有了妳，當然能贏啊！」

哇，這句話真的是我說的嗎？

我大學四年表現得實在不怎麼樣，成績放寬標準後還是低分飛過，而且喝了不少廉價伏特加。我原本擔心自己畢業後一事無成，沒想到一到職場上，我好像被開啟了某個開關。沒過多久我就收集了好幾疊選民登記卡，三餐都吃千層麵，在當了幾個星期的契約奴工後，競選團隊終於注意到我的工作表現，我從無薪會員晉升成低薪組織者，奉命去俄亥俄州東北部酪農中心區一座名叫伍斯特的小鎮設立新辦公室。

組織者們把韋恩縣這種地區稱作「棘手區」(Tough Turf)，它之所以棘手，不只是因為詹妮絲·麥爾鄙視我。此區，小布希在二〇〇四年贏得百分之六十的選票，剩下百分之四十都集中在當地大學校區與貧窮社區；住在這兩區同溫層之外的民主黨支持者，只能緘口不提自己對全民健保的熱愛和提高最低薪資的支持。

因此，我們的競選活動成了「出櫃」大會。一些選民也許受了歐巴馬的演講鼓舞，來到我們的辦公室，訝異地發現自己的朋友和鄰居也在這裡。我們小小的總部距離鎮中心不遠，才剛設立不久就有許多男女來訪，這些人都是新加入的「志工」。銀髮老菸槍愛蓮、愛管閒事的希薇亞、義無反顧的社會主義者羅斯、蘑菇農場主人貝絲——形形色色的人都前來幫忙。「你應該去當銷售員。」他們告訴我，看樣子是在誇我。

他們的意思我明白。我要招募新志工，就得厚臉皮去說服別人。但是，我們組織並不只是建立在「死纏爛打」和「讓別人感到愧疚」這些雕蟲小技上。我身為組織者最大的優點，就是我對理想的信仰。那年六月到十一月，我只喝了兩瓶啤酒，而且幾乎禁慾（這完全是出於自己的選擇）；為了防止自己看了全國新聞後分心，我甚至下載了阻擋色情網站的軟體，用來擋掉CNN新聞。

倘若我賣的是汽車而非候選人，我絕對不可能如此專注於目標。不過在俄亥俄度過的每一天，我都提醒自己，我是這場大型運動的一部分。有個名叫麗莎的女性，她過去四年找了三份製造業的工作，三次都以解僱收場，她在六月來我們辦公室，希望能帶一面看板回去擺在院子裡。當時她說她不敢當志工。同年十一月，她已經是社區的小組長，負責伍斯特鎮一整區的競選宣傳。

還有個志工叫溫蒂，她因為椎間盤滑脫，不管是站著還是坐著都苦不堪言，她只能一邊痛苦地繞著鎮中心踱步，一邊打電話遊說選民。我喜歡挑戰志工的極限，但這次連我也看不下去。

「妳不用這麼辛苦沒關係的。」

「當然有關係。如果我不打電話，我就得不到健保，也沒辦法康復了。」

換成是你，面對如此巨大的威脅，應該也願意每週工作一百二十個小時吧？

我用阻擋色情網站的軟體把全國新聞都擋掉，所以沒發現支持歐巴馬的團隊逐漸成長的同時，經濟正漸漸崩解。雷曼兄弟銀行（Lehman Brothers）在九月十五日倒閉，我卻忙著規畫喬・拜登（Joe Biden）的造勢活動，沒空關心時事。我手下的志工就沒這麼幸運了，除了為歐巴馬競選之外，他們還有自己的生活要過，不能像我這樣置之度外。過去，他們打電話打到累了，休息時也許會罵罵小布希幾句，現在他們休息時聊的卻是401(k)退休福利計畫[1]。我在坎頓市的同事到某條街上拜訪市民，卻發現街上的每一棟房屋都成了法拍屋。

眼見二十世紀初期的經濟大恐慌即將在二十一世紀重演，我擔心我們的支持者忙著關心自己的未來與生計，沒時間來助選，沒想到事實恰恰相反——志工們清楚看見自己的生活與國家之間的關聯。我套用一句歐巴馬說過的話，他們開始帶著「對當下的猛烈急迫感」做事。志工們加速工作，我也跟著加緊腳步。到了十月，史黛芙的建議被新的個人口號取而代之：

「疲勞不過是一種感受。」

大選日終於來臨，不知為何，這一天異常平靜，靜得很詭異。早在開始投票前幾個小時，我就一屁股在一名志工家客廳的沙發坐下，等著緊急事件上門。我等了很久一直沒事做，乾脆找一個兩公升果汁瓶和一顆舊Nerf美式足球，結果美國歷史最重要的日子之一，我都在用美式足球丟果汁瓶。

1　美國於一九八一年創立一種延後課稅的退休金帳戶。

砰！砰！砰！——噹啷——咒罵聲——匆匆踩著地毯去看檯燈有沒有被砸壞的腳步聲——放心地嘆息——砰！

我的鍋爐室外，韋恩縣的選戰正激烈進行，但現在作戰的不再是領薪水的工作人員，而是受過訓練的當地志工團隊。這些人是學生、教授、家庭主婦、空手道教練、農業研究員與退休老人，現在他們多了個新身分：組織者。

當晚，新聞臺宣布歐巴馬贏下了俄亥俄州——贏下了全美國——時，我們幾乎不敢相信他能成就這樣的大事；更重要的是，**我們**居然成就了這樣的大事。當然，美國經濟還是一團亂，伊拉克戰爭仍未結束，而且詹妮絲・麥爾將偷走我在OfficeMax辦公室用品店買來的雷射印表機，非要我用海綿把她的折疊桌刷乾淨才肯還我。

「妳怎麼可以拿我的東西要脅我！」我對她說。我和詹妮絲相處了好幾個月，這是我第一次看到她露出微笑。

「小子，我們韋恩縣的人都是這樣幹的。」

我不得不暫時接下清潔工的工作，把桌子刷乾淨。但這都是以後的事。此時此刻，我們下一任總統正在對全國致辭，我的志工們喜極而泣，道德宇宙的行進路徑終於偏向正義那一方。

幫助自己支持的候選人選上總統後，搬回家跟父母住，感覺真的很「特別」，我建議你沒事不要嘗試。在競選團隊中，別人把我當明星；而在我小時候的臥房裡，我只能夜夜盯著牆上那幾張褪色泛黃，表揚我「大幅進步」的夏令營獎狀。

讓我感覺身分降級的，不光是我爸媽的公寓。回到紐約市之後，我每天遇到的種種小羞辱不停提醒我，我在人類社會中不知何時成了類似蜉蝣生物的存在。我在餐車前排隊時，布魯克林來的伐木工型男任意插我的隊；走在路上，提著公事包的銀行業者直接把我撞開。我沒有工作，也沒有職涯可言。

我擁有的，就只有一個信封。這封信在一月初寄到我家，處處透著高級感。

總統就職委員會

敬邀您前來。

昂貴的厚紙卡、華麗的字體，還有用正體寫出來的完整年份：「二〇〇八年」。我這輩子從來沒擁有過如此精緻的物品。

除了那張印刷精美的紙卡外，信封裡還有兩份邀請函，一份是國會大廈就職典禮的邀請函，另一份則是就職舞會的邀請函。我感覺自己成了《巧克力冒險工廠》（*Charlie and the Chocolate Factory*）裡拿到金獎券的查理（Charlie），在參觀巧克力工廠的日子到來之前，我要死守這兩張請帖。你可能會覺得我大驚小怪，可是我告訴你，現在離就職典禮只剩短短數週，我收到的這兩張邀請函到了黃牛手裡，可是要價高達兩萬美元。如果我上克雷格列表（Craigslist）網站把邀請函賣掉，可以大賺一筆，可是我寧可賣腎也不肯賣掉這兩張珍貴的邀請函。有錢財和有人脈的人們巴不得受邀參加總統就職典禮，而我這個房門掛著籃球框的二十二歲青年，卻收到了他們夢寐以求的邀請函。這不是我前途無量的最佳證據嗎？

費西合唱團（Phish）的歌迷去聽他們的音樂會，不是為了向樂團求職；而我去華府參加就職典禮，也不是希望歐巴馬僱用我。儘管如此，在收到寶貝信封後不久，我還是下定決心動身了。小布希的總統任期只剩短短五天，我將珍貴的邀請函放入行李箱，又帶了五件襯衫、兩條卡其褲和我畢業舞會穿的男士晚禮服。這時候的我還是沒有職涯規畫，也沒有人生計畫可言。但既然「希望」與「改變」已出發前往美國首府，我當然也要去。

就職典禮當日，我在日出前數小時抵達華府鬧區。這天冰寒刺骨，我穿著蓬蓬的大外套還是不停發抖。我照著紫色邀請函上的指示，走向接近國會大廈的會合點。

問題是，我到達會合點才發現，警方預留的空間根本就不夠。和籃球場差不多大的圍場裡，擠著數千名快要凍僵的組織者。到了早上七點，從化學的角度而言，我們已經全部凝固在一起了。

我和其他競選工作人員擠得像沙丁魚，卻一點也不覺得自己可憐，反而驕傲不已。所謂的「VIP」也許會要求別人給他們特殊待遇，但這個即將迎接新總統的華府容不下過度膨脹的自尊。我們人人生而平等，現在我們被擠死的機會也非常公平——你說，還有比這更平等的嗎？

我正想著這些高尚的理想，突然聽到人群一陣竊竊私語：

「傑西．傑克遜（Jesse Jackson）。傑西．傑克遜？是傑西．傑克遜耶！」

人群擠到連松鼠都沒辦法找到洞鑽，但肩膀寬得像座小山的這位男人還是擠了過來。身高六呎三吋，穿著黑色大外套的非裔美國人民權運動巨擘，就這麼朝我走過來；我震驚地看著人群一分為二，讓出一條路。傑西．傑克遜不是沿這條路走著，而是昂首闊步地迎來人們讓出的路。他的表情說不上傲慢，用「寬宏」來形容也許更為貼切，彷彿等著畫師將他的神情描繪在紙上；等肖像畫完成了，他打算將它送給別人。他昂貴的羊毛衣擦過我的尼龍外套時我驚呆了，一個字也說不出來。

這時候，我發現朝人群另一頭移動的不只有這位大人物，有個鬼鬼祟祟、身材矮小的中年男人默默跟在傑西．傑克遜牧師背後，他留了濃密的白色八字鬍，還戴著一頂印第安納．瓊斯（Indiana Jones）樣式的帽子，一隻手緊抓著傑西．傑克遜背後的外套布料。我們其他人都像沙丁魚似地擠在一起，他卻像那種專門為鯊魚清潔腹部的小魚，隨著傑西．傑克遜迅速穿過人群。他和我擦身而過時，我們四目相對，他用沒有拉著傑西．傑克遜外套的那隻手向我揮了揮手。

「嘿！嗨！」他喊道。我還來不及擠出回覆，人牆就在他身後閉合，鬼鬼祟祟的男人消失在人海中。

我們其他人繼續等待，半個小時後，有人叫我們在國家廣場（National Mall）的地下道排隊。假如我們是在郵局排隊，這時候一定會有人忍不住搬椅子砸窗戶；但今天是就職典禮的日子，沒有任何人抱怨。手持紫色邀請函，渾身發抖的賓客，排成一條蔓延幾個街區的隊伍，繼續等候。又過了一個小時，隊伍完全沒有前進，前頭傳來新的低語：

「大門關了。大門關了？大門關了！」

他們說得沒錯，傑克遜牧師從我們身邊經過後不久，紫色入口就發生了事故，特勤局人員封閉這邊的入口。現在，我只有盡快找到一臺電視，才有辦法觀看就職典禮的轉播。我離開隊伍，隨便選了個方向，一路跑到最近的酒吧。

我在地下道排隊時，身邊的人沉醉於這歷史性的一刻。到了酒吧，我身邊的人之所以醉醺醺的，是因為他們從早上六點一直喝到現在。酒吧裡交雜著兄弟會的男性混亂氛圍及辯論社缺乏性生活的激烈情緒，每次C-SPAN電視頻道出現女性國會議員，眾人就開始大聲嚷叫：

「南希．裴洛西（Nancy Pelosi）好辣！」

「黛安．范士丹（Dianne Feinstein）好正！」

在一些紫色邀請函持有者眼中，這就是希望石化成譏諷的瞬間；到隔天早上，他們甚至為這天的悲劇取了名字，叫「厄運的紫色地下道」（The Purple Tunnel of Doom）。雖然我沒把這件事當成大災難，我還是必須承認，有什麼事情變了。幾天後的晚上，我排隊進入就職舞會會場時，有人明目張膽地插隊，那個人就是先前同樣在俄亥俄州當組織者的米蘭達。

「反正大家都在插隊。」她告訴我。

「我們的運動容不下插隊的人。」我心想。但我心中冒出一個小聲音，開始懷疑米蘭達和之前那個白鬍子男人知道些我不知道的事。

我以為在歐巴馬的華府找到自己的定位很簡單，花不了多少時間，這想必跟小巫師加入霍格華茲魔法學校（Hogwarts）之後，認識自己所屬的學院一樣輕鬆自然吧？不過為了以防萬一，我在等待別人將我分進學院時，還是去一間危機溝通事務所找了份實習工作。那是間小公司，董事會包括前國會議員。你加入時必須簽一份同意書，未來不得使用事務所的真名。

「你在『危機小屋』一定會過得很開心，」我的面試官在電話另一端說。她知道我之前在歐巴馬的競選團隊工作，她告訴我，她自己的組織也同樣重視希望與改變。

「我們有個客戶是製造嬰兒床的公司，上次有嬰兒床垮掉，嬰兒不幸死了，是我們幫那間公司弄到第二次機會喔！」

我選擇在「危機小屋」工作，反正我至多工作幾週就會離開了——我之前可是歐巴馬陣營業績可觀的組織者，找工作應該很容易吧？

問題是，歐巴馬競選團隊的人數破了史上紀錄，我這種人多的是，我們不可能每個人都找得到理想工作。俄亥俄州競選團隊會定期視訊通話，關心大家的近況。我每次開視訊會議都覺得自己在讀北極探險隊的探險手記，慢慢發現自己死定了。

一月二十一日：我準備好了！隨時可以出發！

二月九日：保持樂觀，找到好工作可能得花一點時間。

三月十六日：捫心自問，我的目標會不會太不切實際？

四月三日：別忘了，找不到工作也不要緊。

在這段期間，我在華府不時會聽到「在愛荷華之前」這句話，與加利利人[2]從前說「在耶穌之前」的意味頗為相近。像史黛芙．斯皮爾斯那種在愛荷華之前加入競選團隊的人，當然該優先找到工作，這我沒意見。但有時候我實在無法理解僱主徵才的標準，像那個排隊進入就職舞會時插隊的米蘭達，她明明就比我晚加入競選團隊，卻在來到華府後數週弄到了一份令人稱羨的行政職。

就這樣過了幾個月，我當然非常懊惱，卻也一點都不驚訝。即使是這個嶄新的華府，也偏愛擁有某些特質的人——巧言令色的傢伙、妄自尊大的傢伙，還有大模大樣的傢伙。那你問我，二〇〇九年的華府是不是和《紙牌屋》（*House of Cards*）這部沒有完結篇的影集一樣，滿是為了上位而不擇手段的人，還上演一樁樁性愛謀殺案？也不是，但如果其他部分都和影集劇情差不多，那多一些性愛謀殺案也無妨。

我當然也不是那種不屑玩小手段的人。我有個朋友的朋友當時二十六歲，是個研究醫療保健政策的專家，當他同意和我喝杯咖啡時，我簡直樂不可支。剛開始喝咖啡的三十分鐘，我窮盡心力吸收他的智慧與建議。到最後，他說出最有力的一句建議。

「你別忘了，」他告訴我，「拉關係不是屁……除非**你就是**個屁。」說罷，他起身走向店門，將紙杯丟進回收桶，然後再也沒回覆過我的電子郵件。

有了在歐巴馬競選團隊工作的經驗，我在「危機小屋」上班，感覺就像加入反烏托邦科幻電影《超世紀諜殺案》（*Soylent Green*）的行銷部門。我們的客戶包括華爾街一間毀了美國經濟的銀行、一間把勞工安全當社會主義看待的煤礦公司，以及採礦時會留下一池池氰化物的金礦巨擘。我每每看到前同事的臉書（Facebook）貼文，就感覺像收到他們到異國旅遊的明信片，自己想去那些國家卻被拒之門外。一位之前也在俄亥俄州工作，現在已成為白宮職員的前同事

2 《聖經》記載，加利利（Galilee）是耶穌基督的故鄉。

表示：「我們的經濟刺激法案[3]通過了！」看到歐巴馬總統的經濟刺激法案經國會通過，我當然很高興，但我還是忍不住皺了皺眉，因為前同事所謂的「我們」和過去的「我們」不同，我已不再是那個群體的一員。我的運動依舊繼續前進，我卻被留在了原地。

我的處境越來越慘，到了三月，還沒找到工作的朋友開始灰溜溜地離開華府，簡直像被獸群拋棄的狒狒。差不多在這個時間點，我告訴我在「危機小屋」的上司葛楚，我們那個金礦業客戶的生意，受到回收黃金製作首飾的珠寶商威脅。

「可惡的環保主義者，」聽葛楚的語氣，我懷疑她和環保主義者有什麼私人恩怨。「那麼環保做什麼？」

現在想來，當時的我來到了競選組織者所謂的「抉擇點」。我可以離開「危機小屋」，放棄找工作，回曼哈頓當蜉蝣生物。要不然，我也可以留下來，想辦法接受這些經常引發災難的煤礦公司與滿是氰化物的湖泊。可是我想來想去，總覺得兩條路都是投降。我還沒做好準備，沒法抉擇。結果呢？我的職業生涯繼續走下坡，改變華府的夢想絲毫沒有實現的機會，我選擇過上華府每一個實習生夢寐以求的生活：野人生活。

最初的改變，是衣著上的改變，我開始穿之前參加交換學生計畫時，在中國買的一系列「聚酯纖維」衣服。接著，我帶自己的筆記型電腦去上班，而且我根本不是在自己的辦公桌做事，而是整天窩在休息室。若不是經濟蕭條，每個月有數十萬人失業，我的同事也許會嘀咕幾句；

但他們每個人都有更麻煩的事情得處理，所以乾脆讓我自己做自己的事。

「做我自己的事」逐漸演變成「玩踩地雷」，因為我的筆電也就只有踩地雷和另一款免費遊戲可以玩。剛開始，我玩的是十乘十的簡單版，不過沒過多久，每天玩六到八小時的我，就進步到一百乘一百的高難度版本了。但還是沒有人注意到我。我叛逆的行為越來越大膽，到後來，每次有人問我問題，我都非得用踩地雷相關的譬喻回答不可。

「大衛，你那份基礎建設投資報告寫完了沒？」葛楚問我。

「快好了，」我回答，「可是這就像在玩最高難度的踩地雷，只剩最後一顆地雷了，我要多花一點時間思考該點哪裡才好。我這樣說，妳懂嗎？」我常邊說這種話邊在鍵盤上敲敲打打，努力做著不存在的工作。

「我可能還要多一點時間才能完成。」

我為自己的狡猾沾沾自喜，但身為實習生的我，宛如希臘神話中飛得離太陽太近的伊卡洛斯（Icarus），終究逃不過命運的制裁。有一天，我接近中午才穿著人造纖維衣，慢吞吞地走進辦公室，背後突然傳來葛楚那位瘦骨嶙峋、長得像鯊魚的上司——比爾——的聲音。

「現在來我辦公室。」

3 此指「二〇〇九年美國復甦與再投資法案」（American Recovery and Reinvestment Act of 2009）。

那之後不到三年，每次有白宮實習生來向我求教，問我怎麼弄到人人求之不得的工作時，我都會煞有其事地皺起眉頭，說些追逐夢想啊、傾聽自己心聲啊之類的話。實際上，我腦中想的是當初走進位於走廊轉角的比爾辦公室時，鞋子陷入米色地毯的觸感，還有比爾的太太和兒子，他們在亮麗木製相框裡用指責的眼光盯著我的畫面。我老闆的老闆坐在辦公桌前，往後靠著座椅，鯊魚眼中閃爍著憤怒與不解。我在休息室耍廢時，總覺得自己活得夠叛逆；但現在站在比爾面前，我發現自己幼稚到了極點。

那天，我增進了對自己的認識：我這個人死到臨頭，還是會拉下臉求老闆原諒我。

比爾選擇原諒我，純粹是我運氣太好。大部分的野人實習生不會得到第二次機會。在這裡我必須聲明，我在二〇〇九年因為運氣好，得以繼續留在「危機小屋」；不過在今天，這種「好運」通常叫做「特權」。當然，我並不是打了個常春藤大學手勢，就有人給我工作，就算我站在路口大叫「我是白人男性，世界應該給我特權！」也不太可能有人會為我敞開大門。但我不得不承認，我的身分為我帶來一系列便利、第二次機會與鼓勵。我父母有能力在我大學畢業後幫我繳好幾個月的房租，我母校有一大堆在華府工作的傑出校友，而且我若是不同性別、不同種族的人，這一路上想必會遇到更多障礙。

換言之，無論我是不是個屁，我還是能利用龐大關係網找工作。我有個朋友的哥哥在約翰·凱瑞手下擔任演講撰稿者，我在「危機小屋」的約期滿後，他幫我在過去為比爾·柯林頓（Bill

Clinton）與艾爾．高爾（Al Gore）寫講稿的撰稿人創立的「西廂寫手」事務所（West Wing Writers）弄到實習工作。二〇〇九年夏季，我的新老闆決定讓我成為正職員工。

我無意中獲得了學習新技能的機會，我們事務所的四位合夥人都是華府傑出的撰稿者，我分別從他們身上學到不同的寫作技巧：文卡．拉弗勒（Vinca LaFleur）幫助我理解頭韻法（Alliteration）[4]的使用時機；保羅．歐祖拉克（Paul Orzulak）教我如何引導講者說明一場演講的中心思想；我從傑夫．謝索爾（Jeff Shesol）身上學到，撰寫講稿是一門技藝，而且每個人的演講都不同，但大多數撰稿者都會在華麗的長句之間穿插鏗鏘有力的短句，因為這種做法非常有效。

事務所的第四位合夥人——傑夫．努斯鮑姆（Jeff Nussbaum）——是個有趣的人物，他專門為公眾人物寫笑話。我是從他身上學到，所有在政府或相關單位工作的幽默作家，都以找到絕佳平衡點為目標。為政治人物寫笑話，有點像為過氣的馬龍．白蘭度（Marlon Brando）設計令人驚豔的服裝，重點是修飾。

一開始，我還不明白這個道理。那年六月，歐巴馬總統的演講撰稿者請傑夫幫忙想幾個笑話，到時總統參加廣播與電視協會晚宴（Radio and Television Correspondents’ Dinner）才有

4 在詩劇中經常使用的作詩技巧，詩行當中有兩個、或者更多單字的字首音重複。

笑料。我也幫忙想了幾則笑話，其中一則和總統與第一夫人最近去看百老匯演出有關：

「批評我的人覺得我和蜜雪兒（Michelle）花納稅人的錢飛去紐約約會很不應該，但我必須說清楚，那並不是花錢，而是『刺激』。」

「刺激」美國第一夫妻的笑話，果然沒被寫進講稿，但我寫的另一則笑話居然入選了。晚宴隔天的早晨，我在YouTube上看到歐巴馬總統轉向國家廣播公司（National Broadcasting Company，簡稱NBC）的記者查克．托德（Chuck Todd），說道：

「查克集廣播和電視的優點於一身，他和電視主播一樣節奏明快，鬍子卻也符合廣播電臺主播的形象。」

那是我寫的笑話！我立刻倒回去重看了一次。那不是什麼驚人的笑話，觀眾鼓掌多是出於禮貌，但我還是看得目瞪口呆。幾天前，我腦中萌生了一個想法；幾天後，那句話竟然從美國總統嘴裡冒出來。真是太神奇了！

儘管如此，我還是不敢肖想當總統的演講撰稿者。朋友問我是不是以進白宮工作為目標時，我告訴他們，幫歐巴馬寫講稿的人已經夠多了。我是認真的，我不覺得自己能加入他們的行列。

更何況，幫有錢的客戶辦事其實也不錯。我們有個客戶是億萬富翁，養了自己的職業籃球隊。我開始在西廂寫手上班後數月，客戶邀我去看球賽。我坐在豪華包廂裡柔軟的座位上，享受極佳的視野、喝也喝不完的免費啤酒，以及無限量的熱狗，度過一個完美的下午。

我們邊看球賽邊聊天，話題轉到歐巴馬提出的健保法案時，一切忽然變了，客戶露出意味深長的眼神。

「我跟你說啊，」坐在豪華包廂裡的億萬富翁嘆息一聲。「現在有錢人已經沒那麼好當了。」

為歐巴馬的政策感到憂愁的，不只有我們的客戶。我在二〇〇九年四月十五日走在華府鬧區，看到一群揮著三角帽向政府抗議的民眾。他們身上穿著萬聖節裝扮，我看到身穿性感貓咪裝的人支持醫療保險私有化，實在沒法把他們當一回事。但是我錯了，即使他們穿著奇裝異服，我還是不該輕視這些抗議群眾，因為這群保守分子無論是在電視上或實質上，都以驚人的速度倍增。

抗議群眾的一些領導人表示，他們的名稱是「稅已經收夠了」（Taxed Enough Already）[5]。也許他們一開始的訴求是減稅沒錯，但過不久，茶黨運動開始受與稅收無關的妄想控制。在華府觀察這場運動的人，為它醜陋的一面感到驚訝，但我這種曾在搖擺州待過的人已經習以為常。在俄亥俄州助選時，我們都請志工勾選每個選民心目中最重要的議題，例如經濟、環境或健保。但如果一個選民擔心歐巴馬私下是穆斯林，你該怎麼辦？如果那個人怕歐巴馬是恐怖分子，或

5　縮寫為「TEA」，又稱「茶黨」（Tea Party）。

共產主義者，甚至是偽基督[6]呢？當選民聽牧師說，你的候選人將引致《聖經》提及的世界末日，你該如何說服他們支持你的候選人？

那還不是最麻煩的問題，有時候，你會遇到一些種族歧視——而且歧視得明目張膽——的傢伙。我在坎頓一間就業服務中心外遇到一個留了一頭油膩長髮、穿著破爛T恤、身材細瘦的白人男性，他告訴我，他死都不會支持我的候選人。我問他為什麼，他用兩根手指輕拍布滿青筋的手臂內側，我一時沒看懂。

「你不投給歐巴馬，是因為你……對海洛因成癮？」

我花了至少十秒鐘才意識到，那個人指的是膚色問題。

種族歧視並不是我們時時刻刻都會提及的議題，我當然不能說所有不支持歐巴馬的人都歧視黑人，但我也不能否定種族歧視的存在。我這樣說吧，歧視就像海灘男孩（Beach Boys）搖滾樂團裡，布萊恩．威爾森（Brian Wilson）以外的團員，雖然少了他們的「嗚——」和「啊——」，歌詞不會變，但歌曲整體卻差非常多。

剛開始競選的幾個月，這種偏執、歧視的風氣默默燜燒。當約翰．馬侃（John McCain）選莎拉．裴琳當自己的副總統候選人時，醞釀已久的情緒終於爆發了。我在寫講稿的過程中，學會用「許可結構」（Permission Structure）一詞形容允許我們做某個選擇的前提，舉例而言，如果你在減肥，「欺騙日」就是你吃炸雞翅和巧克力蛋糕的許可結構。

莎拉・裴琳這個人本身就是許可結構。她用瓊・克莉佛（June Cleaver）[7]的格調及約瑟夫・麥卡錫（Joe McCarthy）[8]的世界觀，將小布希政府僅以暗示的思想高唱給全國人聽。

「我們相信，美國最好的部分就是我們拜訪的這些小鎮。這些美好的小城鎮，才是我心目中真正的美國。」

「他在跟恐怖分子稱兄道弟。」

「我真的很怕，我怕這個男人心目中的美國，和你我心目中的美國不同。」

一時間，我們發現每天都成了「欺騙日」。在鄉下幫歐巴馬助選的志工告訴我們，歐巴馬的看板被當射擊的槍靶，有人半夜會偷偷打爛別人家的信箱。有一次我到購物中心的潘娜拉麵包店（Panera）買東西，回到停車場時，看到一個身穿運動外套的白人老爺爺，正對著我車上的宣傳貼紙罵個不停。他也許不希望黑人成為美國總統，但在我看來，人們對歐巴馬的意見應該不只是膚色。他們討厭他，是因為他從小在大城市長大，因為他年輕，因為他畢業自常春藤名校，因為他的名字，因為他的iPod有路達克里斯（Ludacris）的歌，卻沒有帕特・布恩（Pat

---

6 又稱敵基督或假基督，指假冒基督以暗地與之敵對的人物。

7 瓊・克莉佛（June Cleaver），一位美國女演員，以主演《天才小麻煩》(*Leave It to Beaver*)聞名。該劇角色是一九五〇年代典型的郊區母親形象。

8 約瑟夫・麥卡錫（Joseph McCarthy, 1908-1957），美國共和黨政治家，害怕共產主義顛覆美國。

Boone）的歌。反正只要是歐巴馬的「不同」之處，都能成為人們反對他的理由。

我本來以為，既然只有最後獲勝的候選人能入主白宮，那應該也只有獲勝的思想能進駐華府。歐巴馬就職一百天，華府似乎都同意他的政策。國會為低收入戶的孩子增加健保、決定投資乾淨能源與基礎建設，還想辦法確保薪資平等。歐巴馬總統組織了專門小組，著手拯救美國的汽車業，提高女性的醫療保健資金，並推翻小布希禁止幹細胞研究的規定。

然而，抱持遠大志向的，不只有我支持的這場運動。七萬五千多名茶黨人士於二〇〇九年九月十二日上華府的街道遊行，形成一片淺色的人海，裡頭還有零零星星的淡色戶外躺椅與黃色的「別踩我」（Don't Tread on Me）旗[9]。

莎拉．裴琳再次成為群眾的話筒，她在八月七日聲稱歐巴馬提出的健保法案包括了「生死判陪審團」（Death Panel）[10]。這完全是一派胡言，真實程度應該和「歐巴馬決定在你腦袋裡下蛋」這句話差不多。但茶黨運動人士還是信了。頭戴三角帽的抗議群眾逼近國家廣場時，「生死判陪審團」幾個字一直在大家腦中迴響。

反對方不誠實的做法害我火冒三丈，但正在學習撰寫講搞的我不得不承認，莎拉．裴琳確實選了個很好的口號。歐巴馬那句「我們做得到」成功激發了左派的想像力，莎拉．裴琳的「生死判陪審團」也成功令右派群起激憤。中間地帶越縮越小，我們每個人都必須選邊站了。

「我們做得到」隊屢戰屢勝，歐巴馬大修健保法的行動終於在二〇一〇年三月二十三日成功了。當時我想到住在俄亥俄州的志工淵蒂，忍不住熱淚盈眶。但是，「生死判陪審團」隊的聲勢也逐漸壯大。對國會裡的共和黨議員來說，只要是歐巴馬提出的法案，他們就必須投反對票，這就和評價希特勒（Hitler）的畫作一樣。不管那幅畫好不好看，你都有義務討厭它。

十一月的大選日越來越近，反歐巴馬成了新潮流。我在西廂寫手的老闆甚至讓我休息五週，去想辦法抑制民怨。我來到民主黨全國委員會（Democratic National Committee）總部，坐在小小的辦公桌前，再次拚命招募志工和撥打選民的電話。這一次，即使到了大選日當晚，我們也無法放鬆心神。每一場國會選戰都以民主黨失敗告終，現在共和黨掌控了眾議院，能隨心所欲地否決總統提出的法案。

我到現在還一直相信歐巴馬能帶來改變，但此時此刻，所謂的「新華府」顯得再荒謬不過。我覺得是時候離開美國首府了。我把房間轉租給全國公共廣播電臺（National Public Radio，簡稱NPR）的一位音樂節目製作人，邀請朋友來辦一場喬遷派對，同時開始在芝加哥找房子。歐巴馬的連任競選總部設在芝加哥，到時候我會敲敲競選總部的門，把我之前在俄亥俄的業績拿給他們看，然後在他們決定僱用我之前花點時間布置新家。

9 一面黃底旗幟，上面有一個捲曲的美國西部響尾蛇和一行字「別踩我」，是美國革命中美國海軍陸戰隊所展示的第一面旗幟。

10 反對歐巴馬健保者認為，官僚作業可能使高齡民眾無法得到應有的照護。

然而，我之前一直沒發現，在我盲目地對人生路上的荊棘左砍右劈時，我居然無意間為自己開拓了一條職涯之路。我老闆不知為何大發慈悲，把我的寫作樣本送到歐巴馬總統的信息專家大衛．阿克塞爾羅和首席演講撰稿者喬恩．法夫羅（Jon Favreau）那邊，喬恩看了之後請我寄履歷給他瞧瞧。由於我曾參與二〇一〇年的競選活動，我和喬恩有一些共同朋友，他們能幫我美言幾句，而且其中一位朋友還把我介紹給第一夫人的演講撰稿者之一——泰勒．勒登堡（Tyler Lechtenberg）：泰勒低調地告訴我先別急著離開華府。我竟然不知不覺擺脫了「屁」的身分。

數日後，我和喬恩相約喝咖啡，他告訴我，他的副手將要離職，我可以和一堆人競逐他團隊中的一席之地。但是，他給了我另一個選項：總統的高級顧問瓦勒莉．賈芮特（Valerie Jarrett）過去數月一直在找有才能的演講撰稿者，卻找不到人，若我對那份工作有興趣，我有機會成為唯一的寫手候選人。

換句話說，這又是一個抉擇點。我該相信唯才是用的選任制度呢，還是把握機會插隊？如果是兩年前的我，應該會馬上申請加入喬恩的團隊，自信滿滿地認為自己能成為總統的演講撰稿者。但現在的我已經和從前的我不一樣了。我告訴喬恩我想為賈芮特女士寫講稿，然後我和全國公共廣播電臺的節目製作人毀約，把房間搶回來，又弄了一套西裝、襯衫與領帶。

我不曉得你有沒有玩過踩地雷？一開始可能覺得自己不管怎麼努力都玩不會，但過一段時間你終於明白了，即使調到最高難度你也會玩，你過去不敢承認的目標就近在眼前……那種感覺你懂嗎？

那就是我現在的感覺。

幾天後，我穿著有點太緊的西裝，來到離西廂寫手辦公室不遠的小服務站。「我可以為您服務嗎？」防彈玻璃另一側，一名特勤局人員問道。

「可以，」我說完，又暗自得意地補充一句：

「我在白宮有約。」

03 可以上班了！

Cleared to Work

帶我去面試的實習生正經八百、緊張兮兮的模樣，像極了準備行成人禮的猶太男孩；相較之下，瓦勒莉．賈芮特的參謀長麥克．斯特拉曼尼斯（Mike Strautmanis）顯得自在許多。他辦公室的壁爐架上放的不是畫像或匾牌，而是一雙簽了名的姚明球鞋，而會議桌旁裝了那種高爾夫球練習機，球進洞時機器會把球吐出來。我不小心把他的名字唸錯，把「斯特拉曼尼斯」唸成「斯特勞曼尼斯」，換成是別的高官，也許會對此耿耿於懷，斯特拉卻不怎麼在意。

面試前，我花了好幾天練習回答各種問題，像是我最喜歡歐巴馬的哪一場演講、我的優點是什麼、我的缺點是什麼（當然，我的缺點也是我的優點啦！），結果斯特拉根本沒問這些問題。他逕自站起來，朝辦公室的門走去。

「那個啊，」他說，「我現在要去辦事，大概一個小時後回來。你寫一篇兩頁的早餐會演講稿吧，對象是各家公司的執行長。我回來再看看你的成果。」

這是什麼狀況？我在西廂寫手工作時，一篇兩頁的講稿至少要花一個星期，而且會有人告訴我要寫什麼。我沒時間抱怨了，只能把自己想像成白領的馬蓋先（MacGyver），著手拆除文字炸彈。

好喔，大衛你快想想，總統有說過什麼名言？跟經濟有關的論述？對美國人創新的讚美？加油，你可以的。

草稿完成後過沒幾秒，斯特拉就回來了。他讀講稿時，剛才的猶太成人禮實習生領著我來到一樓一間名叫艾克食堂（Ike's）的餐廳。我在油膩膩的餐廳點了份火腿起司潛艇堡，用不停顫抖的雙手吃了起來。

無論如何，至少今天的面試就這麼結束了。如果他們不要我，我還是能到處吹牛，說我在白宮裡寫過演講稿；如果他們不嫌棄我，我也許過幾天能回來讓賈芮特女士親自面談。

「那個啊，」我回到斯特拉的辦公室後，他對我說，「我們去看看她現在有沒有空吧。」

「太棒了！」我說。

我其實是言不由衷——拜託，瓦勒莉．賈芮特可是總統的高級顧問、白宮公共事務暨政府間事務辦公室（Office of Public Engagement and Intergovernmental Affairs）的首長，她是白宮最有影響力的人物之一，也是全世界最有影響力的人之一，和這樣的大人物見面前，我少說該準備個幾天，如果這是一部電影，導演應該會剪輯一系列的畫面，表示「我在準備」吧。她冗長的維基百科（Wikipedia）頁面令她顯得迷人又恐怖，如同時尚編輯安娜．溫特（Anna

Wintour）與人面獅身像的綜合體。

結果我的面談又快又順利，而且意外地低調，令我著實吃了一驚。瓦勒莉對我既熱情又友善，當然，這是添了「別忘了，我隨時能滅了你」官方色彩的友善。她問起我的經歷，我說能得到為她寫講稿的機會是我的榮幸。我們每聊幾句，她就若有所思地點點頭，十分鐘後，面試結束了。走出瓦勒莉的辦公室，聽斯特拉提起薪資時，我才恍然大悟——喬恩．法夫羅之前說得一點也不誇張，這份工作只有我一個候選人。這份工作是我的了。

回顧當年時，我們總喜歡事後加工，讓自己顯得更有尊嚴。**我為自己的好運感到欣喜的同時，心中迴響起約翰．甘迺迪（John F. Kennedy）的名言。我一面感謝上帝賜予我自由，一面告訴自己：「別問國家能為你做什麼，你該問自己能為國家做什麼。」**

怎麼可能！我匆匆回到租屋處，扯下身上的西裝，穿著一條內褲在房裡跳上跳下。我得意地揮拳，我狂喜地大聲罵一串髒話，罵完，我拿起電話開始撥號。

我應該更謹慎一些的。收到白宮的工作邀請，就像被湯姆．克魯斯（Tom Cruise）求婚：在你們正式結婚前，還得辦一堆手續。面試還沒結束，審核就開始了，斯特拉問我有沒有該告訴他卻還沒說的事情。

「這種事還是盡早告訴我們來得好，」他擺出朋友兼職業殺手的態度說，「之前就有人被我們取消僱用過。」我的背景審查就這麼開始了。

首先是聯邦調查。聯邦調查局（Federal Bureau of Investigation，簡稱FBI）審問了我的親朋好友，還細細檢查這些人的故事是否有漏洞或矛盾。接著，是一份叫「SF-86」的文件，這是一份足足有一百二十七頁的超長問卷，我必須列出自己住過的每一處住址、我做過的每一份工作。有些是基本問題，例如：我有沒有前科？我有沒有拖欠的負債？但有些問題很有趣，它們似乎仰賴了大寫粗體字的力量，以及敵人的誠實。

「你現在或過去**曾否**加入恐怖組織？」

「你**曾否**於知情的情況下，參與武力推翻美國政府的行動？」

SF-86問卷大部分的問題雖令人神經緊繃，卻說不上可怕，這種感覺就像你在機場接受安檢，也許你會暗暗懷疑自己行李有沒有炸彈。然而，對我這個年紀的民主黨員來說，最令我們擔憂的不是炸彈，而是毒品。過去，只要你用過任何非法藥物，就永遠別想在聯邦單位工作，現在規定已經沒那麼嚴格了，但還是有很多不成文規則。在二〇一一年，這些不成文規則仍是華府年輕人愛聊的謠傳。

「只要是在大學時期使用藥物就沒關係。」

「只要不是古柯鹼就沒關係。」

「只要是在阿姆斯特丹就沒關係。」

「只要你沒有販賣毒品就沒關係。」

有時候，你會看到體系殘酷的一面。在二〇〇九年，一個名叫湯姆的西廂寫手員工被內閣某部門聘用。湯姆在SF-86問卷上寫道，他在大學時期「經常」使用大麻，結果這成了致命的錯誤。我聽湯姆的說法，事情是這樣的：一名聯邦調查員不知從哪找出一張「瘋大麻」（*Reefer Madness*）時期的舊表格。他沒發現「經常」的官方定義，使用「習慣性」取代「經常」；而根據那份表格，「習慣性」就等於「每週」；而且根據那份表格，「每週」使用大麻就等於「成癮」。

倘若湯姆曾去過勒戒中心，戒掉他不存在的毒癮，他也許還有機會弄到一份工作。但現在，在美國政府眼中，他不但濫用藥物成癮，還沒有改過向善的意思，怎麼可以讓他到內閣工作？我開始在西廂寫手上班那段時期，湯姆正打算上訴。他喜歡用語音輸入軟體，所以那一整個星期，我一直聽到走廊另一頭傳來他的「供詞」。

「我……一……九……九……九……年……三……月……十……二……日……用……了……室……友……的……水……煙……壺……」

我不想遭遇同樣的窘境，所以我填答時寫得非常明確。我算了算，在問卷寫上，大學時期用了三十次大麻，還用過一次迷幻蘑菇（我特別註明，我一點也不喜歡那次體驗）。填答完後，我得意地把我的答案說給一個在國家安全會議（National Security Council）工作的朋友聽。

「三十次！你應該說『少於十次』才對啊！」

在聯邦調查局仔細確認我人畜無害的同時，白宮的一班律師忙著確保我不會惹人閒話。我在寫這本書時，川普剛當上總統沒多久，拒絕名聲不佳的求職者似乎成了古怪的老派作風，和自己做水蜜桃罐頭差不多。不過在短短數年前的「古早」，審查制度可是能令人心底發寒的一道關卡。

審查並不完全主觀。如果你跟我在耶魯大學的一些同學一樣，為了以後能名譽無損地參選而拒絕加入派對合照，應該能平安通過審查。如果你喜歡在推特（Twitter）發一些和女性身體部位有關的貼文，或是頂著「白人力量」的名號當DJ，那你應該過不了關。但是，如果你像我，就會覺得生不如死。白宮法律顧問辦公室（White House Counsel's Office）的琳西打電話過來，和氣地審問了一番，但我完全不曉得她接下來會打給誰。他們會不會找我的前女友挖八卦？我高中那些超窘的搞笑表演，會不會也被他們挖出來？

我聽說我的申請案將被優先處理，但優先還是非常緩慢。他們這週請我確認一些個人資訊，下週邀我到內政部驗尿。那年三月，我彷彿聯邦政府真人實境秀的參賽者，完成了一項又一項的挑戰，一路上我一直感到忐忑不安，不曉得自己何時會出局，還是能撐到最後。我每天打開信箱，心臟都撲通撲通狂跳，擔心我的尿液檢體出了問題，或是我大學有一段時期把二手店的西裝外套混搭《樂一通》（*Looney Tunes*）卡通圖樣的睡衣，還自以為很潮的照片被他們發現了？

終於，二〇一一年三月三十日到來，我收到斯特拉的助理亞歷克斯的一封電郵。當時我二十四歲，最自豪的成就全都是「太過複雜的惡作劇」。但從四月一日開始，我終於被認證身家清白，可以在白宮上班了。

開工第一週，我把滿滿一杯咖啡放進X光掃描機，過幾秒，空無一物的咖啡杯橫著出來。「咖啡沒什麼金屬，」值勤的特勤局人員嘆息一聲，開始找抹布，並說：「下次先想一下啊！」我感覺自己能讀懂他的心思，他肯定在想：這個人要是有生命危險，我死都不救他。

我沒想過自己會遇到這種事。之前我總以為自己一旦踏入白宮大門，就會變得更好、更強、更能幹，但是我錯了。我的工作是變得更刺激，不過我自己還是和過去差不了多少。

這實在很不公平，現在大家對我的期待高得不可思議，我的能力卻和之前一樣。我舉個例子：數月前，我想到每週要和室友開會討論家事分工，就緊張得不得了；而現在，瓦勒莉要發表關於國際女性議題的演說，我必須從國家安全會議工作人員當中召集數位專家來提供意見。

這場會議之所以可怕，是因為其中一位與會者是總統的首席人權顧問薩曼莎．鮑爾（Samantha Power）。四十一歲的她是哈佛法學院（Harvard Law）畢業生，普立茲獎（Pulitzer Prize）得主，而且她當了好幾年白宮僱員，經驗十分豐富。有不少比我更聰明、更機智的人遇上她就成了笨蛋。重要的一刻來臨了，我緊張兮兮地來到一間寬廣的國家安全會議辦公室，戰戰兢兢地開門，滿心以為數十年來最有才華的外交政策專家將會把我變成白痴。

沒想到薩曼莎．鮑爾遲到了。這是絕佳良機，只要我趁她來之前結交這些位階較低的職員，等總統的顧問走進來，我就有自己的一幫盟友了。我們六七個人拖著椅子排成圓圈，我盡量施展魅力，而且我震驚又得意地發現自己的魅力對他們奏效，這些人居然和我聊起天來！我融入這個團體了！大家都笑得很燦爛，聊得很開心，我這才發現坐在我右手邊一臉僵硬的政策專家很面熟。

「說來真巧，」輪到他自我介紹時，理查說，「我和大衛好幾年前就認識了，其實我以前是他的大學助教。」聽他這麼說，一位年紀比我大一倍的職員抓緊機會開玩笑問：

「那你說，大衛是好學生嗎？」

我永遠不打算原諒理查，誰叫他太過誠實地回答問題。「這個嗎，」他揚起眉毛，簡直像搭飛機時發現琳賽．蘿涵（Lindsay Lohan）就坐在隔壁的《美國週刊》（*US Weekly*）八卦雜誌攝影師。「他是滿聰明的，不過我總覺得他不是很想上課，也沒有特別用功。」

就在六個人的表情從「你好啊」微笑變成皺眉的瞬間，薩曼莎．鮑爾走了進來。我很努力，我真的、真的努力了，可是再怎麼努力也沒有用。每次我請其他人說明某件事的細節，或沒能聽懂某件事的重點，就會看到六張失望的臉。

以前的助教對我有意見，我其實不怎麼在意，可是我不希望現在的新老闆討厭我。問題是，這可不簡單。瓦勒莉．賈芮特好像有超能力，每次她提問，都是問我忘了準備的問題。我每次踏進她在白宮西廂的辦公室，在閃亮的木製會議桌前坐下之前，會先查一堆資料，包括觀眾人數、主持人的名字，以及演講的確切長度。

「那，」她也許會問，「排在我之後的講者是誰？」反正她每次都有辦法提出令我措手不及的問題，我實在不曉得她是怎麼做到的。

她這份超能力，加上她注視著你的眼神——你會覺得自己是她養的金魚，她是滿喜歡你的，不過非得把你丟進馬桶沖掉的話，她也不會太難過——總是令人又敬又畏。其他職員常說：「她要求所有幕僚和她自己一樣認真工作。」在華府，你如果聽人這麼說，意思通常是「這個人喜歡騷擾實習生」或「這個人有一次用釘書機砸調度排班人員的頭」，不過瓦勒莉真的是個嚴以律己的人。她過去在芝加哥市政府工作，一九九一年面試了一個希望能進市政府上班的年輕女性，那位女性名叫蜜雪兒．羅賓森（Michelle Robinson），不久後，瓦勒莉認識了蜜雪兒的未婚夫，一位名叫巴拉克的年輕律師。

從那之後，瓦勒莉和歐巴馬夫妻就親如家人。她比誰都明白，歐巴馬能一路走到白宮其實是一場奇蹟，因此她堅決不浪費時間，也要求手下的每一個僱員同樣努力、同樣堅持。

瓦勒莉從未親口向我提起這件事，但我相信她將自己視為總統的良心監護人。她身為高級顧問，不僅得輔佐橢圓形辦公室（Oval Office）裡那位中年政治家，還必須盡可能輔佐她二十年前認識的那位年輕理想主義者。她終結了「不問，不說」（Don't Ask, Don't Tell）[1]，著手處理市中心貧民區問題，在白宮設立了性別友善廁所。歐巴馬在位這段時期，如果推動了「不見得能提升支持率，但無疑是正確的行動」，那背後的推力極有可能是瓦勒莉。

我的新老闆對歐巴馬極度忠誠，而且從未試圖隱藏自己的進步主義傾向，自然招惹了不少怨恨。**瓦勒莉・賈芮特寇夫是「真正的」美國總統代言人！**不光是網路鄉民鄙視她，就連共和黨高層那些最圓滑老練的政客，一聽到她的名字也會忍不住發飆。「她的觸手到處伸，好像每件事、每個議題她都要湊一腳。」猶他州國會議員傑森・查菲茲（Jason Chaffetz）聲稱，說得好像《小美人魚》（*The Little Mermaid*）裡的女巫蘇拉（Ursula）住進了白宮西廂。

就算瓦勒莉真的會偷別人的聲音或虐待可憐的靈魂，她也藏得非常好，我完全沒看到異常現象。瓦勒莉之所以每件事都管，是因為她是總統的高級顧問，她當然要關心各種議題，在推動行動的同時確保事情做得盡善盡美，這就是高級顧問的工作。我是在二〇一一年四月進白宮上班，當時全美的失業率將近百分之九，每戶收入也逐漸下滑。下一次選舉是在短短兩年後，因此瓦勒莉的工作再重要不過——誰也不許出差錯，誰也不許粗心大意。

這對白宮最年輕的幾個職員而言，更是無比重要。幫助歐巴馬坐上總統寶座的那一小群

1 指美軍一九九四至二〇一一年對軍隊中同性戀者的政策。

人，怎麼可能讓《魔鬼剋星》（*Ghostbusters*）第一集上映後才出生的小屁孩毀了他的事業？斯特拉每學期辦一次實習生培訓，他一開始會談談友誼啊、個人成長什麼的，讓新進實習生放下心防，接著冷不防突然壓低語調。

「我先說清楚了，」他說。到了這時，實習生們才赫然發現，眼前的泰迪熊不知何時變成了大灰熊，而且他們要跑已經來不及了。「如果你們幹蠢事，鬧上《華盛頓郵報》（*Washington Post*）頭版，就立刻給我走人。我不想聽你們的說法，我不會給你們第二次機會，我也不會同情你們。如果你們闖禍，我就再也不想見到你們。」

我幾乎能聽到實習生心臟猛然一跳。

每次參加這種會議，都只有我一個演講撰稿者出席。瓦勒莉在「公共事務辦公室」（OPE）——「白宮公共事務暨政府間事務辦公室」（Office of Public Engagement）的簡稱——的僱員大多是「聯絡官」，他們是職業的外向人士，每個人都負責替歐巴馬聯繫聯盟中的部分人士，無論是年輕人、非裔美國人、西語裔美國人、猶太人、各州議員或環保人士，都有專門與之聯繫、熱血積極的年輕聯絡官。其他辦公室的幽默都多少帶點諷刺意味，但在白宮的這一隅，我們總是樂觀積極。

我有時候會看到同事在電郵中毫不諷刺地寫：**「我們是『希望』（HOPE）裡頭的『公共事務辦公室』（OPE）！」**

除了和聯絡官開會之外，我也會參與總統演講撰稿團隊的會議，幸好這些人還懂得議諷和挖苦。儘管如此，我有時還是會好奇，如果我想加入喬恩．法夫羅的團隊，他會歡迎我嗎？喬恩年僅二十九歲就擔任歐巴馬總統的首席演講撰稿者，他年輕、工作能力強，成為類似當地名人的存在。他會和好萊塢女星交往，Gawker八卦網站甚至貼出他打赤膊玩投杯球（beer pong）的照片。我不太會玩投杯球，也無法想像哪個八卦部落客會腦袋壞掉，把我不穿上衣的照片貼在部落格上，所以我有點擔心自己和喬恩合不來。

那時候的我還沒發現，其實法夫（Favs）這個人的特點不是投杯球，也不是他的明星身分，而是他過人的天資。大部分的演講撰稿者——即使是功力高深的撰稿者——寫作時不是以「腦」就是用「心」作主軸。我是個以腦為主的寫手，我平時會先用邏輯串聯演講的各個重點，最後再添加情緒色彩。而以心為主的撰稿者則恰恰相反。我認識這麼多寫手當中，只有法夫能左右開弓。他的作品既抒情優美又有條不紊，往往能易如反掌地從亙古不變的價值觀轉換到日常生活議題。

法夫習慣把人分成兩類——有天賦的人，和沒天賦的人——這也許是因為他自己天賦極佳。我運氣不錯，被歸類到有天賦那一邊。從我開工那一天起，他就表現得好像多了我這個人，他的團隊便受益良多……至於事實是不是如此，又是另一回事了。

「所以呢？你的工作是不是很棒？」我的朋友常問我。

當然棒啊！有時候，瓦勒莉的助理凱希會通知我們，說瓦勒莉要進橢圓形辦公室和總統議事，所以會議必須延期。這種話她說得輕描淡寫，彷彿她老闆不過是致電到有線電視公司被暫時保留通話，而不是被自由世界的領導人召到辦公室談話。有時候，我看到法夫和其他總統演講撰稿者討論講稿中的幾句話，過沒幾天，就會在《紐約時報》頭版看到一模一樣的句子。這是不可思議的體驗，我覺得自己宛如第一次參加舞會的灰姑娘。

當然，我不只像到了舞會會場後頻頻讚嘆的灰姑娘，還像參加舞會之前的灰姑娘，我這輩子從來沒這麼努力工作過。在撰稿界，一個人「執筆」就表示他要為那場演講或評論負責。我到白宮上班的第一週，就在五天內為七場演講執筆，而且有時還得在八小時內修改同一份講稿多達四次。

另外，這份工作的風險與報酬實在是不成比例。就算我把工作做得完美無缺，也不會有人注意到我。但假如我引用名言出了錯，或是把「公共投資」（Public Investment）寫成「陰部投資」（Pubic Investment），這個錯誤就會登上全國新聞。白天上班是千載難逢的體驗，到了晚上，我則在夢中接受煎熬，夢到自己忘記在講稿中感謝某位參議員，或是把「晚安」的西班牙文拼錯，或是忘了找相關的政策小組確認我引用的數據。

我工作與噩夢的焦點，往往是一塊撲克牌大小的黑色塑膠長方體：我的黑莓機（BlackBerry）。在進白宮工作的二〇一一年，黑莓機已經落伍了。拿著它辦事時，我總覺得整個聯邦政府都要跑去報名爵士健美操（Jazzercise），或到百視達（Blockbuster）租《怪物奇兵》（*Space Jam*）的VHS錄影帶來看。但是，我的想法不重要。我和其他白宮工作人員無異，我的生活繞著那臺黑莓機運轉。拿到那臺機器後不久，每次新的信件即將傳來，我都會神經緊繃地開啟主畫面，果不其然，一毫秒後右上角的紅燈就會亮起來。

對當時的我而言，這並不是什麼警訊，反而是我的榮譽徽章。每次有人傳新訊息給我，我雙手拇指便會飛速打字。我能在數秒內讀完一長串訊息、回覆並重新鎖上螢幕，同時和另一個人面對面交談。我可是電子郵件界的武士！

不幸的是，我擅長收發信件，卻也極度緊張。雖然我絕對不可能向別人承認這件事，但其實我每次收到新訊息，身體便會發動戰鬥或逃跑的反應。每次黑莓機閃燈，就表示瓦勒莉要我再修一次講稿，或是要我盡快寫出新的論題。收到雪花般的一大堆新訊息很可怕，不過完全沒有新信件更可怕。我只要連續三分鐘沒感覺到黑莓機震動，就會開始恐慌。

手機壞掉了嗎？我是不是忘了回信？我該不該寫信去問為什麼沒人找我？

我以為自己能在巨大的壓力下工作，可是有一天，收發了幾百封信件後，我在下午打了個哈欠，突然聽到「啵」一聲，右邊臉頰立即腫了起來，陣陣發疼。我上網一搜，發現這是一種顳顎關節疾病。簡單來說，就是我下巴繃得太緊，關節受不住了。然而，比起受傷，更令我震驚的是同事的反應。當我對負責政府間事務的聯絡官潔西卡提到自己顳顎關節出問題時，我本來以為她會同情地建議我回家休息，沒想到……

「喔對啊，這種事還滿常發生的。」她的視線幾乎沒離開電腦螢幕。「我第一次是在幫約翰．愛德華茲助選的時候。你這幾天不要咬東西，應該就沒事了。」

我聽話地避免咀嚼，一週後臉頰就不痛了，但黑莓機依舊不停震動，令我精神緊張。我不禁心想，或許白宮不該僱用我。我這個人是有點才華沒錯，但美國人口超過三億，的確這三億人有一部分是嬰孩，不過也有許多成人，我不太可能是「我們人民」中最傑出的菁英。

四月最後一個星期三的上午，我路過斯特拉的辦公室，看到一群人聚在他的電視前。這就怪了，白宮裡的電視幾乎時時刻刻靜音，名嘴與主播激動的肢體語言不過是我們工作的背景。然而，斯特拉的電視此時卻被調到最大音量。螢幕正中央是歐巴馬總統，他在一間簡報室裡，一臉煩躁地宣布事情。我轉向斯特拉的助理亞歷克斯。

「我的媽啊！他要公開他的出生證明嗎？」

我對「出生地運動」（Birther Movement）[2]最早的認識，是透過一個筆名「德州達令」（Texas Darlin）的部落客。德州達令和少數希拉蕊支持者一樣，一直沒能接受歐巴馬。如果用天主教與新教譬喻的話，這位部落客的反應相當於轉而投入撒旦的懷抱。和她的部落格文章相比，就連莎拉．裴琳也顯得溫文有禮。

我像不時望向金絲雀的礦工[3]似的，關注著德州達令的部落格。我發現她如果在復活節貼出什麼新的陰謀論，到了聖誕節，這個理論將成為保守派的主流說法。話雖如此，當她在部落格聲稱歐巴馬的出生地是肯亞時，我滿心以為她這回說得太過分了，我想：「**誰會相信她？**」結果短短數月後，有好幾百萬人信了她的說辭。

若說點燃出生地主義（Birtherism）火苗的是德州達令等人，那搧風點火的絕對是房地產大亨唐納·川普。我這麼說。現在的你也許會覺得不可思議，但其實在二〇一一年，川普的明星光環漸頹，他的真人實境節目收視率逐漸下滑，美國也厭倦了他的品牌。

這時，川普展開史詩級的復興行動，開始要求歐巴馬總統公開自己的出生證明。我不知道這一招是全然出自本能，還是經過精打細算，總之反歐巴馬行動的支持者紛紛向他看齊。美國有不少支持共和黨的紅州亟需英雄般的人物，很多人希望有人站出來揭下歐巴馬的面具，讓所有人看清這個可憎的外國人的真面目。沒過幾週，川普成了反歐巴馬運動的新領袖。媒體不再報導政府的應辦政策，轉而播報出生地運動譁眾取寵的行徑。總統會臭臉也是理所當然。

現在，歐巴馬總統掀了川普的底牌，他在網路上貼出詳細的出生證明，讓全世界知道他是

2 質疑歐巴馬不是在美國出生，而是在肯亞出生，因此沒有資格擔任美國總統。

3 舊時礦工下礦坑時，會帶著警覺性的金絲雀一起採礦。當礦坑內飄散有毒的氣體時，金絲雀會鼓躁不安，使礦工有機會逃生。

美國人。我和其他白宮職員站在斯特拉的電視前，一致認為這招超猛，歐巴馬總統一招斃了出生地主義，還讓所有人知道它最知名的擁護者是騙子。

最棒的是，歐巴馬總統將在三天後與唐納・川普見面，他們兩人都將在那週六出席白宮記者協會晚宴。

由於白宮記者協會晚宴在我的事業中占極其重要的地位，我必須先聲明，這場活動真的很瞎。你能想像英國首相每年領著墨西哥街頭樂隊表演，或是中國總理出演搞笑歌舞雜劇嗎？可是我們美國人就是不一樣，每年春天，我們的最高統帥得依循傳統穿上西裝與黑領帶，在華府一間飯店的舞廳表演搞笑獨角戲。

某方面來說，這個儀式其實是近代興起的。雖然從卡爾文・柯立芝（Calvin Coolidge）開始，每一位總統都會參加這場晚宴，但他們大部分都沒說笑話，就算有也是關於自己與媒體的段子。

到了雷根時代晚期，記者開始邀名人參加晚宴，名人也開始在晚宴露臉。艾倫・狄珍妮（Ellen DeGeneres）和她當時的女友安・海契（Anne Heche）出席了一九九七年的白宮記者協會晚宴，引起多方注目。而在二〇〇二年，正值真人實境節目事業高峰的奧齊・奧斯本（Ozzy Osbourne）與莎朗・奧斯本（Sharon Osbourne）也受邀出席。到了歐巴馬就職那年，本該是為高中生募款獎學金的活動，成了好萊塢與華府之間的高峰會。這場晚宴別稱「書呆子舞會」（Nerd Prom），但就算稱它為「名人拉關係同樂會」也不為過。

「我聽到克里斯·克里斯蒂（Chris Christie）對蘇菲亞·薇格拉（Sofía Vergara）說……」

「我想起對勞工部長、金·卡戴珊（Kim Kardashian）和《歡樂合唱團》（*Glee*）三分之二的演員說過一則笑話……」

每一位總統的幕僚團都會用不同的方式搞笑，例如比爾·柯林頓的幕僚團為了將自己最喜歡的笑話塞進講稿不擇手段，甚至不惜陷害同僚。有一次我向一名柯林頓的幕僚提問：我該如何有風度地從講稿刪去不合格的笑話？結果他叫我別在意這種事。「如果別人寫的笑話真的很爛，」他建議我，「那就把它推到高速公路正中間，讓卡車把它輾過去。」

小布希的團隊就沒這麼拚了，但他們似乎對自家老大的表演能力不甚有自信，把笑點都放在搞笑投影片裡頭，小布希只要照著圖片說明讀就好。

至於歐巴馬的團隊呢，我們的特點不是內鬥，也不是謹慎，而是一條不成文的鐵則：各司其職。喬恩·拉維特（Jon Lovett）是歐巴馬最搞笑的撰稿者，我們每次召開團隊會議，都能聽到他繪聲繪色的評論，所以他負責寫笑話。法夫負責將講稿修得順暢；而已經前往芝加哥準備連任競選活動的大衛·阿克塞爾羅，則扮演類似榮譽教授的角色，不時提供意見、寫短笑話，以及收發滿是雙關語的電子郵件。

除了幕僚團之外，還有十多名寫手——有的是喜劇界出身，有的是政治界出身——以幕後志工的身分寄笑話過來。我去年就是這樣為歐巴馬提供了幾句笑話。現在我已經是圈內人了，我確信自己能貢獻更多，也希望自己有表現機會。

就很多方面而言，我確實有了機會。法夫和拉維特幫我弄到晚宴的入場券，而且每次我們要調整講稿結構或修飾轉折句，他們都很歡迎我發表意見。除此之外，我現在能看到講稿的每一份草稿，能提前知道有哪幾句入圍。晚宴的日子逐漸逼近，講稿裡有四則我寫的笑話，這不是什麼了不起的成就，但還算不錯。我最得意的笑話和出生地運動有關，主角是二〇一二年一位共和黨候選人。

「你們可能覺得蒂姆．普蘭提（Tim Pawlenty）是道道地地的美國人，可是我猜你們沒聽過他的全名——沒錯，他的全名是蒂姆．『賓拉登』．普蘭提。」

我能想像觀眾震驚的反應和驚喜的笑聲，我已經等不及親眼目睹這超棒的場面了。

儘管如此，白宮記者協會晚宴並沒有讓我一舉成名，我雖然能看草稿，卻一直沒法打入寫笑話的核心圈。我知道法夫和拉維特沒邀請我參與橢圓形辦公室的會議，是因為他們的商談內容是機密，有些記者為了獲得情報甚至願意剁下自己的小指頭，而我還未證明自己值得信任，他們不邀我加入密談也是理所當然……但我站得這麼近，卻被拒之門外，心裡還是很不好受。

晚宴當天，我在華府到處找合適的袖扣時，法夫、拉維特與阿克塞爾羅又到橢圓形辦公室和總統開會。不久後，我的黑莓機亮起紅燈，新的講稿寄過來了。他們做了些幽默的更動，其中令我印象最深刻的，是拉維特和賈德．阿帕托（我們在喜劇界的合作伙伴之一）寫的一系列川普笑話。但是，當我往下滑，看到自己的得意之作被糟蹋時，我錯愕得說不出話來。他們刪去了賓拉登的笑點，用數月前下臺的埃及鐵腕總統取而代之。

「你們可能覺得蒂姆．普蘭提是道道地地的美國人，可是我猜你們沒聽過他的全名——沒錯，他的全名是蒂姆．『胡斯尼』（Hosni）．普蘭提。」

我腦中，有什麼東西硬生生斷了。我是菜鳥寫手沒錯，所有人都要一步一步往上爬沒錯，可是這也太誇張了吧？「胡斯尼」到底哪裡好笑了？他們難道沒種讓美國總統說出全球頭號恐怖分子通緝犯的名字嗎？他們難道看不出笑話的重點在哪嗎？更何況還有語音的問題，賓拉登那個人的人品是一回事，名字又是另一回事了，這個名字唸起來多有氣勢啊！「賓」和「登」多少有點押韻的感覺，中間再夾個「拉」，唸起來是多麼鏗鏘有力！再看看「胡斯尼」，這個名字一聽就軟軟爛爛的，任誰都看得出它頭尾軟趴趴的。

更糟的是，我對法夫抱怨時，他說這是總統本人提出的修改。**「那就叫他改回去啊！」**我心想，**「撰稿者是你，又不是他！」**從踏進白宮到現在，我從沒如此確信白宮需要我，我立刻取出黑莓機，拇指飛快打出一份宣言。我叫出功能選項，正準備按下「送出」。

這時候，我停下動作，彷彿聽見肩頭有一位官僚機構的小天使發出勸諫：

「各司其職。各——司——其——職。」

我很慢很慢地將黑莓機放回皮套，回家穿上晚禮服西裝，然後帶著入場券搭公車到華盛頓希爾頓酒店（Washington Hilton）。

當晚，我目瞪口呆地盯著各個名人，看著艾米．波勒（Amy Poehler）尋找她的座位，看著布萊德利．庫柏（Bradley Cooper）和別人聊了幾句才入座，看著財政部長提摩西．蓋特納（Tim Geithner）挑選他想吃的小零嘴。我坐在會場後方看歐巴馬總統發表演說，這是他目前為止最精采的搞笑演講。他說到嘲弄川普的那一段，幾百位民主黨或共和黨支持者都嘲諷地大笑。眾人為總統鼓掌的同時，那位惱羞成怒的億萬富翁漲紅了臉。

我還記得自己那時候想的是：**「嗯，川普這傢伙玩完了。」**

晚宴唯一美中不足之處，就是胡斯尼。正如我所料，我的笑話根本沒惹人發笑。我怎麼想都不懂，胡斯尼就是不好笑啊，為什麼事前都沒人發現這個巨大的瑕疵？晚宴結束後，重要人物紛紛離場，準備參加限定重要人物的派對，我則回家和朋友分享自己站在前眾議院議長紐特．金瑞契（Newt Gingrich）與名演員喬．漢姆（Jon Hamm）之間上廁所的故事。今晚的活動確實很新鮮，但事後，我還是百思不解——我說得對，那句笑話不好笑啊，我可以把笑話改回去，但為什麼沒人要聽？

隔天早上，滿心想抗議的我，做了一件驚天動地的事：我把黑莓機的通知設定從震動改成靜音，然後和尼克與克萊兒兩個大學同學去馬里蘭參加音樂節。我沒穿西裝，只穿了T恤和拖鞋。瓦勒莉明天要演講，隨時可能會叫我幫她修潤講稿，我卻在大白天喝啤酒。從斯特拉告訴我瓦勒莉決定僱用我那天到現在，我首次覺得自己又變回正常的二十四歲青年。

自由的一天很快就結束了，我還不想回家。我鬱鬱不樂地坐在汽車後座，將黑莓機從靜音設成震動的那一刻，它就開始震動。我猜是斯特拉要我寫更多論據，或是臨時修改明天的講稿。

結果兩者皆非。我詫異地發現寄件人是總統的首席外交政策寫手本・羅德斯（Ben Rhodes），信件標題包含「最終」兩個字和「UBL」這個縮寫。我一頭霧水地看著這行標題，歐巴馬總統今晚又沒有要發表演說，而且「UBL」是什麼我也不曉得，它究竟是「未解決的銀行責任」（Unresolved Banking Liability）呢，還是「兩黨一致通過的法案」（Unanimous Bipartisan Legislation）？我困惑地點開信件。

巴拉克・歐巴馬總統致辭
奧薩瑪・賓拉登（Osama bin Laden）之死
白宮

二〇一一年五月一日

我突然很慶幸自己昨晚沒按下「送出」。

數分鐘後，消息在推特傳開了，我、尼克與克萊兒在混亂與癲狂中開車回華府。抵達華府後，我們試著在酒吧看CNN新聞，卻覺得不太對。我們宛如撲向球場照明的飛蛾，同時產生一個想法：

「我們去白宮！」

我們來到華府鬧區時，賓夕法尼亞大道已經擠滿年輕美國人。大學生驕傲地揮舞國旗、高舉雙手，漢子興奮地把其他漢子扛起來，還有人開始唱國歌。國歌唱完後，眾人開始喊口號，我記得紐約洋基隊（Yankees）打贏球賽時，觀眾都會開始喊：

「啦——啦——啦——啦，啦——啦——啦——啦，嘿、嘿——嘿，掰——掰。」

我從來沒參與過如此喧鬧的慶祝會，就連選舉結果出來那一晚，我們也沒這麼狂歡。但我凝視眾人的臉，看到的並不是喜悅或驕傲，而是如釋重負。對我這個年紀的人而言，九一一恐怖攻擊是我們成長期對我們影響最大的事件。我們小時候都聽師長說美國萬能、美國無敵，結果有恐怖分子攻擊我們的國家，害死數千名美國人，我們卻怎麼也逮不到他。過去十年來，逍遙法外的賓拉登迫使我們懷疑自己的信念，而現在，他的陰影消失了，美國終於成功了。

「嘿、嘿——嘿，掰——掰。」

我的黑莓機開始震動，瓦勒莉要我大幅修改明天的講稿，說說總統的英勇。她要談及總統多勇敢、判斷能力多好、品格有多高尚，以及瓦勒莉在二十年前與歐巴馬相遇時，他早已擁有這些特質。

我並沒有派人突襲賓拉登，我當時並不在戰情室（Situation Room），甚至不在那間會議室附近，但到隔天清晨，群眾離開賓夕法尼亞大道後，我將回到白宮。我將走進白宮大門，為國家盡一份微薄之力。說到底，我依然不是這個國家最傑出的人才（這點我以前的助教清楚得很），但在此時此刻，我是否有資格站在這裡並不重要，重點是我站在這裡。就某方面來說，美國需要我。就某方面來說，我是這個團隊的一員。

不過胡斯尼真的不行，他們再怎麼樣也該用伊拉克強人海珊（Hussein）的名字薩達姆（Saddam）才對。

04 權力走廊

The Corridors of Power

亞歷克斯（二十出頭的助理）：「這封信你能不能幫我修一下？」

大衛（二十出頭的演講撰稿者）：「好啊，你想怎麼修？」

亞歷克斯：「我們要回一位執行長的信，可是我不想讓他覺得我們在敷衍他。」

大衛：「好喔，所以我們回信的**目的**是？」

亞歷克斯：「敷衍他。」

我在白宮總共待了五年，這是我人生中第一次——也是唯一一次——和《白宮風雲》（*The West Wing*）有幾分相像。這不表示我對《白宮風雲》沒興趣，畢竟幾乎每一個三十五歲以下的民主黨支持者都是看艾倫・索金（Aaron Sorkin）編的電視劇長大的。我在大一那年和朋友瘋狂看《白宮風雲》DVD，只有在「重獲新生」的室友在寢室開《聖經》研討會時才暫停。

馬克（無比認真）：「你想不想更深入認識耶穌基督？」

大衛（同樣認真）：「你想不想看第二季最後一集？」

幽默風趣的對話，聰明絕頂卻脾氣暴躁的人不時闖進橢圓形辦公室，每週精采的結局，我們怎麼都看不膩。問題是，從《白宮風雲》認識政治，就好比從《黛比上達拉斯》（*Debbie Does Dallas*）認識性愛，無論真實生活比幻想世界精采多少倍，終究有些差強人意之處。

最值得一提的差異是辦公空間，電視劇裡的白宮西廂寬敞闊氣，然而現實中的西廂上次整修是在一九三四年，擠在一起的職員宛如螞蟻窩裡的小螞蟻。當然，現實中的橢圓形辦公室和電視上差不多。總統的幾位高級顧問以木護牆板裝潢大辦公室，走「強盜貴族」風格，不過餘下數十名職員只能共用外側窄小的辦公室，或像洗碗槽裡的碗盤似地疊在一起。

這樣的辦公環境，造就了全世界最A型性格的血汗工廠。在矽谷用波波池和桌球桌吸引人才的年代，華府最誘人的幾份工作居然是在空間比黑色星期五特賣會場還擁擠的辦公室，處處可見人口過剩的跡象。在尖峰時段，海軍餐廳外帶窗口的隊伍長得不可思議，你甚至會懷疑這些人排的不是食物，而是雲霄飛車；而在大廳與等候室所在的一樓，走廊上時時飄著淡淡的汗水味。

不過目前為止《白宮風雲》最大的騙局，就是營造職員邊走路邊聊天的假象。在巴特勒總統（President Bartlet）的白宮裡，職員時常並肩走在走廊上，一面行走一面談論政策，還不時有助理快步進出鏡頭。在現實中的西廂，邊走路邊聊天非常危險。有天早上我走出法夫的辦公室，當時也許是汙水的氣味害我分心，我差點被一雙黑皮鞋絆倒。我抬頭一看，看到一張眼熟但我一時忘記是誰的臉。我迅速想到所有的選項——他是新來的同事嗎？還是B咖等級的名人？還是最新一季《頂尖主廚大對決》（*Top Chef*）的參賽者？

「喔，我知道我在哪裡看過你了，」我恍然大悟，**「你是美國總統！」**

我及時往旁邊跳，免得特勤局讓我親身體驗對巴拉克．歐巴馬使用頭槌的後果。後果是什麼我不曉得，但我學到教訓了。白宮西廂是個有無限可能的地方，缺點就是空間太小。

這，就是我實際上並沒有在西廂辦公的原因之一。我和大部分白宮職員一樣，我的辦公室並不在賓夕法尼亞大道1600號，而是在1650號一間名為艾森豪威爾行政辦公大樓（Eisenhower Executive Office Building，簡稱EEOB）的華麗石造建築，它位在白宮的保安界線內，不過建築大小與風格都與隔壁的豪宅迥異。它是棟五層樓高、占據一整塊街區的辦公樓房。亨利．亞當斯（Henry Adams）是他那個時代遠近馳名的吝嗇鬼，他在一八八八年稱這棟大樓是「建築學的育幼院」，而在一百多年後的今天，我實在沒辦法辯駁他的說法。我經常在自己的辦公大樓迷路，迷失在懾人的螺旋階梯與莊嚴的大理石地板之間。

如果有《走廊》雜誌這種東西，艾森豪威爾行政辦公大樓絕對上得了跨頁版面。這裡空間大到足以讓六到八個人學《真善美》（*Sound of Music*）電影裡那一家人手挽手走在有著高聳天花板的走廊上。這裡缺的是權力。這棟辦公樓有將近六百間辦公室，裡頭有幾位總統高級顧問，不過包括我在內的大多數人都離權勢非常遙遠。

我們理論上都沒注意到這道鴻溝。當我們提到白宮園區時，我們指的是特定的一棟建築——「那裡頭」。

「你是從一開始就在『那裡頭』上班嗎？」

「這是『那裡頭』的人提出的要求嗎？如果不是，我就當作沒聽到了。」

「你幹麼在外面買午餐？今天是星期三，『那裡頭』有墨西哥夾餅耶！」

但實際上，白宮園區裡有兩棟壁壘分明的建築，而且此事無人不知、無人不曉。連接兩幢建築的走道——西行政大道（West Executive Avenue）——有了神話般的重要性。我來白宮上班的第一天，有人給了我一張綠色塑膠卡，叫我掛在胸前。斯特拉把我拉到一旁。

「別擔心，」他神祕兮兮地低聲說，「我們會幫你換一枚藍色胸章的。」

過沒多久，我就發現綠色塑膠卡和藍色胸章差非常多。藍色胸章能允許我在不受特勤局人員攔阻的情況下穿過西行政大道，而持有綠色胸章的人也能走這條路，但他們必須與藍胸章持有者同行。配戴綠塑膠卡的人也不能說是次等公民，不過我必須承認，有時候我們藍胸章持有者會像蘇斯博士（Dr. Seuss）書中肚皮上有星星圖案的「史尼奇」（Sneetch），把他們當肚皮上沒有星星圖案的史尼奇看待。

我們死板的階級制度只有一個例外：那就是一隻名叫小煙（Smokey）的無尾流浪貓。那隻看不出性別的凶悍野貓時常毫無敬意地在西行政大道來回巡邏，有時我趕著要去開會，經過常綠植物盆栽就會被猛然跳出來嘶嘶怒號又一溜煙消失的小煙嚇到。有時候我在北草坪（North Lawn）的安檢站拿出證件給別人檢查，會有貌似毛髮糾結的灰地毯踩著我的腳狂奔而過。

我本以為小煙是入侵者，沒想到鍛鐵柵欄旁不時會出現空的喜躍（Friskies）和普瑞納（Purina）貓罐頭。剛開始，我以為這是好心的遊客留下的，但後來得知，特勤局有個貓奴，小煙成了沒有胸章卻獲准在白宮園區亂跑的VIP。

小煙貌似直覺很準，牠感覺得到我們東西兩間辦公室的界線。每當就業率高於預期，或者是新聞報導對我們特別有利，我幾乎沒看到小煙。在這種時候，配戴藍胸章的職員得以在白宮自由行動。如果我要把上衣送去乾洗，可能會直接抄捷徑穿過行政官邸（Executive Mansion）；要是肚子餓，也許會溜到戰情室外，偷幾包不知從哪變出來的M&M巧克力。

然而每當危機當頭，或者經濟有衰退的趨勢，我總覺得東西兩棟建築間的吊橋被拉了起來。在羅斯福室（Roosevelt Room）或參謀長辦公室的會議全部取消。有事要去西廂的同事，每個人都睡眠不足、自以為很重要地低頭走在連接兩幢建築的走道上。

我不知道是不是我選擇性記憶，但我幾乎可以肯定，在事情跌到谷底時，小煙總是如童話故事裡的精靈守著西行政大道。我沒記錯的話，在二〇一一年夏季的債務上限危機（Debt Ceiling Crisis）時期，我遇到小煙的次數比其他時期都來得多。

債務上限這東西很無聊、很複雜，而且它能讓你一夕破產，所以我覺得大家都該退一步，花點時間瞭解它。舉個例子好了，假設你用信用卡買東西——假設你買了一臺果汁機，或是那種可怕的橡膠五趾鞋（還好這玩意已經退流行了）——到月底，只要付錢給信用卡公司，就能繼續穿你那雙超醜的五趾鞋，卡債也瞬間歸零。聽起來很簡單吧？

那麼想像一下，假設你還卡債之前，國會必須先投票，投票通過才能還債。難看的鞋子已經被你買下了，你也不缺錢；但如果國會有多數人拒絕允許你還債，你堅決要還債就是違法。

這個莫名其妙的關卡，就是所謂的債務上限。你欠債和美國欠債的差別是：如果你不還卡債，會有個凶巴巴的傢伙不停打電話跟你討債；如果美國拖欠債款，全球經濟將會內爆。

債務上限是歷史上的意外，沒有人說得出全球金融體系為何要內建自我毀滅功能，反正有就是有，而且自我毀滅按鍵就在美國國會山莊（Capitol Hill）。在二〇一一年五月十日，眾議院議長約翰·貝納（John Boehner）以按下金融自毀按鍵威脅白宮。他與一群富有的曼哈頓市民參加募款活動時，坦承美國拖欠債款會導致災難性的後果，卻又表示歐巴馬必須切斷輸往聯邦政府多項計畫的數兆美元金流，且過程中不得對富人加稅，否則他將強迫政府拖欠債款。仔細一想，他的威脅實在是荒唐到一種可笑的地步。

銀行搶劫犯（一本正經的臉）：「我們不應該用暴力解決問題。對了，快把你們的錢交出來，不然我要開槍了！」

當季春轉變為孟夏時，我們在西廂開會偶爾會提到貝納的威脅，不過就我的觀察來看，大家似乎不覺得受到威脅。「不調高債務上限」向來被視為誇大的抗議形式，就好像你非要同事在網路上貼一張嬰兒照，人家不貼你就要鬧自殺一樣誇張。

況且，我們多少該體諒貝納當眾議院議長的難處，畢竟共和黨近來多了一群情緒激動的茶黨運動人士。貝納提出如此誇張的威脅，也是為了滿足黨內激進分子的要求。反正共和黨鬧完後，貝納鐵定會和歐巴馬總統合作降低全國債款。

如果貝納真的是打這個如意算盤，那非常不幸，他耍聰明耍過頭了。開始比膽量後，他才發現右派不知何時毀了煞車，共和黨的願望清單非但沒有縮短，反而還變得更長。眾議院多數黨領袖埃瑞克．康特（Eric Cantor）為了和茶黨保持良好的關係，毅然退出他本該帶頭進行的談判。國會從六月鬧到七月，鬧得政府雞犬不寧，卻什麼問題也沒解決。歐巴馬總統每天都必須面對荒謬的選擇，彷彿收到用雜誌拼貼成的恐嚇信。

不想看到你家經濟死翹翹，就照我說的去做。

在我印象中，小煙就是在這段時期成為西行政大道的常駐守衛。高級顧問不再發表政見，進度檢查會議全部取消。我雖然很想寫講稿，但瓦勒莉忙著處理幕後的危機，哪來的時間發表演說？我每天早上都煞有其事地戴著胸章進白宮，沿著雄偉的走廊走到我的辦公室，然後根本無事可做。

危機越滾越大，我的反應應該和大多數千禧世代年輕人一樣，和手機的關係變得越來越親密。如果我不是在讀關於談判停滯不前的新聞剪報，就是在用一款叫「大企鵝的滑雪比賽」（Race Penguin）的遊戲打發時間。「大企鵝的滑雪比賽」聽上去像黑豹黨（Black Panther Party）黨員會用的髒話，但實際上遊戲主人公就是一隻黑白相間的卡通鳥，它必須趴在地上，在時限內滑過不同的場景。如果滑得夠快，就能通關進入下一個場景；如果動作太慢，就會被北極熊吃掉。我一面輕點手機螢幕控制企鵝的行動，一面想像它過著單調和壓力的苦行生活，只覺得我們同病相憐。

大企鵝的滑雪比賽總共有二十四關，分成三大階段，每階段有八關。我通過第一階段「冰霜世界」的時間點，差不多是在共和黨將不可行的平衡預算修正案（Balanced-Budget Amendment）加入一系列要求的同時；我完成第二階段「沙漠世界」時，民主黨領袖哈利・瑞德（Harry Reid）退了一大步，同意不加稅。

到了七月二十五日，我玩到遊戲的最終關，也就是「彩虹世界」的最後一區時，歐巴馬總統不得不在電視黃金時段上發表關於債務上限的演說。對總統而言，這是十分緊張的時刻，因為距離經濟崩潰只剩短短兩週，對我而言這也是個緊張的時刻——我的企鵝卡關了，不管它表現得多好、滑動的時機抓得多準，最後總是會被北極熊吃掉。我得到的結論是，這個遊戲壞了，你不可能獲勝。

「今晚，我想談談我們最近在華府常討論的議題：國債。」

這場對全國演說的風格，是記者近來稱為「典型歐巴馬」（Vintage Obama）的風格，展現出他冷靜、聰明的後黨派（Postpartisan）特質。「美國人民投票選了分裂的政府，但人們要的並不是失能的政府。」他說。

我戴著耳機，雙腳翹在桌上，在辦公室看演講直播，滿心認為總統的論述能改變人民的看法。兩年半前，歐巴馬的總統改變了我的人生軌跡，今晚的演講自然也能改變大眾的意見，把國會打醒。

過了幾天，我又死了幾百隻企鵝後，歐巴馬總統宣布要砍超過兩兆美元預算，可是幾乎沒得到什麼回報。

新聞傳開時，公共事務辦公室執行長喬恩・卡森（Jon Carson）在艾森豪威爾行政辦公大樓一間裝飾得非常華麗的會議室召開會議，我們坐在皮革椅上，周圍是一圈表情嚴肅、早就死了的白人男性畫像，開始討論各個論題。大部分的計畫都不會立刻被砍預算，而且大部分的社會安全保障計畫都未受影響。

然而，我看這牆上那一張張慘白的臭臉，越看越覺得他們人人一臉狐疑。我們想盡辦法從對我們有利的角度敘述白宮與國會的爭議，但最重要的重點，也是沒有一個人說出口的事實：如果你必須花一個小時開會說明自己獲勝了，那你其實根本就沒贏。

要命的是，債務上限交易沒能安撫國會裡的共和黨員，反而使情況變得更棘手。「這是值得勒贖，也值得贖回的人質。」參議院的共和黨領袖密契．麥康諾（Mitch McConnell）宣稱，換言之，他將為我們帶來更多邊緣政策（Brinkmanship）[1]。

我恨不得把麥康諾那張烏龜臉上得意的笑容抹掉，但老實說，我雖然生氣茶黨，卻更氣那位向他們妥協的總統。從我在電視上看到總統候選人那一刻開始，我就深受他吸引，這不只因為他站在歷史正確的一邊，還因為他懂得如何獲勝。雖然他偶爾會遇到小問題，但在事態最嚴重時歐巴馬必然會勝出。這次不一樣，他和共和黨掌控的國會惡鬥了一場，在代價高達數兆美元的戰鬥中敗下陣來。

華府人談論理想破滅的態度，和高中生談論童貞的態度差不多。你聽說那些最成熟的同儕

1　指將危險局勢推到極限以最大限度獲利的政策。

已經破處了，就算你還沒做過，也相信這件事終有一天會發生在你身上。你也許會盡量維護你的貞節，去當個人民公僕；不然就是加入遊說集團，只要是會動的東西你都照上不誤。你的選擇不是重點，重點是，你會遇到一個明確的轉折點，和童年說再見。

但實際上，理想破滅並不是這麼一回事。即使目睹了不對等的債務交易，我也沒有突然認為歐巴馬總統是騙子。我沒有瘋狂地把辦公桌上的紙張都掃到地上，也沒有喊著說自己被背叛了。這時候，我腦中浮現更令人擔憂的問題：要是我們所有人都是企鵝怎麼辦？要是遊戲規則壞了怎麼辦？要是我們每一步都走對了，最後還是被北極熊吃掉怎麼辦？

接下來那幾週，新聞報導依然令人灰心，我們的支持率也沒能回升。我的親朋好友見了，開始擔心我的狀況。

「你們那邊狀況還好嗎？」他們問。他們這麼問，好像白宮存在全世界絕無僅有的獨特情緒，可能是「氣餒希望感」，也可能是「混亂懷念感」。

有時候，親友會用更親切的方式問：「喬兄弟最近還好嗎？巴拉克的狀況如何？」

我回答不知道時，詫異地發現這些親友似乎很失望。他們以為自己認識了白宮職員，就能聽到各種關於美國總統的小道消息。一天下午，我坐在艾森豪威爾行政辦公大樓的辦公室，收到妹妹傳來的簡訊：**「國土安全部怎麼沒有寄件地址啊？」**即使在一般情況下，你聽家人問起這樣的問題也會覺得很窘，更何況我在白宮上班，我也很想回答妹妹的問題，卻答不出來。

而且那還不是唯一一次，有一回我的爾文爺爺寄電郵給我，想請「我的人」看看他規畫的全國水管系統。蓋柏叔叔也特地警告我，「歐巴馬健保」（*Obamacare*）導致無照診所如雨後春筍般出現。大家最常問我的問題是：

「那你見過歐巴馬了沒？」

「還沒。」我每次都這麼回答。我很想轉移話題，可是親友每次聽到我的答案都會看我一眼，那個眼神的意思是：雖然你二十四歲就進白宮上班，你還是讓親朋好友失望了。

我不能怪他們，因為進白宮之前的我也犯下相同的錯誤，以為現實中的白宮和《白宮風雲》一樣，每個人都能和總統近距離接觸，不然就是像《醜聞風暴》（*Scandal*）演的那樣，每個人都能和總統有一腿。不過事實上，白宮和《星際大戰》（*Star Wars*）的死星（Death Star）太空船差不多，裡頭有好幾千個人忙碌地四處奔走，每個人盡一己之力讓整艘船正常運作。

「黑武士達斯．維達（Darth Vader）是銀河帝國的形象人物沒錯，但這不代表每個帝國風暴兵都有機會和他單獨相處。」我常說，可惜沒人聽得進去。

說實話，最失望的人莫過於我自己，因為這世界上沒有人比我更想和歐巴馬見面。我之所以這麼渴望認識他，有兩個理由。第一個理由雖然很老套，卻也是事實：我雖然不知道自己能做什麼，卻相信自己必定能為國效忠。我滿心以為自己是那種和總統待在同一間辦公室裡，就能使總統辦事辦得更好的人。

第二的理由是，我希望自己能和巴拉克．歐巴馬成為好朋友。我當然不是說自己一定能結交總統。這裡應該沒有一個人這麼認為。但只要是在白宮工作的人就肯定幻想過自己和總統成為麻吉。要是有誰跟你說他沒有這種幻想，這個人不是在說謊，就是她是前第一夫人蜜雪兒。在這裡，你不時會聽到傳聞——行政管理與預算局（Office of Management and Budget）的職員在走廊上遇到歐巴馬，和他撞拳頭打招呼；在空軍一號上，有個白宮祕書受邀陪歐巴馬打牌。這些小故事的寓意再清楚不過：你隨時可能開啟嶄新的人生。

我第一個改變人生的機會，出現在二〇一一年十一月，法夫請我寫感恩節錄影致辭的講稿。若說「國情咨文」是寫講稿光譜的一個極端，那「美國，感恩節快樂！」必然是光譜的另一個極端。話雖如此，我收到通知時還是驚呆了。我之前是為總統寫過幾句笑話，但這完全不一樣，這是天賜良機，我可以寫出一篇有深度、獨特又充分展現美國精神的講稿。我研究了過去的感恩節錄影，讀了英國清教徒和搭乘五月花號移居美國的清教徒分離派移民（Pilgrim）相關文獻，寫了一份又一份草稿。

最後，錄影的日子到來了，我默默來到白宮的外交接待室。這是白宮最華美的房間之一，牆上繪著十九世紀美國生活的壁畫，壁爐前擺了一張等待總統光臨的木椅。我選了個離木椅最遠的地方站著。站在攝影機後方的，是位穿著背心與襯衫，正忙著調整焦距的女人。

「你第一次來嗎?」她問我。我努力用若無其事的口吻回答,卻馬上露餡了。

「是!我該做什麼?拜託救救我!」

這一天,我發現總統的御用攝影師霍普·哈爾(Hope Hall)是個令人心安的人,在這棟滿是各式社交活動的豪宅裡,她擁有罕見的自由之心。霍普露出平靜的微笑,叫我別擔心,安靜等著就好。

於是我開始等,等了又等,等了又等,等了又等。就在我開始懷疑這次錄影不是噩夢就是惡作劇時,其中一個負責視聽器材的工作人員拿起黑莓機,他收到訊息了。

「他出發了。」

空氣似乎在劈啪作響。片刻後,歐巴馬總統走了進來。我的鼻子忽然開始發癢,我可以打噴嚏嗎?我有沒有把手機關機?我口袋裡有沒有零錢,會不會發出噪音?我忍不住想把身體重心從一隻腳移到另一隻腳。

總統站著,所以我們也都站了起來;他入座時,我們也跟著坐下來。他看向攝影機,但他還沒開始錄影,霍普突然插嘴。「總統先生,這是大衛,」她說,「今天的講稿就是他寫的。這是他第一次幫您寫錄影致辭講稿。」

歐巴馬總統的目光移到我身上。

「嗨,大衛,」他說,「你好嗎?」

那一瞬間，我腦中只有一個想法：**「我怎麼都不知道我會需要回答他的問題？」**接下來發生了什麼事，我也不曉得，因為當下我的腦袋當機了。在感恩節假期，家人紛紛問我：「你見過歐巴馬了沒？」我回答：「見過了。」他們接著問：「他對你說了什麼？」我說：「他說『你好嗎？』」他們又問：「那你怎麼說？」我只能回答：「我不知道，我腦袋當機了。」

沉默。失望的眼神。

我能理解這份失望。如果我想待在總統身邊，讓他把事情辦得更好，我將面對比「你好嗎？」更困難的問題。目前為止，我還沒展現出挑起這份重責大任的能力。

但至少我為總統寫了感恩節錄影的講稿，我的家人為此感到驕傲。我外婆特別興奮，她和比她老十歲的男友比爾在一起，這兩個人真是絕配。外婆年紀大了，又愛喝皇家芝華士威士忌（Chivas Regal），所以有時會不自覺地重複說同一句話，不過比爾不介意，反正他第一次也沒聽到。他們什麼話都愛用喊的，再加上短期記憶不佳，這兩個吵吵鬧鬧的老傢伙簡直是兩人啦啦隊。

「我的天啊，大衛幫總統寫講稿了耶。」

「什麼？」

「**大衛**寫了**錄影講稿**！他幫**總統**寫的！」

我光榮的成就很快就化為泡影。我耗費心血寫了一篇我認為最好的講稿，卻漏了一件事，結果我的差錯被福斯新聞（Fox News）抓到了。福斯新聞的記者工作效率真的很高，我們還沒把烤火雞切開，第一則頭條就出現：**「歐巴馬的感恩節致辭遺漏了上帝。」**報導寫道：「在足足十一段的致辭裡，他一次也沒提到我們的主。」

用膝蓋想也知道這是幹話，拜託，總統明明就有在影片裡提到「祝福」兩個字，福斯新聞能不能出來解釋，不是上帝祝福我們的話，那是誰在祝福我們？難道會是歐普拉（Oprah）嗎？即使如此，我們還是受創了。既然右派媒體製造了爭議，其他較體面的新聞媒體也開始報導此事。ABC新聞（ABC News）跟著發布頭條：**「歐巴馬感恩節致辭隻字未提上帝，激怒批評者。」**

感恩節過後的星期一，我回到辦公室，以為自己會被所有人唾棄，沒想到幾乎所有負責撰稿的同事都有過類似經驗，幾乎每個人都曾是某則福斯新聞報導的主角。「別一直怪罪自己。」他們勸我。可是同事們再怎麼和善大度，也無法掩飾我失敗的事實。我很想為國家效力，很想和歐巴馬成為摯友，卻一個目標也沒達成。

我對自己保證，如果我哪天碰到第二次機會，我絕對不會再讓機會白白溜走。

結果才過幾週，新的機會又送上門了。我坐在自己的辦公室裡，突然接到法夫的電話。「貝蒂．懷特（Betty White）的九十歲生日快到了，」他告訴我，「國家廣播電視臺要錄特別節目，請名人祝她生日快樂。你很幽默，又沒有別人想接這份差事，要不要試試？」

我當然要試了，這就是我的《蓋茲堡演說》（*Gettysburg Address*）[2]。

在週五錄影前，我們有一週時間策畫最完美的生日祝福。首先，我和喬恩想了個笑話，到時螢幕上會是總統簽署生日賀卡的畫面，同時是他唸出祝辭的聲音：

「親愛的貝蒂，妳這麼青春有活力，我實在不敢相信妳九十歲了——沒錯，我不相信妳九十歲了。請把妳的出生證明影本寄到華府賓夕法尼亞大道1600號。」

第二步是挑選賀卡。白宮附近有一間CVS連鎖藥局，我特地跑去研究店裡所有的賀曼賀卡（Hallmark），比謀殺案罪現場的刑警偵探還認真。就在我準備買下其中一張卡片時，我腦中靈光一閃，想到我們錄影時會從兩個不同的角度拍攝總統，但從第二個角度拍攝時，我們不能讓觀眾看見已經寫在賀卡上的賀辭。換言之，我們需要兩張卡片！

「這就對了！」我心想，**「白宮職員就該有這種想法。」**

我確信自己立了大功，得意地回到辦公室，開始準備短片最後的笑話。我最後想到的點子是，在影片結束時，歐巴馬總統會戴上耳機，假裝聽《黃金女郎》（*The Golden Girls*）（貝蒂．懷特最受歡迎的節目）的主題曲。

錄影的日期越來越近，我天天練習對總統解釋拍片流程與笑話。我找到一副最合適的耳機——那對白色耳塞式耳機在電視螢幕上一定很好看——還一直重複聽《黃金女郎》主題曲，幫助自己進入狀態。週五終於來臨，我已胸有成竹。

電話打來了。「好，你可以去西廂了。」

世界上可能有人能在第一次被傳喚去橢圓形辦公室時表現得泰然自若，但我告訴你，那些人絕對有反社會人格。對我們這種正常人來說，第一次去橢圓形辦公室開會，就彷彿自己行猶太教割禮，親手把包皮割掉。

更糟的是，在進橢圓形辦公室開會時，你不能直接走進橢圓形辦公室，得先在一個沒有窗戶的小房間等候。那裡有那麼點像診所的候診室，但擺的不是去年的《美麗佳人》（*Marie Claire*）雜誌，而是價值連城的美國藝術品。這裡也沒有接待員，只有持槍的男人，而且在最糟最糟的情況下，那個人必須依法殺了你。

進了等候室我才發現，這裡非常適合懷疑你這輩子所有的選擇。我和攝影師霍普·哈爾一起坐在狹小的沙發上等候，精神默默崩潰了——我還記得該怎麼說明影片的概念嗎？兩張卡片我都帶了嗎？耳機還在我口袋裡嗎？現在還在嗎？那現在呢？我快要瘋掉時，總統的其中一名助理走進來。

「你們可以進去了。」

我必須說，第一次踏進橢圓形辦公室時，我的腦袋並沒有當機。我前方是諾曼·洛克威爾

---

2 美國林肯總統最著名的演說，是美國歷史上最偉大的演說之一。

(Norman Rockwell)畫的《自由女神像》畫像，我從眼角餘光看到展示在後面的《解放奴隸宣言》(*The Emancipation Proclamation*)——沒錯，不是影本或海報，而是貨真價實的解、放、奴、隸、宣、言。我沒有轉頭去看那份文件，但我清楚感覺到它想表達的意思。

「我會在這裡，是因為我給了奴隸自由，」它似乎在告訴我，「那你呢？**你**來這裡幹什麼？」

巨大的木製「堅毅桌」[3]另一邊，坐的是歐巴馬總統。從他的表情看來，他可能也想問我來這裡幹什麼。但沒關係，我已經花了一整週練習說明短片的概念，我可以的！我走上前，開口說話，結果我和自由世界的領導人面對面時，我卻聽起來像個即將被當掉的交換學生。

「貝蒂．懷特？」我聽見自己的聲音說，「卡片和……生日？播放《黃金女郎》主題曲耳機影片，可以嗎？」

歐巴馬總統一臉困惑。霍普跳出來幫我解釋，然後開始錄影，但我總覺得有點不安。現在是我向總統證明自己有專業能力的最佳時刻，但依我專業的見解看來，我們好像沒有邁出成功的第一步。

沒關係，我還有一次機會：我還有第二張生日賀卡。我一定要讓自由世界的領導人知道，我為美國立了大功。霍普拍完第一個角度的片段後，我滿腔不知從何而來，令我自己也大吃一驚的自信，大步走到辦公桌前。

「總統先生，我們現在要從不同角度拍第二段影片，不過我們要裝作您還沒寫賀卡，現在才要開始寫。」我邊說邊伸手從外套口袋取出第二張卡片。「我們必須用這張一模一樣的卡片拍第二段影片。」

歐巴馬總統歪著頭問：「是要從辦公室另一頭拍過來嗎？」

「是的。」

「所以，其實沒有人看得到卡片**裡面**的內容吧。」

「是的。」

「那我假裝在原本這張卡片上寫字不就好了？應該不需要再寫一張吧？」

「是……是的。」

我將第二張卡片收回口袋。好球，揮棒落空。

我還不能放棄，還有最後一次機會，我一定要成功說明耳機的笑話，讓總統看見我的才華。

霍普拍完第二段影片後，我再次走到辦公桌前，從長褲口袋掏出貌似一團毛球的耳機線。

時至今日，我還是不曉得那天發生了什麼事，可能是我在等候室裡一直亂搓亂揉，不小心讓耳機纏成一團了吧。我實在不知道該怎麼辦，這時候我腦子裡只有一個想法，我的身體乖乖照做了：把整團耳機線毛球直接遞給美國總統。

---

3 堅毅桌（Resolute desk），是一張製作於十九世紀的書桌，多次被美國總統放置在白宮的橢圓形辦公室中。

如果你在白宮上班，就會常聽到一句話：「**世界上最有價值的東西，就是總統的時間。**」我之前一直把這句話當陳腔濫調，可是這一天，我只能呆呆看著巴拉克．歐巴馬筆直注視著我，花費三十秒試圖解開那團耳機線，試了又試，試了又試。最終，總統轉向霍普，嘆了口氣。

「前置工作真糟糕。」

他的語氣告訴我兩件事：一、他只是在開玩笑；二、他完全沒有開玩笑的意思。那一刻，我的心沉到了谷底，這是我在總統心中第二次留下第一印象的第三次機會，結果我還是失敗了。歐巴馬總統問了個問題，但我只隱隱約約聽到他的話音，我總覺得我和他之間多了一層紗。

「我是不是該邊聽音樂邊搖頭晃腦？這樣應該會比較好笑吧？」

「嗯對啊，」我回答，但現在我說什麼都無所謂，反正我不可能挽救那個改變我一生的瞬間了。我站在總統的橢圓形辦公室裡，卻只想默默溜走。我靜靜站在一旁，看著霍普準備拍攝最後一段影片，心中一片灰暗，因為我再也不會有機會在總統面前表現了。歐巴馬總統望向鏡頭。

然後，他停下動作。

「等一下，」他說，「既然我要隨著音樂搖頭晃腦，那我至少要知道音樂是什麼吧。這裡有人知道《黃金女郎》主題曲怎麼唱嗎？」

辦公室裡一片沉默，歐巴馬總統看向霍普，霍普沒有說話。我也看向霍普，霍普還是沒說話。最後，歐巴馬總統轉向我。

這時，我靈機一動，想到自己為國效忠的辦法了。

我雙腳穩穩踩著橢圓形辦公室的地毯，迅速瞄了後面的《解放奴隸宣言》一眼，然後直直盯著美國最高統帥，開始引吭高歌。

「吧、嗯、嗯、嗯，謝謝妳當我的朋友。吧、嗯、嗯、嗯，沿這條路走去又回來。什麼什麼，妳是我的好閨蜜。」

我滿腔愛國情懷，激動地接著唱道：

「如果妳開派對，邀請妳認識的所有人，嗚——嗚——」

歐巴馬總統用禮貌卻又清楚的一眼暗示我，我們這是在浪費一國總統的時間。

可是！這招竟然有效！總統隨著歌聲點起頭來。全國廣播電臺收到我們的影片，貝蒂・懷特也收到了生日賀卡。那天，我昂首闊步地走出橢圓形辦公室，因為我今天待在總統身邊，幫助他把事情辦得更好了。

當然，那天下午在我心中萌生的懷疑依然存在，我還是覺得我們所有人都像遊戲中的企鵝，也許我們再怎麼努力也得不到回報。但隨著二〇一一年走向末尾，我心中多了新的自信感。我們的支持率漸入佳境，小煙不知跑到哪去，而且我終於能回答每個人想問的問題。

「所以呢？你見過歐巴馬了沒？」

「嗯，這個嗎，你可能會覺得我在吹牛，不過他願意當我的朋友，我真的非常感激。」

05 馬桶裡的鮭魚

The Salmon in the Toilet

剛接下這份工作時，我想都沒想過自己會成為白宮男廁小達人。反正事情就這麼發生了，這種感覺像是你搬進一間新公寓，熟悉附近的環境後，有一天突然發現自己對附近每一間披薩店都有些想法。我在白宮也經歷了這樣的一段歷程，只不過我熟悉的不是披薩店，而是陶瓷與洗手乳。

我最喜歡的廁所位在行政官邸一樓，就在禮儀圖書館隔壁。那間廁所白色的大理石地板與洗手檯透著奢華，它們不透明的素雅色澤卻也相對低調，彷彿在說：「這真的沒什麼了不起的，有些人天生就長得漂亮嘛。」整體效果既美得驚人，又謙卑得令人耳目一新，簡直是最能體現美國民主之美的廁所。

至於西廂的男廁，它們各有各的魅力。如果你喜歡接近權力，那可以去緊鄰羅斯福室的廁所，它和橢圓形辦公室僅相隔幾步距離。如果你喜歡有點古怪的復古風，可以去瓦勒莉辦公室對面的那間，那裡的小便斗每個都像大臉盆，你跟我說這些是鋸成兩半的浴缸我都不意外。（更奇怪的是，它們都是用沖水踏板，而且龐大的沖水踏板距離地面足足十二英寸。）而在一樓，法夫的辦公室附近有一間很有趣的廁所，它有著整棟建築唯一一臺擦鞋機，那臺機器長得像《布偶歷險記》（*The Muppet Show*）布偶的兩片頭皮，分別黏在一根棍子的兩端。

當然，艾森豪威爾行政辦公大樓的廁所就沒那麼厲害了。它們令人印象最深刻的一點，應該就是過度靈敏的自動沖水馬桶。我還是別寫太多細節來得好，反正你知道我常常不小心被洗屁股就夠了。

儘管如此，說到對我而言最有意義的廁所，應該沒有一間能比得上艾森豪威爾行政辦公大樓一樓西南角的那間，這是因為我開始在白宮上班六個月後，那裡發生了一件令我永生難忘的事情。（別擔心，不是什麼噁心的事。）

那是一段特別的時光。我終於對環境有了充分認識，能自在地在大樓內走動，這幢建築的新鮮感也還未淡去，即使是跑廁所這種稀鬆平常的活動都洋溢著歷史光輝。我沿著螺旋階梯走到一樓，想到在一九一〇年代，富蘭克林·德拉諾·羅斯福（Franklin Delano Roosevelt）也曾在這裡工作，當時他還沒因小兒麻痺症坐輪椅，我能想像他的鞋子走在樓梯間的聲響。副總統的禮儀辦公室也在艾森豪威爾行政辦公大樓，每當我握著男廁刻了花紋的金屬門把，將門拉開，我都會好奇尼克森（Nixon）或詹森（Johnson）曾否因這扇門的重量感到困擾。

我走進廁所，發現有個穿著防彈背心的人站在唯一的小便斗前，其實這也是很有趣的一件事。我當時二十四歲，人生大半時間都覺得遇到活生生的特勤局人員是件神奇的事，這些人會幫重要人物擋子彈，開車闖紅燈，趴在屋頂上狙擊壞人，跟X戰警（X-Men）一樣猛，而且也很認真要拯救世界。

我在白宮工作幾個月後，還是把特勤局人員當英雄看待，但現在他們成了有血有肉，也許會和我並肩小便的人。我不想排隊等小便斗，於是我走向有坐式馬桶的廁間，開門走進去，把門鎖好後轉過身。

這時，我看到不可思議的畫面：一片沒有任何咬痕的烤鮭魚，就這麼躺在馬桶裡。

這不是我在白宮看過最歷史性的一幕，也不是最有意義的一幕，但這絕對是最驚人的一幕。你想想看，見過歐巴馬的人多得是，應該有幾萬人——甚至是幾十萬人——和他見過面，可是在辦公室廁所的馬桶裡看到鮭魚的人會有幾個？

我看過。我能憑我的經驗告訴你，看到那片鮭魚的當下，腦中會浮現許多問題，例如：為什麼只有這麼一片烤鮭魚，沒有配菜？要是我現在沖水，會發生什麼事？

但這些問題都太普通了。我展開下一階段的調查——尋找嫌犯——時，一片平凡的烤魚肉似乎多了某種意涵。我知道這是自己人搞的鬼，因為當天艾克食堂賣的就是烤鮭魚，不過除此之外我毫無頭緒。國家安全會議的辦公室和這間廁所相隔了三層樓，難道是那邊的人？犯人也可能是經濟組的人，該不會是哪個負責數十億美元聯邦補助金的職員突然崩潰了吧？對了，還有那個剛才就在案發現場旁邊，身穿防彈背心的男人，會不會是特勤局人員在搞鬼？

我漸漸發現，這就是白宮的力量：它給周遭所有事物都增添了重要性，樓梯不再是普通的樓梯，門把不再是普通的門把，馬桶鮭魚不再是普通的馬桶鮭魚。太神奇了！

如果我想觀察白宮光環的力量，我可以邀請朋友來打保齡球。杜魯門保齡球場（*The Truman Alley*）聽起來歷史悠久、氣派又優雅，但實際上它和垃圾場差不多。擁擠的外室地上是防漬地毯，還設有大型工業用水槽，感覺像個適合解剖驗屍的地方。那裡為數不多的裝飾，全是歷屆總統打保齡球的相片，你只要上Google搜尋就找得到那些照片。更慘的是，那間「保齡球場」就只有兩條球道，而且我在白宮工作那幾年，有一條球道一直故障。

最糟的是，你想去杜魯門保齡球場，就得經過艾森豪威爾行政辦公大樓地下室一堆堆外露的電線與閃爍不定的日光燈，如果你跟我說《奪魂鋸》（*Saw*）是在這裡拍的，我也不覺得意外。每次打完保齡球，我帶朋友穿過命案現場般的地下迷宮回到地表，都必須做好心理準備，面對他們失望的表情。我的客人一時說不出話來，沒法清楚表達自己的情緒，我只能忍受他們的沉默，等著面對他們的驚恐與憤怒。等到他們終於恢復鎮定時，他們會直視我的眼睛。

「真的太棒了！謝謝你，謝謝你！」

在我看來，杜魯門保齡球場明明就是全世界最破爛的遊戲室，我朋友卻看到只有重要人物能使用的娛樂天堂。這，就是白宮的力量。

過不久，一個羞恥但無可避免的問題出現在我腦中：我身上有沒有沾到白宮的光環？更具體而言，這對我的情感生活有沒有幫助？

對那些情場老手來說，白宮的工作能使他們魅力倍增，要吸引什麼人、誘惑什麼人都簡單得要命。我舉個例子，有一年冬天，我同事看上一名金髮的地方新聞女主播（我同事喜歡追人，姑且叫他雀斯吧）。女主播突然收到各種請帖——白宮的節日宴會、東廳（East Room）的體育隊見面會——而且每次坐在她旁邊的都是雀斯。雀斯會花幾分鐘對她施展魅力，在對話中若無其事地提到幾位重要人物，然後向她道歉，說自己必須先離席。

雀斯追女人簡直易如反掌。他將女主播追到手後向我們大肆誇耀，但任誰都看得出他只是在做做樣子。他彷彿是個獲准在動物園狩獵大象的獵人。

白宮魔法只在我身上生效一次，那次我在朋友家後院參加夏季野炊活動，正在排隊裝啤酒時，我碰巧遇到喜歡參與社運的以前同學瑞秋。瑞秋和之前一樣，不怎麼理睬我，不過她聽我提到我的新工作後，視線就再也離不開我了。

「你有沒有名片？可以借我看嗎？」

我拿出皮夾。瑞秋的指尖滑過名片表面的總統圖章，雙眼蒙上夢幻的霧氣，然後她突然瞇起眼睛，她眼前的景象和腦中的幻想重疊了。

「沒什麼大不了的啦，」我說，「反正就是張名片嘛。」

可惜白宮的魔法效力不長。我們約會兩次，又一點也不火熱地熱吻兩次後，瑞秋決定終結我們之間的關係。我不用問也知道，她想必是被我的名片迷惑了，當她湊上前親吻《白宮風雲》中羅伯·勞（Rob Lowe）飾演的角色時，嘴唇碰到的卻是我。就連被甩的我也不得不承認，她真的很可憐。

這次豔遇不如人意，而且這還是白宮唯一一次澤及我的情感生活。在白宮上班並沒有讓我變得更有女人緣，反而因為整天工作，更難認識新的對象。第一盒名片入手後過了幾個月，我終於放棄抵抗，投入線上交友的懷抱。

我曾聽雀斯說，OkCupid線上約會App對他來說只是「練習」。但我不一樣，我花了很多心力建立個人檔案，和我幫瓦勒莉寫講稿同樣認真。我最喜歡的電影和電視劇是否隱含了什麼意義？我「不能沒有的六樣東西」順序是否排得完美無缺？最重要的是，我該怎麼在盡量不提供個人資訊的情況下，讓別人對我產生興趣？我知道我聽起來疑神疑鬼的，而且我**確實**疑神疑鬼，但這是因為我有在用腦袋。現在距離總統選舉只剩一年，即使是位階最低的白宮職員也可能被保守派媒體針對。

之前的政治界其實沒這麼麻煩。在過去的美國，你的私生活就是你的私生活，即使你是最高統帥也不例外。就連比爾·柯林頓出軌的消息登上頭版之後，媒體也堅持一個原則：他們不會拿年輕人開刀，等那些孩子長大再說。

然而，到了二〇一一年年底，新的右派媒體受福斯新聞大獲成功的鼓舞，開始如雨後春筍般迸出來。新媒體不只有《布萊巴特新聞網》（*Breitbart*）和《格林．貝克電視秀》（*Glenn Beck TV*），還有專門上年輕民主黨支持者的臉書頁面，尋找見不得人的照片的《華盛頓自由燈塔》（*Washington Free Beacon*），以及類似極右派《隱藏攝影機》（*Candid Camera*）的「真相計畫」（Project Veritas），專門誘導進步主義者說傻話，然後將影片大肆剪接後公諸於世。現在，沒有人能攔住媒體的狂潮。

我沒興趣被右派媒體盯上，於是我填寫交友檔案時寫得異常含糊。我告訴你，要在OkCupid寫得這麼不清不楚可不容易，因為這個**App**會用數百個問題幫你配對。

「你和大麻的關係是？」

「不予置評。」

「燒書和燒國旗，哪個比較糟糕？」

「不行。絕對不行。」

「在性愛方面，你有多願意嘗試新事物？」

「比起回答這個問題，我更願意嘗試新事物。」

我的交友檔案根本是一張白紙，所以我和網路上配對的對象聊不開也屬正常。這時候，我詫異地看到一個幾乎和我一樣含糊的人，我們就叫她諾拉吧。我傳訊息給她，得知她加入OkCupid的原因和我一樣，是為了避免在工作單位找對象。我們約好下週去康乃狄克大道一間地下酒吧約會。我們一見面就遵循華府的傳統，開始比較各自的工作。

諾拉：「我是做傳播的。」

我：「真巧，我也是做傳播的！妳是在私營單位還是政府機構上班？」

諾拉：「政府機構。那你呢？」

我：「世界真小！我也在政府機構工作耶！妳隸屬哪個單位？」

諾拉：「其實我是在白宮上班。」

我：「等等，妳說什麼？」

我們不僅在同一個部門工作，就連工作地點也在同一棟建築的同一層樓。諾拉的辦公室和我的辦公室位在同一條走廊。

如果我的人生是一部愛情喜劇，這應該算是個可愛的巧合。但在現實生活中，我們卻覺得和同事交往哪裡怪怪的，像是私生活受工作侵擾。那是我們第一次約會，也是最後一次約會，但從此以後我們在走廊上相見，都會尷尬、短促地點頭打招呼，彷彿昨晚才在色情電影院相遇。我受夠線上交友，正準備放棄。

就在這時，我認識了賈姬。我當然受她的外貌吸引，但比起她的美貌，我更傾慕她的使命感，她就連過馬路也顯得果斷堅決。身為法學院三年級生的她，居然一整晚都沒提到「根據法律規定」這句話。她說起自己在紐澤西州度過的童年，雖然我是紐約市出身，紐約人向來不怎麼喜歡紐澤西人，但我就是沒法討厭她。

第一次約會那天，我們聊了大概一個小時後，服務生來收走飲料菜單，我看著賈姬笑吟吟地伸手制止他。「這個先別收吧，」她說。她的語氣親切友善，卻又讓人覺得自己不聽話可能會死得很慘。我最喜歡的電視劇是《黑道家族》（*The Sopranos*），而且我又一直很愛女演員蘿拉．琳妮（Laura Linney）那種類型的女人，賈姬根本是我的真命天女。

私生活方面，我多年來第一次要和對象認真交往；在工作方面，我卻像個花花公子。我當然是瓦勒莉．賈瑞特的撰稿者，但當時任白宮幕僚長的威廉．戴利（Bill Daley）也聽說我是**他的**撰稿者，而斯特拉和其他高級職員則聽說我是高級職員的撰稿者。才剛大學畢業三年的我，就為五位白宮 VIP 寫了六篇畢業典禮致辭的講稿。

如果我生活在《紙牌屋》影集的世界，那我勞碌的工作應該能為我換來影響力。我能在暗中操弄這幾位重要人物，為達成不可告人的目標在他們的講稿上動手腳，使他們反目成仇。事實上，演講才不是這麼一回事，因為現實生活中的撰稿者不是木偶師，我們比較像個人健身教練，幫助人將自己最好的一面呈現在大眾眼前。我們沒法將人改變為完全不同的人。

而且，撰稿者也不能「寫出你的聲音」——說到撰寫演講稿，人們最常產生的誤解就是這個了。我在進白宮前那幾年，經常幫不同公司的執行長寫稿，聽他們說這樣的話：「你感覺很有才華，可是你真的寫得出我的聲音嗎？」

「我相信我可以的，」我往往一本正經地回答。

但是我沒告訴那些執行長，其實這不是什麼難事，因為在修辭與風格方面，百分之九十九點九的演講聽上去都大同小異。馬丁．路德．金恩有自己的聲音，約翰．甘迺迪有自己的聲音……我沒有要貶低你的意思，但我覺得你應該沒有自己的聲音。

你有的是想法。而你或許不知道自己有這樣的需求，但你需要一個人來幫你整理和組織這些想法。優秀的寫手能把你的十個想法融合成一個完整的架構。你眼中的兩片牛肉、醬料、生菜、起司、酸黃瓜、洋蔥與芝麻麵包，在撰稿者眼中就是一份大麥克漢堡。

除此之外，撰稿者也是觀眾的替身。如果你有自己的撰稿者，那你應該是某方面的專家；如果你是專家，那你應該有點無聊。你當然不是故意的，但是你在某方面懂得越多，就越難用一般人能理解的方式將知識與道理傳達給其他人。我們撰稿者是專業的半吊子，本就不能長時間專注於一件事，所以我們能從沉悶的事實與軼事中找到對外界有意義、有價值的資訊。

有時候，撰稿者寫出來的講稿不夠完美，它也許沒有單一主題，而是選用由七個重點組成的清單，讓觀眾聽得雙目無神、視線渙散。（如果把清單又細分成小清單，那你的演講甚至能拿去當手術用的麻醉藥喔。）有時候，講者堅持要用晦澀難懂的詞彙，結果觀眾聽到一半就開始滑手機，講者還會轉過來責怪撰稿者。但是，如果你負責執筆，一切進行得很順利——如果你能兼顧演講主題（一座森林）與細節（每一棵樹）——那講者將永遠對你心懷感激。

他們會告訴你：「哇，你真的寫出我的聲音了！」

聽他們這麼說，你會謙遜地道謝。你若是那種喜歡沒事去糾正大人物的傢伙，那你今天就不會是撰稿者了。

這又是寫講稿的另一個要點：你不是小說家，也不是詩人，有時你就是得妥協。例如介詞，瓦勒莉遵守文法的規矩，從不把介詞放在句尾。但我認為介詞沒什麼大不了的，我自己寫文章時很少注意句尾是否放了介詞。重點是，我寫的不是我自己的文章，而是瓦勒莉的講稿，所以我不會去和她爭論文法。

還有「說到底」，我一直很喜歡這個片語的節奏感，不過講稿裡每次出現「說到底」，都會被瓦勒莉刪掉。我知道這是個人喜好問題而不是文法問題，但這之中的差別不重要。撰稿者和講者各有各的意見，這是他們的自由，但說到底，講者永遠是對的。

其實瓦勒莉的講稿比威廉．戴利的講稿好寫多了。這位白宮幕僚長給我的挑戰不是措詞，而是發音。威廉是個身材結實、肩膀寬闊的男人，說話時習慣下巴壓近脖子，這也不是什麼大問題，只是「ㄗ」、「ㄘ」、「ㄙ」的音會卡在喉嚨裡發不出來。我為他寫講稿時會盡量避免這些音，可是你想想看，威廉可是總統的幕僚長，怎麼能避開下面這種句子呢？

「身為『總』統的幕僚長，我『在』『此』向各位聲明，『總』統先生確實很嚴『肅』看待赤『字』上升的可能性。」

「『總』統『最』成功、『最』果敢的決『策』之一，就是出動海軍特種『作』戰研究大隊。」

有時候，面對難以跨越的難關，撰稿者不得不舉白旗投降。

我工作上花心的對象還有一個，那就是總統本人——我越來越常幫總統寫講稿了。在二○一一年夏季，為總統寫講稿的寫手包括我在內有八人。我們和大部分撰稿團隊一樣，由不到四十歲的年輕人組成。（不幸的是，當時我們全都是白人男性，我自己當然也是白人男性。）

我們沒有專門的「教育議題寫手」或「就業議題寫手」，不過每個組員都有自己的專長。法夫負責主要的經濟與政治類講稿，他的副手亞當．法蘭科（Adam Frankel）負責人權議題。亞當離開後接任副手的科迪．基南（Cody Keenan）擅長關於慘案和中產階級的講稿；只要是布魯斯．史普林斯汀（Bruce Springsteen）專輯可能出現的議題，就由科迪執筆。除了寫笑話之外，喬恩．拉維特還負責所有和科學與科技有關的議題。外交政策則交由本．羅德斯和泰瑞．

祖普拉（Terry Szuplat）處理。而總統最年輕的撰稿者凱爾・歐康諾（Kyle O'Connor）負責寫別人不想寫的講稿。

至於我呢？我負責寫凱爾不想寫的講稿。我寫的東西多半登不上史冊，都是些無關緊要的小東西，例如給波多黎各的頌詩、向一位芝加哥舊友打招呼、給西班牙商務辦事處（Hispanic Chamber of Commerce）的幾句話等等。我的講稿不偉大，卻讓我認識了歐巴馬總統演講時的喜好，舉例而言，他在讚美一件事物時，通常不會用「好」或「棒」，而會用稍微正式一點的同義詞。

「我們**傑出**的司法部長——埃里克・霍爾德（Eric Holder）——蒞臨現場。」

「我想感謝趙（Chu）眾議員在這方面**出色**的努力。」

「克羅布徹（Klobuchar）參議員做得**十分漂亮**。」

有些講者喜歡用傳統的方式演說，「先跟他們說你要說什麼，然後把你要說的話說出來，最後再跟他們說你剛剛說了什麼」。但比起一般庶民，歐巴馬總統演講時更像個律師，他喜歡把一個論點從頭到尾說完，或是把一個故事從起承轉合講清楚。

說完講稿，我們就來聊聊脫稿演出這件事。拜登副總統演講時經常害提字機技師心臟病發，歐巴馬總統就不一樣了，他不常脫稿演出，但你偶爾會看到他稍微歪著頭，停頓片刻。那一瞬間來得快，去得也快，應該只有撰稿者注意到，但我們幾乎能看見他腦中的想法：

「這句話好像不夠高明，我應該能想到更好的說法。」

「你確定？也許撰稿者懂得比你多啊？」

「他才幾歲？二十五歲吧？不太可能懂得比我多。」

接著，你會看到總統即興演出，而且觀眾幾乎每次都會歡聲鼓掌。在我認識的講者之中，歐巴馬總統最享受觀眾的熱情。在極少數情況下，面對態度冷淡的觀眾，總統和觀眾就會像在OkCupid上找錯約會對象的我一樣，他們對彼此都沒興趣，只能做做樣子。演講終於結束時，總統會一臉嚴肅地點頭，表示：「好了，繼續下一個行程。」

但其他時候通常觀眾反應很熱烈，歐巴馬總統會在致辭後滿意地用右手輕拍講桌，這是他宣布勝利的方式，他用這個低調又清楚的動作表示：「搞定了。」這種情況下，觀眾通常從演講一開始就開始歡呼，喝采聲也越來越響亮。而當他和觀眾形成默契時，他能達到其他講者望塵莫及的境界。

所以，倘若我的OkCupid檔案包括這個問題：「歐巴馬總統的講稿中，最重要的要素是什麼?」我會這樣回答:「長句子。」大多數講者都無法駕馭長句子,他們需要緊促的節奏,否則會迷失在語句之間。但巴拉克.歐巴馬不一樣,他控制長句子的方式,和跑車加速過彎的動作同樣駕輕就熟,他擅長強調、停頓,還有憑自己身為演說者的天賦——而不是標點符號——找到文句節拍,以抑揚頓挫帶動觀眾心潮起伏,當他說到最後的漸強音時,你會覺得自己變得更好、更偉大,身為這個全世界最偉大的國家是你的驕傲與榮幸。

總統的演講就是這麼好玩。

除了好玩之外,理論上,演講也是他影響大眾的最佳方法。二〇〇八年競選總統之位時,最關鍵的時刻之一是在初選階段,當時ABC新聞播出一段影片,影片中,歐巴馬的牧師發表了一些有種族歧視意味的說辭。你知道歐巴馬是怎麼回應的嗎?他發表了一段嚴肅、細膩,長達三十八分鐘的演講,這場演講的正式名稱是「更完美的聯邦」(A More Perfect Union),但大部分的人都稱它為「種族演說」(The Race Speech),而它的成功為後續每一場演講設立了新標準。我們在白宮開會時,甚至把它當笑話的主軸。

「希臘獨立日快到了,我們需要一篇『種族演說』講稿。」

「誰快寫一篇『種族演說』講稿,去祝賀史丹利盃(Stanley Cup)得主。」

但搞笑與諷刺隱藏著逐漸擴大的不安。我們開始覺得,即使是寫得完美無瑕的總統致辭稿,也無力改變美國的走向。

僵局。記者總愛提到僵局，但這麼說不太對，因為僵局是意外、是麻煩。國會山莊發生的事不是意外，而是策略——是肯塔基州參議員密契．麥康諾想出來的策略。

麥康諾的策略，奠基於兩個出色卻又有點邪惡的想法。第一個想法是：在美國人眼中，總統該為政府整體的表現負責。在麥康諾的指示下，國會裡的共和黨員表現得像是巴不得自家四分衛被開除的線衛，他們知道自己不好好工作會丟臉，但他們也知道最後背黑鍋的必定是總統。無論是誰害美國輸球，最後歐巴馬的名字旁邊一定會出現輸球的「L」記號。

麥康諾的第二個想法是：只要他臉皮夠厚、堅持得夠久，就永遠不必遭受報應。有些政治新聞記者向左傾，有的則向右傾，但無論如何他們都想揭露人們前所未聞的新事件。所以你如果直播自己踢小狗的影片，每家報社、每個電視臺都會報你的新聞；但如果你每天踢小狗又拒絕道歉，過兩週新聞媒體就不會再理你了。

就某方面而言，二〇一一年秋季發生的事情就是如此。共和黨議員聯合否決給教師、警察、消防員與失業建築工人的經費——在過去，這些議題通常是兩黨妥協的中間地帶，只要任何一黨的立法者投反對票，都能使人們震驚不已。但現在，人們不再驚訝，在野黨處處妨礙執政黨已成常態。記者要報導這件事，還不如告訴大家太陽從東邊升起。

這件事令我十分沮喪，而且沮喪的不止我一個人。我在給總統的一份講稿中寫道：當總統最惱人的一點，就是沒辦法出門散步。這不過是一句笑話的鋪墊，一點也不重要，沒想到我收到橢圓形辦公室送回來的草稿時，歐巴馬總統只改了一個地方，他要我多寫幾件「當總統最惱人的事」。

「像是不能讓腦子放鬆，」他寫道，「或是開車去兜風。」在這種時候，我們面對越來越多惱人的事，我開始懷疑總統演講只不過是櫥窗裝飾。真是如此啊！所以我們到底在做什麼啊？

然後，在二〇一一年十二月，總統向猶太教改革派聯盟（Union of Reform Judaism，簡稱URJ）致辭。

在歐巴馬總統參加猶太教改革派聯盟每半年一次的會議之前，公共事務辦公室負責猶太教的聯絡官賈羅德·伯恩斯坦（Jarrod Bernstein），特地來為我們說明我們面對的挑戰。在二〇〇八年，美國絕大多數猶太人都支持歐巴馬，但現在他們心生疑慮了。身材高大、心直口快的賈羅德是紐約人，不過他用意第緒方言總結了我們這次的目標。

「我們必須讓他們知道，他是打從『基斯喀』（kishkes）理解他們，」他說。（希伯來語「基斯喀」是指腸子的意思，不過在這裡翻成「心臟」或「睪丸」可能比較合適。）

我知道我寫經濟相關講稿的功力不如法夫羅，寫悼詞的能力不如科迪，但我這輩子花了八年上希伯來學校，我並沒有白費那八年！沒有人的「基斯喀」基本功勝得過我。

法夫同意將任務交給我之後，我花了一週寫草稿。我請教了幾位拉比（Rabbi）[1]，在講稿中提到「妥拉讀經篇」（Weekly Torah Portion）[2]。負責外交政策的本與泰瑞也加了一段和以色列有關的話。演講開始前幾分鐘，歐巴馬總統準備走上馬里蘭州一間會議中心的講臺時，賈羅德問他是否需要臨時抱佛腳。

「不用啦，」他說，「我沒問題的。」

沒錯，他完全沒問題。總統在五千名觀眾前唸出講稿上一句話，說他女兒瑪麗亞是猶太同學成人禮的常客，然後他微微一頓，頭稍微往旁一偏。

「每次她要去參加成人禮，我們都要花好多時間談判，討論她要穿什麼裙子。」他脫稿說道，「你們平常也會討論這種事情嗎？」

這句話博得哄堂大笑與如雷掌聲。總統在觀眾的熱情鼓舞下演講得更加精采，觀眾也被總統的熱情打動。他引用知名拉比亞伯拉罕．約書亞．赫舍爾（Abraham Joshua Heschel）的名言，稱頌許多猶太人移民在美國立下的成功典範，並語氣堅定地強調我們與以色列的邦交。

隔天，以色列《國土報》（*Haaretz*）的頭條寫道：**「歐巴馬懂猶太人的語言，共和黨不懂。」**

總統的演講，至少還有這份力量。一場演講無法說服不願被說服的人，但它能提醒我們其他人莫望初衷，並使沮喪懊惱的我們重拾信心。我站在舞廳一旁看總統演講，忍不住想像一個世紀前，曾祖父母剛來到美國時身無分文、不知所措的模樣，而現在我居然站在這裡，幫助全

1 猶太人中的老師與智者，也擔任猶太教儀式主持人。
2 猶太教將《妥拉》聖典分為五十四段，每週讀一段，一年可將《妥拉》讀完一次，而每一段稱為一個「妥拉讀經篇」。

世界最有權勢的人敘說祖輩的故事，以及其他移民的故事。

總統滿意地輕拍講桌時，我終於在白宮找到自己的定位了。我還是繼續為瓦勒莉、威廉與其他高級職員寫講稿，偶爾也寫幾篇其他人沒興趣的講稿。但現在，我知道只要有和「基斯喀」有關的議題，總統一定會來找我。

這就是為什麼二〇一二年四月某個星期五晚上，我站在白宮圖書館裡，在我最喜歡的男廁隔壁。今天的逾越節（Passover）致辭搞定後，總統的週末就開始了。而在這個星期五，歐巴馬總統特別需要放假。他才剛結束長達一週的亞洲行程，漫長無趣的高峰會與可怕的時差令他疲憊不堪。我在圖書館等他，他已經遲到兩個半小時了，即使是對總統而言，也算是遲到兩個小時了。

等總統前來這段時間，我緊張兮兮地和房裡其他的白宮職員閒聊。賈羅德緊抓著他的《哈加達》（*Haggadah*）[3]，樣子像極了緊握著十字架的吸血鬼獵人。視聽器材組最有活力的路克坐在放筆電的桌子前，以便控制提字機。今天霍普．哈爾沒來，我一開始不覺得這會對今日的錄影有什麼影響。

影響可大了。打從歐巴馬總統走進圖書館開始，他就一臉「我去哪裡都好，就是不要待在這裡」的表情。通常這時候霍普會想辦法逗他開心，提醒他今天的公事快做完了，或提到那天發生的好笑事件。少了他的笑語，總統的臭臉就這麼臭著。

「好，」他說，「一鏡錄完。」

他照著講稿唸下去，週末近在眼前——然後，他唸到我從逾越節禱告文式抄來的一句話：「每一代都有人試圖消滅猶太人。」他唸到一半，忍不住皺眉。

「等一下，暫停，我在飛機上沒看到這個。你們不覺得這句話很掃興嗎？」

「呃……」我結結巴巴地開口，但已經太遲了。

「逾越節應該是開派對的節日吧？寫這句話是什麼意思？那不就像在說『大家都想殺我們，喔你要不要吃麵包』。」

總統說得一點也沒錯，他用簡潔有力的一句話，總結了猶太人五千年的歷史。賈羅德焦急地翻閱《哈加達》，試著解釋這個道理，但總統的耐心已經用盡了。

「反正就——可以借我一枝筆嗎？」

我從來沒聽過歐巴馬總統當場改講稿的前例，之後也再也沒發生過這種事了。他拿著原子筆，在我列印的草稿上寫了幾個字，然後把這句話唸給路克聽，要他把新的臺詞輸進還在用老舊文字處理軟體的提字機。

3 傳述逾越節規定的猶太文本。

「每一代都有人針對……」

「有人什麼？」

見路克跟不上，總統變得更煩躁了，他乾脆站起來大步走到筆電前。

「讓開。」

總統將剛才的筆記放在面前，準備指揮交響樂團似地伸長十指，以慎重的動作開始修改文件。

「每一代都有人針對猶太人，意圖造成傷害。」

在羞得無地自容的同時，我也深感敬佩。總統發現我的講稿可能會無意間引起爭議，然後在短短五分鐘內改寫講稿，用更謹慎的方式表達相同的概念。而且這是在他從地球另一側坐了數萬英里的飛機，睡眠嚴重不足又飽受時差煎熬的情況下，獨力辦到的。

我心想：**「這，就是為什麼他能當總統。」**

我們繼續錄影，總統一路唸到新版講稿的最後，我、賈羅德與路克動也不動地站著。錄影就快結束了——只剩最後幾秒——然後，總統唸出最後的希伯來語賀詞：「chag sameach」，意思是「佳節快樂」。情勢急轉直下。

總統堅持自己不用拼音也能完美唸出西班牙語，但除了西班牙語之外的外國文字，我們都得把發音方式拼出來，像是法語的「bonjour」（你好），發音是「Bon-JOOR」，德語的「danke schön」（非常感謝），發音是「DAHN-keh SHANE」，義大利語的「arrivederci roma」（再見，羅馬）發音是「ah-ree-vah-DARE-chee ROW-muh」。這個拼音系統很實用……可是遇到英語沒有的發音，它就毫無用處了。舉例而言，希伯來語有較硬的「ch」聲，這並不是「child」字首輕軟的「ch」音，而是「blech」字尾類似咳嗽的聲音，只有從小學習希伯來語的人能發出標準的「ch」音。

「感謝各位，我祝各位『cog somatch』。」總統唸完便轉向我和賈羅德，用眼神問我們他是不是可以離開了。我們不得不阻止他。

「其實那個音比較像『chhhh』，」我發出除草機壞掉的聲音。

「『Chhh』，」滿喉嚨是痰的賈羅德跟著說，「『chhhh』，『chhhhhh』。」

總統一臉不悅地再次嘗試。「『Chawg Samayah』。」

「『Chong Semeeyuh』。」

「『Hagg Sommah』。」

總統顯然等不及回家了。我和賈羅德緊張地交換了個眼神。「幹麼？」歐巴馬總統說，聽他的語氣，我相信我們若是在別種政權下工作，應該早就被拖出去宰了。「怎麼了？」

在這種時候，我往往會想起自己小學三年級在社會課做過的練習：老師發給每個人一個信封，我們照美國信件的標準格式填地址，從收件人姓名寫到街名、城市名，然後範圍越來越大，寫到國名、地球、太陽系、銀河系。我想，老師是希望我們能擴大眼界，明白自己生活在一個壯大的宇宙中。

在白宮工作，感覺像是反向進行這樣的練習。你先想像廣大無垠的銀河系，接著把比例放大，在空空蕩蕩的太空中找到火紅的一點，那是我們的太陽；再繼續放大，你會看到藍色彈珠般的地球；再近一點就能看到一塊大陸，一個國家，一塊占地十平方英里、交通嚴重阻塞的區域。放大到最後，我們來到宇宙的中心，看到一個心懷善意卻又惱怒不已的新教徒，被兩個意見一堆的猶太人糾纏著不能回家。

「對不起，」我說，「我們必須再錄一次。」

總統深深嘆息。他知道自己的言語有多麼重要，他願意再試最後一次。

「我和我的家人祝各位『hog samea』，」他說。說完，他仰頭、揚眉，擺出「這樣夠好了吧？」的表情。嗯，夠好了。總統飛也似地離開了。

「大家週末愉快。」

「您也是。」

我重新學會呼吸後，才沿著西行政大道走回辦公室，打電話把剛才發生的一切告訴賈姬。

當我努力描述總統臉上的表情時，我才赫然發現自己實在蠢到了極點——我怎麼沒想到總統會對如此陰鬱的措辭產生反感？我為什麼非要寫這麼難唸的祝賀，不要直接用英語的「佳節愉快」

就好？

這就是白宮光環的缺點：你在別地方工作的話，不出錯是最低標準；而在宇宙的中心，你必須傾盡畢生之力才不會出錯。當你的名片上印了總統圖章，平時不起眼的錯誤可能在一瞬間化為災難。

「難怪鮭魚會被丟到馬桶裡。」我心想。在白宮要堅持不出錯，幾乎是不可能的啊！

06 歐巴馬完蛋了嗎？

Is Obama Toast?

在賓夕法尼亞大道對面，白宮的北邊，是一座綠意盎然的長方形公園，名叫拉法耶特廣場（Lafayette Square）。廣場清晨還很寧靜，到了早上十點就會像《美女與野獸》（*Beauty and the Beast*）電影裡那座村子一樣活起來。穿著瑜伽褲的雅痞忙著做新兵訓練般的運動，中國遊客用美國人看到貓熊般的驚愕表情指著松鼠，還不太會用賽格威（Segway）這種兩輪滑板車的觀光團穿梭在雕像之間努力想跟上導遊。

大部分的人來到拉法耶特廣場，都是在前往更有名的景點路上。不過對一小群怪人來說，在白宮附近的公園晃晃算是他們的正職。

我以前每天上班都會穿行拉法耶特廣場，當時廣場最著名的常客也是它唯一的全天候住戶。她是個身材嬌小、皺巴巴的老人，歲數介於七十與一百萬歲之間，她總是戴著一條和鬆垮衣服很搭的頭巾。她家是個蓋著防水布的帳篷，和海狸窩差不多大。她從一九八一年就一直住在這裡，從那之後一週七天、每天二十四小時盯著白宮。有人稱她畢生的努力為「和平監守」，但這種說法含有配花嬉皮士（flower-child）的樂觀意味，而釘在她簡陋住所外的牌示又是另一回事了。

存也炸彈，亡也炸彈。
再不全面禁用核武，就等著迎接世界末日！

我知道這位常上新聞報導的老婆婆名叫康賽普希恩．皮丘朵（Concepcion Picciotto），不過公園的其他常客沒上過《華盛頓郵報》，我擅自在腦中給這幾個不知名的人取了綽號。我騎腳踏車經過身上只圍著腰間一塊布、手上拿著一根木杖的男人，在心中向他打招呼：**「德魯伊早安！」**德魯伊胸前滿是小鬈毛，一條條油膩白色亂髮像水管似地自頭皮垂下。我偶爾會看到他在附近的農夫市集瀏覽商品，但他平時都背對總統的宅邸，鎮靜地坐在公園長椅上。

「吹哨哥」就不一樣了。他向來騎著一輛破舊的黑色腳踏車，沿著賓夕法尼亞大道來回騎，而且無論到哪去都要戴著二戰鋼盔、穿著迷彩外套，嘴裡叼著他最愛的哨子吹個不停。他像是急著要戲水者離開泳池的救生員，可是全世界都泡在水裡不出來。

可是在音量這方面，沒有人比得上「傳教男」。身材高䠷的他，比附近觀光的群眾高出一個頭。他喜歡站在白宮大門外，學球場那些叫賣冰啤酒的小販，大聲叫賣他的福音。

「耶穌基督！耶——穌——基——督！」

「說來奇怪，」每次經過他，我都忍不住想，**「他的納稅錢，就是我的薪水。」**

當然，若傳教男收入不高，他也許是免費得到我的服務。就算他需要填聯邦報稅單，他付給我的錢也很少。美國納稅人在二〇一一年繳到我戶頭裡的錢，平均是四千分之一美元。即使我在白宮工作一萬年，德魯伊給我的錢也不會比菜市場的一顆水蜜桃貴。儘管如此，我拿的還是納稅人的錢。既然美國人民把錢投資在我身上，我就不能白白浪費這筆錢。

所以，我每次上班時間看YouTube影片，就會感到萬分愧疚。吹哨哥那0.00025美元，真的值得嗎？

更重要的是，這表示從法律的角度來看，我其實不得參與任何政治活動。一般人也許會覺得我說得很矛盾，我老闆的老闆可是全世界最知名的政治人物，我不管做什麼都和政治脫不了關係吧？但我們的律師可不是一般人，他們想出一套嚴格的規則，確保白宮職員服務的是歐巴馬總統，而不是總統候選人歐巴馬。我可以寫講稿優化總統的形象，卻不能直接請人民投給他，也不能募款。除了不受此限的高級職員之外，白宮職員一律不得和競選相關事務扯上關係。

這些是早就存在的規範，但到了二〇一二年初，我才發現不得參與政治的規則有多麼惱人。如果你在六個月前告訴我，我不許寫造勢活動或募款用的講稿，那跟你告訴我「你不可以寫五行打油詩」或「你不准寫葡萄牙文」的感覺差不多。可是現在總統連任的競選活動正如火如茶，有些界線變得越來越模糊。

公共事務辦公室其他職員也感到相當困擾。他們為了參與競選活動，開始從華府大批遷徙至搖擺州。離職的白宮職員多不勝數，我們開歡送派對的頻率和人們在拉斯維加斯辦婚禮的頻率差不多，而每次歡送會都是辦在艾森豪威爾行政辦公大樓一間一度屬於戰爭部長（Secretary of War）的大辦公室。我們每週五下午四點就會聚集在這間辦公室，每次會議桌上都堆滿了好市多（Costco）的火雞捲、一瓶瓶廉價香檳，以及在海軍餐廳預訂的薄片大蛋糕。眾人聊了幾分鐘後，斯特拉會舉杯敬即將離去的同事。

「沒有人比愛許莉更能體現這場運動的精髓，」你或許會聽斯特拉這麼說，「少了她，我們將失去一大助力。但既然有這麼能幹的人去幫忙改選，我們晚上就能睡得更安穩了。」每一次歡送會，斯特拉致辭都是這個調調，但我總是感動萬分。**「能認識他們是我的福氣，」**我每次想到這裡，都得用印著總統食品服務（Presidential Food Service）標章的餐巾紙擦眼淚，**「至少他們會前往更好的地方。」**

沒有人規定我們要把這些前去賓夕法尼亞州或其他搖擺州的同事，當成準備升天的死者，但我們總覺得他們即將上天堂。華府的官僚政治已玷汙我們的心靈，現在只剩少數幸運兒保有純粹的心，有足夠的信念與資格回華府外頭奮鬥！

不過，蛋糕被吃得一乾二淨，起司盤上的殘渣也被實習生搶食一空後，我們有幾個人默默承認，留下來也有不少好處。我問我同事艾蜜莉是否打算加入競選團隊時，她眉頭一蹙。

「不知道耶，」她坦承，「能有一份安穩的工作也不錯。」她說得好像這是見不得人的祕密，彷彿承認自己喜歡穿納粹軍服，或偷高速公路高架道的煤渣磚。我知道她為何感到愧疚，但我也明白她的想法。我在二〇〇八年加入競選團隊，那是甩開周身的包袱與束縛；四年後的現在，返回俄亥俄州就等於放棄一份千載難逢的好工作。

防止我動身前往俄亥俄的不只是事業，還有我和賈姬的戀情。我們正處於蜜月期。其他沉浸於蜜月期的情侶可能會不停注視著彼此的眼眸，四肢如章魚觸手般交纏，卿卿我我到廢寢忘食，連驅逐通告貼在門口都沒發現的地步。幸好我和賈姬都不是那種人。我們沉溺於彼此的注目之中，往往醉醺醺地回到家，用我酒櫃裡的藏酒調製新奇的飲料。有一次，我們將一瓶薄荷甜酒倒入裝了椰子萊姆酒的平底鍋，對我室友亞曼達宣稱那是「島嶼薄荷酒」。

我不得不說，如果你是白宮職員，那你的工作對戀情不一定有幫助。你有聽過哪首馬文．蓋伊（Marvin Gaye）的歌，提到收到老闆助理的電郵，冷不防取消晚上的約會嗎？可是反過來說，你也有機會透過工作的關係去約翰．甘迺迪表演藝術中心（Kennedy Center）約會。每次藝術中心有演出，便會贈送門票給總統與第一夫人。如果他們不要的話，我們白宮職員就有機會抽到。由於第一夫妻很少在藝術中心賞光，我和賈姬得以欣賞貝多芬的交響曲、莫札特的歌劇、《天鵝湖》等表演，大開眼界。

不過比起藝文表演，我們更喜歡藝術中心的免費酒飲。我不知道負責為總統包廂的冰箱採購食品的是誰，但我強烈懷疑他是個擅長為暴風雪屯糧的大學生，冰箱裡滿滿都是迷你瓶裝香檳、百威啤酒、M&M巧克力、Whitman's Sampler巧克力、薄荷糖，還有補充營養的小包裝杏仁。難怪有很多人愛聽歌劇。

如果你因為這些福利，說我受權力腐化，那我覺得有點不公平。我希望巴拉克．歐巴馬連任的原因有很多，其中不乏正經、高尚的原因：美國經濟還等著我們去復甦，新健保法還等著我們去實施，全球氣候變遷問題還等著我們去面對。儘管如此，當我一手搭著賈姬後腰，享受優美的詠嘆調時，一個可恥的想法浮現在我腦中：

「假如歐巴馬總統這次敗選了，還有誰會花錢讓我來約翰．甘迺迪表演藝術中心喝啤酒？」

直到最近，我才開始正視這個危機（我指的是大選，不是啤酒！）。在這之前，我想像歐巴馬敗選時，那感覺像是想像自己的手指被食物垃圾處理機切斷，或想像自己看完一整部《花栗鼠三重唱》（*Alvin and the Chipmunks*）電影。我當然知道這件事有可能發生，但我一直不覺得它有可能發生在我身上。二〇一一年底來時，經濟幾乎不見起色，我們的支持率跌至百分之四十二，就連最基本的法案也過不了國會表決。我開始覺得手指被垃圾處理機切掉也不是不可能的事。

現在的我已不是二〇〇八年的我，我不再相信巴拉克．歐巴馬的道德明確度（Moral

Clarity）能讓他穩贏。從前，我以為總統是絕對可靠的西洋棋專家，能將現狀一軍，但在白宮內部工作一年後，我發現真相並非如此。白宮玩的不是西洋棋，而是打地鼠。如果今天墨西哥灣沒有漏油事件，明天就會報出阿富汗軍事行動失敗的新聞，後天就會傳來歐盟有經濟危機的傳聞。我們好不容易解決了一場危機，又會有新的危機取而代之。大選日越來越近，我們像二○○八年一樣壓倒性獲勝的機率幾乎為零。唯一的希望就是勉強壓制地鼠，等確認能連任再說。

就連連任也成了挑戰。《紐約時報雜誌》（*New York Times Magazine*）大概在大選日一年前發布一則封面報導，在看到頭條那一瞬間，我全身的血液都涼了。

「所以，歐巴馬完蛋了嗎？」

那篇文章的作者——納特．西爾弗（Nate Silver）——在二○○八年準確預測了美國五十州中四十九州的投票結果。我雖然不覺得他是神，但你跟我說他每週和上帝嗑瓜子，我也不會感到訝異。他對二○一二年總統大選的預測如下：若共和黨提名前麻薩諸塞州長米特．羅姆尼（Mitt Romney），這一年內經濟又不見好轉，那歐巴馬總統當選的機率只有百分之十七；若經濟維持衰退後的平均成長率，那總統當選的機率確實高了些，但也只有高那麼一點。

我們只能祈禱共和黨在黨內初選階段提名羅姆尼以外的候選人，然而事與願違，我們眼睜睜看著其他共和黨候選人敗下陣來。商業界出身的赫爾曼．凱恩（Herman Cain）被指控性騷擾員工；德克薩斯州長瑞克．裴利（Rick Perry）腦子不怎麼靈光；紐特．金瑞契出名地不守規矩，而且還和人有不光彩的商業關係。當然，在二〇一二年選舉的四年之後，即使一位候選人兼具以上這些缺點，人們還是會投給他。但過去那個年代比現在單純一些。總之塵埃落定後，共和黨只剩羅姆尼一名候選人。

納特．西爾弗會認為我們獲勝的機會極低，也是情有可原。米特．羅姆尼的頭髮梳得整整齊齊，下顎的稜角透出一絲剛毅，像極了電影裡的美國總統。你完全能想像他一拳打在外星人臉上，或用冰冷的眼神驅退俄羅斯入侵者。羅姆尼的魅力不僅止於外貌，在私人公民身分上，他打造了一間成功的公司；而在政治公僕方面，他以共和黨員身分在向來支持民主黨的麻州當過州長，感覺就是個能幹的人。

儘管如此，打完黨內初選一戰後，羅姆尼犯了一些錯，名聲多少還是受到損傷。他彷彿兄弟會的新成員，為了引起同儕的注意力，不得不在身上刺中文的「茄子」兩個字。他宣稱自己「極端保守」，而且他支持移民「自我驅逐出境」（Self-deportation）的說辭，也有損他不拘黨派的支持率。

對我們最有利的是，羅姆尼經常失言，而且現在每個人說錯話的紀錄都永存在網路上，想賴也賴不掉。

「朋友，我告訴你，企業也是人。」

「把為我服務的人開除掉的權力握在手中，感覺真的很棒。」

若分別來看，這些言論不足為奇；但把它們全部串起來，你就會發現這個人的想法有個盲點，那個盲點就是一般美國大眾。羅姆尼彷彿開BMW飛馳在高速公路路肩，還不懂那些守規矩的福特汽車（Ford）與豐田車（Honda）駕駛人為何不滿。歐巴馬總統的支持率還是不如我們期望，許多民調顯示羅姆尼的支持率領先其餘候選人。但競爭對手的缺點逐漸水落石出，而且支持馬侃的的群體多已年老身故，歐巴馬還沒有完蛋。

朋友動不動就問我：「我們有希望嗎？」

「這次競爭很激烈，」我小心翼翼地照著樂觀的官方說法回答，「但我們這邊還是略勝他們一籌。」

「我們」和「他們」，又來了。歐巴馬當選時，這種思維模式本該消失殆盡的。過去在酒吧看就職典禮時，我明明深信新的時代到來了，舊傷痛將被我們抹去，我們將找到新的合作方式。人與人之間當然不可能沒有摩擦，但我相信人們能夠明白，我們都是站在同一陣線。

結果我們不進反退。在短短幾年內，美國出現了一條條裂痕，這個國家成了即將碎裂的汽車擋風玻璃。這不只是保守派與自由派之爭。我每天上班路上騎腳踏車經過麥克弗森廣場（McPherson Square），就會看到名為「占領華爾街」（Occupy Wall Street）的新興社會運動位於廣場上的總部。我穿著深藍色西裝，踩著踏板，經過那座防水布搭成的小村，似乎能感覺到滲透布料的反現行社會體制仇恨。**「可是我是民主黨員耶！」**我腦中的小聲音哀聲說。我想像中的爭辯，總是以憤怒收場：**「唉，拜託，我雖然不是留了雷鬼頭的白人男生，但我也支持正義好不好！」**

不過有時候我也不得不承認，占領華爾街運動也有幾分道理。我在二〇一二年一月幫總統擬一份對「苜蓿草俱樂部」(Alfalfa Club) 演講的講稿時，特別有感觸。

你把數萬名抗議者和數萬臺打字機一起放在搭滿帳篷的營地，他們也想不出苜蓿草俱樂部這般令人火大的點子。苜蓿草創始於一九一三年，宗旨就是沒來由讓美國最有權勢的人齊聚一堂，而且這個俱樂部只有兩個方針：一是過量的食物，二是過量的酒水。這根本是約翰・甘迺迪表演藝術中心那臺冰箱的放大版，而且連交響樂與芭蕾舞都省略了。

苜蓿草俱樂部一年聚會一次，每年聚會都辦在一月的第三個星期六，地點一定是華府某間飯店的舞廳。舞廳裡，兩百位身穿西裝及晚禮服的「苜蓿草」一面享用龍蝦與牛排，一面不痛不癢地互相批評（舉例來說，你可以拿錢開玩笑，但不可以拿權力開玩笑）。除了「提名」一位總統候選人發表一段毫無誠意的被提名演說外，聚樂會的例行公事還包括新成員的入會儀式。在入會過程中，新來的成年男女將自願被稱為「苜蓿芽」，聽起來是不是很可笑？

但在你露出鄙視的神情之前，我先列舉幾個知名苜蓿芽：前國務卿亨利・季辛吉（Henry

Kissinger）、波克夏·海瑟威公司（Berkshire Hathaway）董事長兼執行長華倫·巴菲特（Warren Buffett）、前美國聯邦準備理事會主席艾倫·葛林斯潘（Alan Greenspan）、前最高法院大法官珊卓拉·戴·歐康納（Sandra Day O'Connor）、前紐約市長麥克·彭博（Mike Bloomberg）、第一位登陸月球的太空人尼爾·阿姆斯壯（Neil Armstrong）、前眾議院議長紐特·金瑞契、參議員查克·舒默（Chuck Schumer）、前國務卿瑪德琳·歐布萊特（Madeleine Albright）、前國務卿科林·鮑爾、《富比士》雜誌（*Forbes*）總編輯史提夫·福布斯（Steve Forbes）、前總統柯林頓、前佛羅里達州長傑布·布希（Jeb Bush）、前總統小布希、前總統老布希……還有許多你光聽名字不知道是誰，背後的組織卻赫赫有名的大人物，他們代表的組織包括萬豪國際集團（Marriott）、寶潔公司（Procter & Gamble）、陸軍、空軍、通用汽車（General Motors）、高盛銀行（Goldman Sachs）等。這些人在苜蓿草俱樂部皆占有一席之地。

大多數苜蓿草應該沒將這個俱樂部視為保護現狀的工具，但事實就是如此，在《民權法案》（*Civil Rights Act*）通過十年後，非裔美國人才得以加入俱樂部，而女性則須等到一九九四年才有入會資格。就連聚會的日期也多少帶點守舊意味，它紀念的是南北戰爭時期南軍最優秀將領羅伯特·愛德華·李（Robert E. Lee）的生日。

綜上所述，美國首位黑人總統對苜蓿草俱樂部有何感想，應該不難猜。巴拉克·歐巴馬遵循過去每一位總統的慣例，在二〇〇九年的苜蓿草聚會上演講，但他的演說內容稱不上表達敬意。「各位請看看左邊的人，」他說，「再看看右邊的人，你們沒有一個人有我的電子郵件地址。」

總統當然也沒讓人忘了聚會日與李將軍的關係，反而特地強調：「如果李將軍今晚也在場，那他已高齡兩百零二歲，對現況一頭霧水。」

照一般人的標準來看，這其實不算什麼，但在苜蓿草俱樂部，這種說法就等同侮辱所有人的母親之後對著麥克風大聲放屁。總統離開後，我還以為他再也不會蒞臨了。

沒想到，他竟然在二〇一二年回到苜蓿草俱樂部了。不少撰稿者為此氣得面紅耳赤，那個俱樂部正是我們立誓改變的一切。那些人再怎麼有財有勢，我們也不必去吹捧他們吧？

答案是：不好意思，我們就是得吹捧他們；而且多虧了最高法院的裁決，有錢人變得比過去更有權勢了。最高法院的五位保守派大法官於二〇一〇年「聯合公民訴聯邦選舉委員會案」（*Citizens United*）中，幾乎拆了美國的《競選財務法》（*Campaign Finance Law*），不再限制競選團隊可購買的攻擊性競選廣告數量，以致競選成了富豪新的消遣活動。養賽馬或在拍賣會買稀有美酒，玩膩了嗎？你還猶豫什麼，快去買一個候選人啊！

我先聲明，我們在寫晚宴講稿時，沒有人提出明確的策略，我也從來沒問過「我們的目標是不是用魅力說服億萬富翁把好幾億美元花在米特·羅姆尼競選團隊以外的事物上」這類問題。但我也知道，往這個方向走不會錯。為了觀眾裡那百分之一的人，我刻意將講稿寫得低調一些。

「我今晚的國情咨文還剩大概四十五分鐘。今晚，我很樂意和國會聯手娛樂各位。但如果國會不願意配合，那我就自己來搞笑。」

就算這只是政客的演講，聽起來力道還是不夠。但語氣似乎對了，總統幾乎沒有修改講稿。

過了幾天，法夫為了獎勵我，邀我隨撰稿團隊去和總統開會。

這是我自演唱《黃金女郎》主題曲之後再度踏進橢圓形辦公室。我記得上次歐巴馬總統一直坐在辦公桌另一邊。不過這次開會的人數較多，他走到辦公室另一頭，在一張棕色皮椅上坐下，我們其他人則坐在兩邊的米色沙發上。沙發之間是一張茶几，茶几上有一個碗，過去小布希當總統時，碗裡裝的是糖果，現在碗裡卻裝滿蘋果。所以你在橢圓形辦公室開完會以後，可以隨手拿起一顆蘋果，在西裝外套上擦一擦，走出門時泰然自若地一口咬下，多有氣勢啊！

你要我現在拿蘋果吃，我寧可把手指插進插座。我拚命保持低調，選了最邊邊的座位，眼睛一直緊盯著筆電螢幕，唯一的小確幸是偷瞥《解放奴隸宣言》那一眼。

「嘿嘿，你看到沒？我還在喔。」

到了會議尾聲，我們離開意外舒適的沙發時，法夫才提到苜蓿草俱樂部晚宴。當時右派廣播節目主持人勞拉．英格拉漢姆（Laura Ingraham）也在席間，她對總統鎮定的態度印象深刻。

「她今早提到這件事，」法夫對總統說，「還說『我不知道米特．羅姆尼能不能打敗他』。」

這時歐巴馬總統正要送我們到辦公室門口，法夫的故事令他停下動作，整個人高視闊步，有點像準備賽前秤重的拳擊手。

「這個嗎，」他說，「米特．羅姆尼贏不過我。」

若不是在橢圓形辦公室撞胸慶祝太不成體統，我們早就開始撞胸了。於是我們選了第二好的選項，一面自信滿滿地大笑，一面趾高氣昂地走出辦公室。

即使發生了這件事，我也沒有對搞笑產生不切實際的幻想。我並不覺得幾句笑話能提高就業率，或使我們的支持率突破百分之五十門檻。但是，我還是感到十分驕傲。我在不違反參政禁令的情況下，幫助總統對羅姆尼下馬威，也許還無意中勸退了反歐巴馬的超級政治行動委員會（Super Political Action Committee，簡稱SuperPAC）。重點是，我在我這輩子最壯大的政治戰鬥中，扮演一個小小的角色，多少幫一點忙。我希望當二〇一二年白宮記者協會晚宴來臨時，我有機會再次盡微薄之力。

我在白宮工作時，常有人問我：我會用笑話推廣總統的理念嗎？我的回答每次都是「不會」，真實意思卻毫無例外，是「會」。我當然沒有用民調分析哪些笑話最能討人歡心，但我覺得既然你要自由世界的領袖主持搞笑晚宴，那就別白白浪費他寶貴的時間。

去年，總統在喬恩．拉維特的監督下用高水準言語攻勢殺得川普片甲不留，一般大眾——還有我——認為歐巴馬「毀了」出生地主義之王，甚至是「滅了」他。可是拉維特在二〇一一年末搬到好萊塢，寫情境喜劇去了，我自動升格為白宮的搞笑者。這是我第一次負責晚宴講稿的笑話部分，將「毀了」羅姆尼、「滅了」羅姆尼設為目標應該沒錯吧？

這個目標說來簡單，做起來真快要了我的小命。在二〇一一年，川普是少數受民主黨與共和黨痛恨的公眾人物，但羅姆尼不是川普，他有他的朋友、他的人脈。你只要不慎超過分寸，這些人就會向記者抱怨，接下來天天出現在新聞上的爭議就夠你受了。

既然不能正面攻擊，那就只能來幾顆擦板球了。如果總統能拿自己的開支說笑，就能顯得有自信又謙虛；如果他能將不同論點融入笑話，就能省去媒體一來一往的爭辯；而且最重要的是，如果他能拿爭議開玩笑，他就能化解爭議。**如果總統都拿這件事說笑了，事情其實也沒那麼嚴重嘛**？

我在晚宴前三週開始寫笑話，發現等著我去化解的爭議多得是。那年三月，歐巴馬總統對俄羅斯總統迪米悌・梅德維傑夫（Dmitry Medvedev）說他在選舉後會多一些「彈性」，不小心被沒關掉的麥克風錄下。從政策的角度來看，這相當合理；但假如你斷章取義，再加上偷聽世界大國領導人對話的神祕感與緊張感，看起來就很糟糕。

聯邦總務署（Government Services Administration，簡稱GSA）那邊的鬧劇也同樣糟糕。這個機構的宗旨就是合理使用納稅人的錢，最近卻花超過八十萬美元在拉斯維加斯辦一場討論會，而會議的表演者包括小丑和讀心師。因娛樂惹上麻煩的聯邦政府單位不止聯邦總務署，前陣子幾個特勤局人員去哥倫比亞召妓，其中一人沒付錢，結果一行人都被逮個正著。

再來，是和狗有關的醜聞。我知道這句話聽起來很荒謬，它事實上**真的**很荒謬，但我們不得不承認：二〇一二年四月，兩件犬隻相關爭議事件成了政治圈的大新聞。

第一個事件要回溯到一九八三年，當時還很年輕的米特·羅姆尼開車載家人去加拿大度假……目前為止，聽起來不足為奇，對不對？這個故事最值得一提的部分**是**：由於車上塞滿了行李與小孩，羅姆尼將他家養的愛爾蘭雪達犬裝進旅行用狗袋，綁在車頂。羅姆尼支持者為了控制情勢，自己挖出了一則醜聞：歐巴馬在自傳中寫道，他六歲時曾在印尼吃過狗肉。

整件事實在是蠢斃了。兩則故事都和候選人當總統的能力沒什麼關係，政治名嘴卻說得津津有味。你覺得長大後虐狗，還是小時候吃狗肉，哪一個比較糟糕？我在二〇一二年震驚地發現，不少政治記者認為這是值得花時間探討的議題；而我的任務，就是在講稿中論及所有合理的爭議與莫名其妙的爭議。

為此，我列出一堆議題，寄給我們的寫作團隊。大衛·阿克塞爾羅與喬恩·拉維特寄了幾個歐巴馬支持者少數團體的笑話過來，傑夫·努斯鮑姆與西廂寫手團隊寫了幾則短笑話，還有好幾則來自娛樂圈——而非政治圈——的笑話。幫忙想笑話的人，包括《魔法少女莎賓娜》（*Sabrina the Teenage Witch*）創作者內爾·史科弗爾（Nell Scovell）、《每日秀》（*The Daily Show*）製作人凱文·布萊葉（Kevin Bleyer）、《超級製作人》（*30 Rock*）與《俏妞報到》（*New*

Girl）編劇妮娜．佩德拉（Nina Pedrad），以及《女孩我最大》（*Girls*）、《好孕臨門》（*Knocked Up*）、《怪胎與宅男》（*Freaks and Geeks*）等片的幕後推手——當代喜劇界巨擘賈德．阿帕托。

我們在好萊塢的朋友或許能源源不絕地生出新笑話，但我沒那麼厲害。我寫一句好笑話的祕訣，就是先寫二十五句爛笑話。每到晚上，我重新閱讀那天工作的結果，往往會嘆口氣。但從瓦礫堆中撿出幾顆鑽石，結合外界送來的笑話後，搞笑講稿漸漸成形了。

晚宴前數天，我和法夫前往橢圓形辦公室，向總統報告我們最中意的四十則笑話。我們和總統的高級顧問大衛．普勞夫（David Plouffe）與白宮新聞祕書傑伊．卡尼（Jay Carney）一塊坐在沙發上，聽總統朗讀我們的講稿。他每次笑出聲，我就在腦中偷偷下註記；每次他不笑，我就在腦中暗自崩潰。

他唸到我第一個以狗為題材的笑話時，我的心臟完全停止跳動了。要聽懂那則笑話的梗，你得先聽過莎拉．裴琳在二〇〇八年總統大選期間說過的一句話，而且那則笑話跟吃掉人類最好的朋友有關。我看著總統朗讀，開始覺得自己不該將這句話放到他面前。

「莎拉．裴琳最近狀態越來越好了，還上《今日秀》（*Today*）當客座主持人，讓我不禁想到一句俗話：你們知道曲棍球隊員的媽媽和比特犬有什麼不一樣嗎？」[1]

他微微一頓。

「比特犬很好吃。」

我們默不作聲。總統心裡在想什麼？他會不會覺得這個笑話太噁心？然後，我看到他咧嘴一笑，我終於能放下心中一顆大石。

「這還滿好笑的，」總統輕笑著說，「比特犬很好吃。這個我喜歡。」他笑著想了想。「我可能會在這裡多加一兩句，像是『可以沾醬油』之類的。」他動了動手，對著想像中的狗肉大餐撒香料。

我的心臟恢復跳動的同時，歐巴馬總統讀完剩下的笑話，刪去十幾則笑話。然後一面送我們離開辦公室，一面故作不可思議的表情搖頭。走出橢圓形辦公室時，我聽到他輕笑一聲，用在人群中和國會議員打招呼那種過分殷勤的語氣說：

「比特犬很好吃。」

晚宴前一天，我們聚集在內閣會議室，準備錄一段諷刺他和俄羅斯總統那場對話的錄音。總統坐得離通往外橢圓（Outer Oval）那扇門較近的位子，他身後的牆上是一張哈瑞・杜魯門（Harry Truman）畫像。我扮演「白宮助理」，坐在總統身邊。

我只有一句臺詞：**「總統先生，他們準備好了。」**可是現在巴拉克・歐巴馬坐在我右手邊，

1 莎拉・裴琳曾表示，曲棍球隊員的媽媽和比特犬的差別是，前者有塗口紅。

我感覺胸口緊悶，這是高中時期毀了我明星夢的緊悶感。

「總統先生他們！準備**好……了**。」

總統無視我糟糕至極的演技，開始錄他自己的臺詞。

「我明明是美國總統，怎麼會在這裡幫吉米．金摩（Jimmy Kimmel）暖場？」

「我現在用的Just For Men染髮劑是五號，我覺得改用六號也不會有人發現。」

「好想抽菸啊。」

總統的演技比我好多了，不過他還是沒抓好時機，有時候會太過強調某些不重要的字詞，還會在奇怪的地方停頓。我們總共有十分鐘，只夠錄兩次，我開始擔心總統演技不進步的話，我們會沒得交差。

至於我的演技，那簡直是無可救藥。第二次錄音，也是最後一次錄音，我的演技居然比第一次更差。

「**總統先生**他們為你……準備好了？」

這使得接下來發生的事更顯得不可思議。我的目光離不開歐巴馬總統，我知道他第一次與第二次錄音中間沒有練習，然而兩次錄音的差別，卻大得如同跆拳道初階班吊車尾的同學與赫赫有名的尚-克勞德．范．達美（Jean-Claude Van Damme）。他在恰到好處的時間點唸臺詞，強調了最能顯現笑話笑點的字詞，語氣是煩躁與自負最完美的結合，前後表現差異大到像是花了一整天排練。

我常聽高級職員說歐巴馬總統是這裡最聰明的人，到現在才明白他們的意思。他也許無法流暢地用七種語言交談，或許不知道物種的拉丁學名，也無法在心中計算龐大的數字，但有一件事他做得比別人都來得快、來得好。那就是將複雜的議題抽絲剝繭，找到它的核心，然後用最合適的方式使用那些資訊。沒有人比歐巴馬總統更擅長抓住問題的核心了。

那年，喬恩．拉維特從洛杉磯回到華府參加白宮記者協會晚宴，我、拉維特和法夫在四月二十九日早上進橢圓形辦公室進行最後的修改。這幾乎是最終版本的講稿了，我們只差一句話還沒給歐巴馬總統看過。拜登副總統在近期一場演講中，聲稱美國總統有一根「巨棒」，他指的是外交政策[2]，手勢卻……不太雅觀。傑夫．努斯鮑姆怎麼肯放過這個開玩笑的機會呢？

他的笑話是：「我這樣說吧，我從父親那裡繼承的東西，可不只有夢想。」

總統看了哈哈大笑，我暗暗希望他將這句加入講稿。可惜這年是總統大選的選舉年，開總統老二的玩笑還是過分了點。既然沒有要修改講稿，會議就這麼結束了。法夫與拉維特去參加高檔早午餐會去了，總統跑去打高爾夫球，我則回家睡午覺。

2 指老羅斯福總統的「棍棒外交」(Big Stick Diplomacy)，若有國家行為不軌，擾亂西半球的秩序，美國應進行軍事干預。

那年，我以法新社（Agence France-Presse）貴賓的身分參加白宮記者協會晚宴，不過法新社再好，也稱不上媒體界的新潮組織。《時代》（*Time*）雜誌與彭博社（Bloomberg）的桌位坐滿了名人，我右手邊則是坐了一位備受推崇的愛爾蘭小說家，他的臉似乎是黏土雕出來的，閃亮雙眼半藏在濃密黑眉毛下。很抱歉，他並不是電影明星。

當然，公平而言，我也不是什麼華府圈內人，這或許是我們如此合得來的原因。我們將麵包籃傳來傳去的同時，小說家向我說明他關於《哈姆雷特》（*Hamlet*）的理論，我邊聽邊饒富興味地點頭。更棒的是，我們吃完沙拉時他已經喝到第四杯葡萄酒，原本低聲說話的他開始放聲說話。那天晚宴上，當時在ABC新聞工作的記者傑克．塔柏爾（Jake Tapper）起身領取記者協會頒發的獎項，我的新朋友嗤笑了一聲。

「不會吧？」他大喊。「他們現在還要他們自己給自己頒獎啊？」

葡萄酒逐漸減少，等到歐巴馬總統上臺時，這位小說家朋友已經可以自己充當一整支啦啦隊了。惡搞他和俄羅斯總統的錄音播完後，總統開始講去年突襲賓拉登的笑話。

「差不多在一年前——去年的這個週末——我們終於用正義懲治了全世界最惡名昭彰的人物之一。」講桌左右側的大螢幕上，出現唐納．川普輕蔑的笑臉。

「這是你寫的嗎？」小說家用唇語問。他見我點點頭，興奮地對我豎起兩隻大拇指。

我口乾舌燥，雙手緊張地抓著椅子不放。但即使在嚇得動彈不得的我看來，過去三週的努力轉瞬即逝，也顯得十分不可思議。等我回過神，總統已經唸出那句吃比特犬的笑話，還在想像中的狗肉上淋了點想像中的醬油。我們播一段超級政治行動委員會拍的「狗狗支持羅姆尼」短片，聲稱世界各地的犬類都有權坐在汽車車頂。總統用他今晚的最後一則笑話，盡量壓下醜聞。

「我其實準備了更多要講的東西，可是特勤局新的門禁時間快到了，我趕著送他們回家。」

就這樣，搞笑演講結束了。總統回到座位上，吉米．金摩說了十五分鐘的笑話，然後希爾頓酒店舞廳裡所有人開始朝大門走去。我還在努力消化剛才發生的一切時，眼角瞥見了熟悉的身影。

「天啊，那是黛安．基頓（Diane Keaton）耶！」我平常很少盯著名人不放，但黛安．基頓是我最最最仰慕的女演員之一。她現在頭戴圓頂禮帽、身穿西裝外套、繫著領帶，朝這個方向走來。

我的啦啦隊一刻也沒浪費。「我們去自我介紹！」小說家直直衝過去，宛若自然紀錄片裡追逐獵物的獵豹——醉醺醺的獵豹。黛安．基頓看到他，轉身想跑卻被困在兩張餐桌之間，我的新朋友撲上前，笑嘻嘻地攬住她的腰。「妳看，這是我在火車站買到的！」他大喊，說得好像這麼和人打招呼一點也不奇怪。他從長褲口袋掏出一臺紙板做的拋棄式相機。我記得小時候去夏令營用的就是這種相機，你拍完照還得轉動塑膠小圓盤與相連的底片捲。

「我們來看看它是不是真的可以拍照，好不好啊？」小說家問。

「不用，沒關係，」黛安．基頓說。

「來嘛，來用用看啊，很好玩的！」

「那個，我真的……」

「好喔。」小說家抓著我的手臂將我拉到他身邊，拍了張充滿懷舊感的自拍照。「喔好棒，它真的能拍照耶！」他宣布。

「太……太厲害了。」他將獵物野放的同時，我對他說。我這輩子最辛勞的三週就這麼離奇地結束了，某方面來說還挺搭調的。

接下來那週的週一，我走進辦公室，滿心以為晚宴結束後我就能照常工作，為高級職員寫講稿，偶爾幫總統寫幾篇講稿，並時時注意笑話、和猶太人有關的事，或兩者的組合。唉，如果人生有這麼簡單就好了。我總覺得這裡少了什麼——是寫搞笑講稿的樂趣嗎？是偷聽亞利安娜．哈芬登（Arianna Huffington）和喬治．克隆尼（George Clooney）聊天的機會嗎？是因為我的黛安．基頓合照一直沒寄來嗎？

然而，隨著日子一週週過去，我發現令我困擾的，並不是晚宴的魅力與日常的平凡。我腦中不停浮現瓦勒莉發表畢業典禮致辭時常說的一句話：「你要自己站到會被閃電劈中的地方。」在白宮記者協會晚宴那一晚，一段十七分鐘的搞笑獨白成了政治界的中心，我能幫助總統討論爭議事件、攻擊對手，並對我們服務的大眾展現出自信。

但現在，閃電又回去劈競選活動了。我能在不犯法情況下為總統與高級職員寫的講稿越來越少。我滿喜歡有份穩定的工作，滿喜歡去約翰．甘迺迪表演藝術中心喝啤酒；不過說到底最令人澎湃的，果然還是人人關注的競選活動。

白宮記者協會晚宴過後不久，我向法夫提起離開白宮去參加競選團隊的事，他同意了，而且還提出讓我繼續留在華府工作的計畫：我還是會繼續幫總統寫政治講稿，但以後我會以華府民主黨全國委員會工作人員的身分寫稿。

於是數週後，我站在擺滿火雞捲與廉價香檳的會議桌旁，聽斯特拉說幾句浮誇的讚語。同事們用餐巾紙將吃剩的食物打包，我將藍色胸章與黑莓機歸還給白宮。就這樣，我脫離了公職身分。

「耶——穌基督！耶——穌——基督！」

我走出白宮，經過傳教男，聽到街道另一頭響起吹哨哥的哨子聲。走向公車站的路上，我看到一如既往安靜地坐在長椅上的德魯伊。雖然只過了一年，我卻不知何時習慣了他們的存在。

「真奇怪，」我心想，**「我的薪水，不再是這些人的納稅錢了。」**

幾個月後，我會回到這裡嗎？還是我再也沒機會踏進白宮了？我的命運、我的將來，交付在選民手中。

07 伊斯威特效應

Going Eastwood

共和黨全國委員會（Republican National Committee）總部就座落在國會山莊，那是一幢完美的辦公樓。四層樓高的建築有著雪白外牆，外牆和裡頭工作的黨工一樣白、一樣保養得當。牆上除了白色還有低調的灰及高雅的裝飾牆板，這棟建築根本是銀行分部與鄉村俱樂部所生的完美小孩。看清楚了，我說的是「共和黨」全國委員會。那邊真的很美。

那我們拿民主黨全國委員會總部跟它比，會得到什麼結論呢？在我看來，設計民主黨這棟辦公樓的傢伙肯定沒看過像樣的建築物。爛泥色混凝土照藍圖蓋成各種詭異的角度與莫名其妙的弧度，雨水常積在設計不良的陽臺上，流到人行道還會留下鐵鏽色汙痕，灰色金屬遮雨棚形成了外牆的逗點——如果趴在鍵盤上的肥貓也能幫你打逗點的話。我讀大一那年深信自己戴寬沿紳士帽去上課，就能顯得聰明又有型。我告訴你，民主黨全國委員會總部的外表就等同我那頂紳士帽。

真正了不起的是，這棟建築的內部比外部還要慘。幽默作家威爾．羅傑斯（Will Rogers）

曾宣稱：「我不屬於任何有組織的政黨。我是民主黨員。」這當然是玩笑話，但我強烈懷疑設計民主黨全國委員會總部室內格局的人把這句話奉為圭臬。我舉個例子，民主黨國會競選委員會（Democratic Congressional Campaign Committee）在法律上和民主黨全國委員會是兩個獨立的存在，那誰來告訴我，為什麼民主黨國會競選委員會會出現在這棟建築物的二樓正中央？

你聽我這麼說，可能會覺得沒什麼好大驚小怪的。可是這根本是場噩夢。我新的辦公座位也在這棟建築的二樓，理論上離電梯不遠；但為了避免任何勾結的嫌疑，我無論何時都不准踏入國會競選委員會的辦公室——換言之，從法律角度而言，他們的地毯對我來說就是熔岩。這表示我每天早上得走以下的路徑：首先，我必須搭電梯到三樓，然後從建築一頭走到另一頭，經過接待桌、休息室與募款辦公室，沿著由日光燈照亮，人跡罕見的水泥階梯走到二樓，**再往剛才的方向走回去**，走了大半棟建築的距離來到我的辦公桌。我每天走這麼長一段路，並沒有變成《阿拉伯的勞倫斯》（*Lawrence of Arabia*）裡那個男主角，但你從這個視角觀察民主黨，應該不難看出它內部的一些問題。

也許我該學學我的實習生才對——他是個名叫德夫林的政治系學生，每天提早到辦公室，一次也沒抱怨過這條迷宮般的上班路徑——但我實在沒辦法開心地對周遭事物視而不見。**「他會這麼興奮也是理所當然，」**我心想，**「人家才二十一歲嘛！」**如今我已二十五歲，經歷了在公家機關工作一年的洗禮，就連一個組織功能不良的小跡象也足以令我感到疲憊。

過不久，我開始在家上班。我們常用軍事術語描述總統選戰，例如戰場州、步兵、空中掩護等等，不過在二〇一二年，我的戰情中心卻是一間名為「狂想曲」(Le Caprice) 的法式麵包店。每天早上我都會告訴自己，我今天只買咖啡……然後我看到科羅拉多州民調顯示羅姆尼支持率比較高，或看到民主黨參議員說傻話。

「好吧，」我心想，**「還是吃個巧克力可頌好了。」**

到了大約早上十點半，我吃完第一片杏仁餅乾，還沒開始吃羊酪佐帕瑪火腿三明治時，我會開始工作。我的新頭銜是「總統演講撰稿者」，聽上去是份影響力很大，能得知種種內幕的重要工作吧？可惜我的工作根本沒那麼有趣，實際上我就是個負責講稿的打雜小弟，負責確保我們的巡迴競選演說沒問題——把「愛荷華州」改成「俄亥俄州」，幫法夫和科迪確認數據，將論題改寫成評論，將評論改寫成論題。我的工作比二〇〇八年重要得多，卻也無趣得多。

為選戰犧牲趣味的不止我一個人，華府有句俗話是：「用詩歌競選，用散文執政。」但這次的改選活動根本就是散文。除了歐巴馬的雄辯之外，我們還得小心翼翼地舉出他的種種成就與事蹟佐證。過去在體育場上舉辦的兩萬人造勢活動，現在改在高中體育館舉行；過去臨時憑牛仔直覺做的決策，現在只能依數據分析進行。我有好幾個組織者朋友都快被搞瘋了。

儘管如此，坐在狂想曲麵包店，大腿滿是餅乾屑的我，其實不怎麼在意。畢竟美國要的不是和二〇〇八年無異的競選活動。過去，美國大眾剛愛上歐巴馬，人們能輕易忽視他的種種不完美；但現在我們和歐巴馬的戀情已維持四年，選民不會為愛包容了。大家仍然喜愛這位總統，相信他心存正念。至於他是否完美？我這樣比喻吧：這個國家注意到它的領導人把用過的碗盤放在洗碗槽沒洗。

所以，從政治的角度而言，散文體競選活動沒什麼不好；但從我個人的角度看來，這樣的競選活動可危險了。連續吃了幾週的狂想曲麵包後，我的腹部很明顯變軟了，德夫林從總部寄來的報告感覺越來越孤單，而且最糟的是，我漸漸感覺不到自己和我理論上要服務的人民之間的連結。在華府，你能天天聽到各種政策的細節，卻甚少親眼目睹它們對人民的影響，這就好比在好萊塢工作的人沒有一個人會去看電視或電影。真的很弔詭，讓人越想越不自在。

而且，如果你不夠小心，這個現象可能會消解你當初來到美國首都的理由。在華府工作到現在，我認識了不少為了改變世界而搬來華府，卻已成為空殼的可憐人。這種人高居頭銜華麗的位階，卻會躲在辦公桌下睡午覺，一睡就是一個鐘頭。他們會為了討論更早之前的視訊會議而召開視訊會議。這些人比尋覓松露的豬還會找免費酒櫃，卻無法專心聽人說話，除非那個人能幫助他們升官。

曾經是理想主義者的他們，究竟為什麼變成只愛建立人脈的懶惰蟲呢？這個問題我也想過，想了想之後我抹掉嘴唇上的巧克力，無視德夫林剛剛寄過來的電子郵件。我可能已經知道答案了。

到了八月，我關於道德軟弱的擔憂臨近崩壞點之時，以前的老闆傑夫．努斯鮑姆再次出現在我生命中，他這次還帶了工作機會給我。民主黨全國代表大會將在一個月後舉行，除了總統、第一夫人與拜登副總統的重點演講之外，還有數十場較不受重視的演說，負責確保這數十場演講順利進行的人正是傑夫。他問我能不能請十天假，去北卡羅萊納州夏洛特市幫他。

一方面而言，這份差事聽上去一點也不有趣，我甚至沒辦法以打雜小弟的身分替總統寫稿；但另一方面來說，這正是我離開華府，去搖擺州放風的大好機會。我請傑夫給我一點時間考慮，實際上已經等不及出發了。

在遙遠的過去，政治集會曾是戲劇化的活動。國內有種種裙帶關係的傢伙每四年齊聚一堂，一起叼著雪茄為他們喜歡的候選人喝采，過幾天他們就會自動生出全員支持的被提名人。當然，那是好幾十年前的事了。現在的政治集會更像是音樂節，與會者多是看到克蕾兒．麥卡斯基（Claire McCaskill）參議員超級興奮，卻不曉得「史奇雷克斯」（Skrillex）[1]是什麼的人。

電視臺高層也發現不是每個人都愛看這種節目。我們在夏洛特集會的四個晚上，每晚只有十到十一點有三大電視臺的直播。實際上在電視直播前，已經有一大群演講者輪番講了好幾個小時，包括康乃狄克州的州長、好市多執行長、美國勞工聯合會暨產業工會聯合會（AFL-CIO）的會長。共有一百多位講者，每個人都只能在民主黨最大的舞臺上站短短幾分鐘。

所以，傑夫真正的責任是確保這些人不出格，別讓他們說丟人現眼的話，也別讓他們害觀眾無聊到死。

最重要、最重要的是，別讓他們超出時限。如果有人請你到政治集會演講，你一定會覺得自己有資格多說一兩分鐘。可是我現在就告訴你，你沒那個資格。我不管你在會場外有多重要，反正你今天就算上臺也頂多算個配角，除非你被提名參加總統大選。

傑夫召集了撰稿版本的自殺突擊隊，幫忙管理這一大群VIP講者。我們團裡有一九九五年歐亨利雙關大賽世界盃（O. Henry Pun-Off World Championship）冠軍「J．P」約翰．波拉克（John Pollack），身上披了好幾層羊毛衫，戴了好幾串珍珠，言語比刀刃還鋒利的亞歷珊卓．維奇（Alexandra Veitch），在為美國而教（Teach for America）與甘迺迪政府學院（Kennedy School of Government）下過苦功的莎拉達．佩利（Sarada Peri），在艾爾．弗蘭肯（Al Franken）第一次選參議員時在競選團隊中負責通訊的安迪．巴爾（Andy Barr）（我一直不知道他這個人算是愛抱怨的樂觀者還是樂觀的抱怨者）。除了這些優秀的團員之外，團隊還有我——我身上仍沾著白宮的光環，想到要和室友開會討論家事分工，我還是萬分驚恐，倒是西裝越穿越習慣了。

1 美國知名DJ。

我們每天上午拖著腳步走進時代華納有線球場（Time Warner Cable Arena），宛若《白雪公主》裡頭的七矮人，這間占地七十八萬平方英尺的建物是夏洛特黃蜂隊（Charlotte Hornets）的主場館，現在卻暫時成為競選團隊的家。團隊裡有些部門平時在華麗包廂或較寬敞的販賣區工作，在他們看來工作空間大幅升級了。

對撰稿團隊而言，新的辦公空間爛得要命，我們分配到裁判的更衣室，這裡是給三個人賽前和賽後快速更衣用的。但現在小小的空間裡，卻要擠進十五個人，每天工作十六小時。我們就像超市賣的龍蝦一樣塞在一起。比起狂想曲麵包店，這地方差太遠了。

但我愛死這裡了。我們團隊相當合得來。而且這次選舉戰況膠著，我們將在夏洛特接下來四天捍衛過去四年的努力。我和同事在工作時真的肩並肩，那又有什麼關係？辦公室和更衣室廁所之間只隔了一層薄薄的塑膠簾，那又何妨？這裡可是閃電左閃右劈的軍事重地。

我們可以自由進出位在地下室的辦公室，有時寫手會單獨出去買零食或咖啡，不過我們集體去到地表的狀況，只發生一次。集會開始大約一週後，我們走到距離球場五條街的夏洛特鬧區，來到一間辦公大樓，大家在灰塵滿布的一間會議室裡，圍著充當會議桌的灰色塑膠桌坐了下來。這時，蓄了鬍子、擁有一對濃眉的守護天使——喬爾・本南森（Joel Benenson）——駕到了。

在衣著方面，政治策略家有兩種選項：你可以穿得時髦瀟灑，讓自己看起來像個聰明人；

或是穿得隨便一點，反正大家早就知道你是聰明人了。喬爾絕對是後者，他的西裝有點太寬鬆，鞋子看上去很好穿，但不夠時髦。哪有人管這麼多？這人可是我們競選團隊的首席民調專家，全世界最瞭解美國中產階級的人非他莫屬，他每晚發出去的調查宛如小型心理諮商師軍團。「現在經濟終於好轉了，這讓你有什麼**感覺**？」

現在，喬爾站在我們這支自殺突擊隊面前，呈現他的民調結果：歐巴馬總統雖然略勝一籌，戰況卻還是十分危急。有一小部分——非常重要的一小部分——選民至今猶豫不決。總統的命運，以及我們的命運，就掌握在這些人手中。

乍看之下，你可能會覺得奇怪。過去四年兩黨鬥得難分難解，到現在全美國的選民應該都選邊站了吧？沒錯，對我們大部分的人而言，這次總統大選該投給誰，答案再清楚不過，和那種忘記密碼時設定的提問同樣無庸置疑：**「你養的第一隻寵物叫什麼名字？你高中校隊的吉祥物是什麼？你支持哪一位候選人？」**

然而，對不少美國人而言，「你支持哪一位總統候選人」的答案有令人訝異的可塑性：**「你願意背叛丈夫嗎？你願意和喬治·克隆尼上床嗎？」**在政治這方面，有時你提出的問題，真的能左右別人的答案。

這就是喬爾做民調的精髓。若將選舉視為績效審核，問「歐巴馬是否符合你的期待？」那我們這方的表現確實不佳，經濟成長並不如選民期望。我們現在的目標不應該是改變他們的想法，而是轉移話題。**「如果你要選自己的老闆，你會選歐巴馬還是羅姆尼？」**當人們將選舉視為一場就業面試，要選擇僱用歐巴馬或羅姆尼時，他們每次都會選擇歐巴馬。

為了將這個選擇深深打入人心，喬爾實地測試了一些口號的影響力，然後在夏洛特的會議室裡將拔得頭籌的口號呈現給我們：

「歐巴馬總統深知，經濟成長並不是由上往下，而是由中間向外擴散、由下往上成長。」

我們將這句話當成主禱文或《鬥陣俱樂部》（*Fight Club*）裡頭的規則，牢牢記在腦中。**「不是由上往下，而是由中間向外擴散、由下往上成長。不是由上往下，而是由中間向外擴散、由下往上成長。」**這句話被我們插入好幾場演講，這是所謂的「信息訓導」（Message Discipline）——但即使有用來形容這種策略的專有名詞，我們還是覺得它有點蠢。你想像一下，今天你要去參加雞尾酒派對，你一個人都不認識，可是你每次和這些陌生人交談都必須提到Shake Shack漢堡店，說這間連鎖速食店之所以成功不是因為行銷得當，而是因為它的漢堡肉很特別。是不是很奇怪？

這世界上只有一件事比信息訓導更荒謬，那就是沒有信息訓導。我們為民主黨集會做準備的同時，共和黨的全國代表大會正準備收尾，我們一群人在八月三十日擠在飯店大廳看米特．羅姆尼的重點演講。過去一週，關於共和黨的流言滿天飛，我們聽說他們有個王牌嘉賓，不知道那個王牌究竟是倒戈的知名民主黨員呢，還是位高權重的將軍？

當神祕嘉賓亮出身分——是演員兼導演克林・伊斯威特（Clint Eastwood）——時，我們腹中擔憂的結解開了，取而代之的是滿腹疑問。伊斯威特本該發表五分鐘的演說，他卻沒頭沒尾地講了十二分鐘，而且更詭異的是，他大部分時間都假裝旁邊一張椅子是美國總統。參加共和黨集會的觀眾樂在其中，但會場外的三億個美國人打開電視，希望能看到有機會成為下一位美國總統的男人，卻不得不看一個八十歲老頭子辱罵家具。

飯店大廳裡，我們交換了驚喜的眼神。羅姆尼本該在今晚大放異彩，卻被時機沒抓好又怪到極點的一場表演搶了風頭，這是上天賜予我們的良機。除了把握這次機會之外，我們還有一項任務：確保夏洛特集會這四天，我方陣營不要發生「伊斯威特效應」。

星期一，民主黨全國代表大會開始前數小時，我臨時接到一項任務。將此事告訴我的，是負責調控時程的民主黨工作人員艾瑞克・史密斯（Erik Smith）。

「我有重大消息，」他說，「娜塔莉・波曼（Natalie Portman）、史嘉蕾・喬韓森（Scarlett Johansson）和凱莉・華盛頓（Kerry Washington）星期四會來演講，你要不要幫她們寫講稿？」他說得好像這是份美差，彷彿我要做的不是寫講稿，而是去檢查這三位女演員的比基尼。

「好啊，」我說。但我沒想太多。我將三名演員加入我負責的講者名單——包括前維吉尼亞州長提姆・凱恩（Tim Kaine）、教育部長阿恩・鄧肯（Arne Duncan）、民主黨黨主席黛比・

沃瑟曼・舒爾茨（Debbie Wasserman Schultz）、邁阿密脫口秀主持人克莉絲汀娜・沙拉勒圭（Cristina Saralegui）——這些人大都見慣了大場面，發表政治演說對他們而言不算什麼。

然而對部分講者而言，在民主黨全國代表大會演說可是大事件。這些人不是政治人物，他們是受惠於總統政策的學生、家長與工廠勞工，這些人的生活和在家看電視的觀眾差不多。現在，我們要請這些普通人上臺，在兩萬人面前花兩分鐘以下的時間分享自己的故事。而集會開始後，我幾乎所有的精力都被其中一則故事吸走了。

我是從競選團隊製作的一部短片，得知佐伊・林恩（Zoe Lihn）的故事。影片一開始，兩歲女孩在紫色綿羊娃娃身上親一口，她母親接著出現在螢幕上，對著鏡頭說：「我的名字是史黛西・林恩（Stacey Lihn），我住在亞利桑那州鳳凰城。《平價醫療法案》（*Affordable Care Act*）救了我女兒一命。」

史黛西解釋道，佐伊有先天性心臟病，剛出生十五小時就接受此生第一次心臟手術，四個月後再度開刀。史黛西說到這裡，佐伊打斷了她的話，拿著一顆水果去給爸爸。

「蘋果！」

「這是橘子。」

「喔。」

這支影片很可愛，卻也令人心碎。佐伊出生時，保險工司可以限制一個人獲得的保險理賠總額，才六個月大的佐伊已經用了她一生理賠總額的一半。

多虧了《平價醫療法案》，又稱《歐巴馬健保》（*Obamacare*），保險公司不得限制理賠總額，史黛西與她丈夫凱勒伯（Caleb）終於能負擔得起女兒的醫藥費用。問題是，佐伊還需要一次以上的心臟手術，而下一次手術預計在二〇一三年，到時若《平價醫療法案》遭廢除，保險公司重新限制理賠金額，林恩家將無法負擔手術費。對可憐的佐伊而言，二〇一二年大選可是生死之戰。

醫科學生看血腥場面看久了，自然會習慣；我當了三年的演講撰稿者，對揪心的故事也麻木了。但林恩家不是普通的揪心故事。你在華府幾乎找不到史黛西這麼真誠的講者，她很有演說的天分，能輕而易舉地連結個人與政治議題。我下定決心絕不讓她失望。

理想情況下，我和史黛西會在事前幾週多次見面，以便我小心謹慎地為她準備講稿；不過在現實世界中，我們只能透過電話談二十分鐘。既然時間有限，所謂的「撰稿」其實就是抄寫。我將史黛西說的每一句話寫下來，最後只保留最重要、令人印象最深刻的兩百六十字，然後將講稿用電子郵件寄給她，讓她在家練習。

我和史黛西見面時，已經是她上臺前短短數小時前的事了。我之前看她的助選影片就知道她個子不高、身材瘦小，但這時看到她坐在準備室外，我才發現她真的非常嬌小。我們的演講教練是個專門幫講者微調演講姿態與語調，穿得像高中校長的女人，她自己個子也不高，和史黛西相比卻顯得像個女巨人。史黛西與演講教練握手後，走上練習用的講臺。

「羅姆尼州長說，我這種人為歐巴馬總統感到最興奮的那一天，是在投給歐巴馬的那一天。但是他錯了，錯得非常離譜。」

有時她的語音會微微顫抖，說著說著還得努力克制幾乎要潰堤的情緒，眼中滿是淚水，但我看見隱藏在恐懼與氣餒之下堅定不移的勇氣。史黛西是隻將自己視為凶猛比特犬的小博美。

史黛西說完後，演講教練指導了她一番，提醒她這裡停頓，這裡呼吸，觀眾拍手時繼續說話沒關係，反正掌聲在電視上比較快結束。史黛西又練過一遍，就在她要離開準備室時，演講教練叫住她，我以為教練想建議她強調某個字，或教她抑揚頓挫。

「我想告訴妳，」教練說，「我女兒也有先天性心臟病。」這時，我們不再是工作人員，在場所有人都哭了起來。

集會的第一天晚上，蜜雪兒．歐巴馬發表了我聽過最出色的演講之一，聖安東尼奧市長朱利安．卡斯楚（Julian Castro）的基本政策演說令人難以忘懷。撰稿小組在裁判更衣室裡鬆了一口氣——第一天進行得很順利，沒有發生伊斯威特事件。

不過對我來說，當晚有一場演講特別動人：史黛西．林恩於晚上八點四十二分穿著紫色裙裝上臺，眼裡只有一丁點的恐懼；凱勒伯右手抱著佐伊走上臺，佐伊的姊姊艾米（Emmy）也跟了上去。史黛西的聲音一開始顫抖著，但隨著每一句話變得越來越有力。她說明《平價醫療法案》對他們家的幫助，並且提到，佐伊可能得接受心臟移植手術。

「如果你的小孩生病，你會時時刻刻惦記這件事，一刻也不能放鬆。現在我們還得擔心人們為了政治，讓保險公司奪走她需要的醫療照護，有誰受得了？」

巴拉克．歐巴馬成為美國總統的三年又八個月期間，許多重要法案沒能通過，茶黨運動讓美國最黑暗的本能死灰復燃，在眾議院占多數的共和黨使黨派鬥爭成為美國新的日常，這也難怪大多數美國人將「政治」視為骯髒的字眼。

然而，這個身材嬌小、氣勢宏大的女人，此刻卻站在臺上。她並不想成為公眾注意的焦點。她的家庭面對如此重大的挑戰，即使她將政治這種大事讓給其他人煩惱，也不會有人責怪她。她卻明白這不是她一個人的奮鬥，她看見美國最高為領導人與抱著紫色綿羊的兩歲女孩之間的關係，因此她來到夏洛特，在兩萬名陌生人面前敞開心扉。這，也是政治。

在華府，有各種不成文規則界定你提及大人物的方式。假如你和某位VIP沒什麼特別的關係，就不要跟人家裝熟。即使你是對朋友提起那位VIP，也得用那個人的姓氏與頭銜。

「凱恩州長寄了一些修改要點過來。」

「我剛才和鄧肯部長準備演講，他那個人真的很務實！」

如果你和你老闆比較熟，你也可以用非正式的稱謂。但如果你不是小圈圈內的人——如果你只是職員的助理——那還是不能亂喊人家的名字。用姓名縮寫稱呼VIP還是比較好，克里斯・范荷倫（Chris Van Hollen）參議員簡稱為「CVH」、黛比・沃瑟曼・舒爾茨簡稱為「DWS」。就連高級顧問也很少提及VIP的名字，他們習慣直呼VIP的頭銜，以表示自己與大人物關係親近。

「大家聽著，州長寄了一些修改要點過來。」

「你跟部長應該會相處得很融洽，他那個人非常務實。」

只有在滿足以下兩種條件時，你才能使用大人物的名字：第一，你和那位VIP在工作上關係緊密；第二，那位VIP某方面而言還是別人的職員。以我和我上司瓦勒莉・賈瑞特及那位盡量在他的講稿中避免「ㄗ」、「ㄘ」、「ㄙ」聲的白宮幕僚長威廉・戴利來說，我可以在電子郵件中直呼其名「瓦勒莉」，我也能稱幕僚長為「威廉」。但你絕對不會在白宮聽任何人說「巴拉克」或「喬」，即使是將總統、副總統視為摯友的人也不會這樣稱呼他們。

在談論知名人士這方面，好萊塢和華府則截然相反。請我為三位女演員寫講稿的艾瑞克・史密斯告訴我，「史嘉蕾」和「凱莉」會來演講，但「娜塔莉」不克前來，他還說這全都是「哈維」的主意。

我不用問也知道，「哈維」是民主黨大金主，也是《黑色追緝令》（*Pulp Fiction*）、《小鬼大間諜3》（*Spy Kids 3*）等電影幕後的傳奇製作人哈維・溫斯坦（Harvey Weinstein）。他在一週前決定用好萊塢的力量回應克林．伊斯威特的古怪表演，於是他播了幾通電話，回收了幾份人情，一下子就安排讓三名女演員搭機去夏洛特，直接在演講中討論重要議題。

競選團隊當然很樂意讓知名影星參加民主黨大會，不過在演說內容這方面，他們決定採取不同的攻勢。與其請女演員談論政治議題，不如請她們聯手呼籲大眾上網看歐巴馬總統在大會最後一晚的演講——於是我在星期二寄了講稿初稿過去，裡頭滿是推廣這點。

現在娜塔莉臨時退出，就表示我們得調整剩餘兩名演員的對話，於是我在星期三早上打電話給凱莉討論此事。看過《醜聞風雲》的我，立刻認出凱莉的聲音。但我還聽到另一個聲音在線上，那是聽起來從一九九七年到現在一直在啃牛排，到現在還沒將軟骨嚼爛的粗啞鼻音——哈維。

他氣得不輕。讀了那份關於線上觀影派對的講稿後，哈維認定我想操作他，但事實並非如此，我是想幫助**其他人**操作他，至於兩者之間的差異是否重要……我想，應該不怎麼重要。凱莉每次提出自己的想法，製作人就會跳出來說話。

「凱莉，別讓他這樣對妳！別任他們擺布！」

更慘的是，我回到更衣室才得知史嘉蕾也和哈維談過了。她不肯和我合作，選擇自己寫講稿。我開始好奇，我究竟被他們說得多麼不堪了？

才過不到幾個小時，我就知道答案了。當時我壓力很大，正在咖啡店吃海鹽焦糖布朗尼配雙倍濃縮咖啡，手機忽然開始震動，對方是九一七開頭的陌生號碼。

「哈維．溫斯坦想和您說幾句話，」電話另一端，一名助理說。

「真的嗎？你說真的？」

我沒得逃了。一陣短暫的沉默後，助理歌唱般歡脫的聲音，被一道耳熟的粗啞聲音取而代之。「大衛．利特？」

哈維開門見山、直言不諱地告訴我，我是笨蛋，是我搞砸了一切。我習慣了歐巴馬式的批評（失望但不憤怒），現在我被哈維高分貝的怒罵震得心神不寧，開始懷疑自己真的犯了大錯。

哈維罵一罵，突然說我根本沒能力承擔這份責任，我聽他這麼說，心情為之一振。他說得有道理，我們根本沒必要講這通電話。反正我沒有權力幫忙，也沒有拖後腿的權力。我只能在這邊接受言語抨擊——我**只要**在這裡接受言語抨擊就好了。轉念一想，被哈維．溫斯坦欺凌，和被拳王穆罕默德．阿里（Muhammad Ali）揍臉的概念差不多。罵著罵著，哈維還發揮他的戲劇天賦，問我，我是否認為他懂得如何說故事。

「那當然，」我開始奉承他，希望能讓他消氣，「我看過您的電影，我是您的頭號粉絲。」

「是嗎？你知道我被提名奧斯卡獎，提名了幾次嗎？三百零四次！沒有任何一間製片公司比得過我。」

哈維又說了好幾分鐘，然後突然停下來，彷彿嘴巴是發條轉盡的玩具假牙。「所以，」他鎮靜地說，「我們給她們充裕的時間，別再提什麼觀影派對了，成不成？」

我在政府機構工作了一年，還是沒學到如何應對有權有勢的人。我通常都不太確定該表現出多少自信，結果只能結結巴巴地回話。但這次，我詫異地發現，是哈維的怒火解放了我。

「我想，您應該想和能做決定的人談話吧，」我說，「不如讓我去請示上級，再請他們打電話到您那邊？」

我履行我的諾言，最終雙方決定砍掉所有和觀影派對有關的事，兩位女演員的演講合計還是限制在七分鐘內，但她們會各自發表三分半鐘的演說。我確信最壞的情況就這麼解決了，終於能鬆一口氣。

問題並沒有結束。哈維．溫斯坦不只打電話給我，還打電話和凱莉一對一談過。現在凱莉和史嘉蕾一樣驚疑不定，不曉得該不該和我合作寫講稿。數小時後，連傑夫也接到哈維的電話。我老闆還來不及開口，哈維的玩具假牙便展開言語攻勢。

「你喜歡演講是不是？好，我這就講給你聽！」

我不得不說，哈維的開場白真的不賴，而且他懂得活用信息訓導：罵一罵還停下來問傑夫知不知道他被提名幾次奧斯卡。

星期三晚間的活動開始了，我還有好幾份講稿還沒寫完，其中包括鄧肯部長、克莉絲汀娜．沙拉勒圭與DWS的講稿，但哈維、史嘉蕾與凱莉事件已將我的精力消耗殆盡，短短七分鐘的致辭講稿，幾乎占了我百分之百的工作時間。我們團隊在晚上十點擠上樓聽比爾．柯林頓演講，稍微休息了一下，沒過多久又得回去面對問題。我才剛回到裁判更衣室，史嘉蕾的講稿就出現在我的收件匣。那是份句句發自內心的好講稿，可惜它太長了——本該少於五百字的草稿，史嘉蕾寫了超過一千字。

若是在其他情況下，能聽史嘉蕾．喬韓森多講四分鐘，誰不願意？可是她和總統將在同一晚演說，我們沒有任何拖延時間的餘地，所以撰稿團隊的其他成員離開球場回去睡覺時，我只能留下來修改講稿。到了凌晨兩點，我終於生出一份我認為能令所有人滿意的講稿，寄給史嘉蕾，然後我離開球場回到飯店大廳，突然感覺到一陣令人崩潰的震動。我拿起手機。

「新版講稿！」

震動

「抱歉，沒網路！」

震動

「從古至今，我們在這個偉大的國家奮鬥與努……」

震動

「……力」

看樣子凱莉被困在某個沒有網路的地方，只能用一連串簡訊將講稿傳給我。我默默等待簡訊如雪花般傳來——一共有四十五則訊息——最後實在累到沒力氣問她有沒有超出字數限制，就毫不安穩地睡著了。

我詫異地發現，我在民主黨全國代表大會最後一天早晨醒來時，居然鬆了一口氣：凱莉的講稿和政黨的方向沒有衝突！字數也大概符合標準。可惜好消息到此為止，我寄信問史嘉蕾有沒有收到我修改的講稿時，她沒有回覆，我過一個小時又寄了封電郵過去，她還是沒有回我。兩位女演員在洛杉磯搭機，飛機降落在夏洛特，她們已經在前來球場的路上了，我還是沒收到史嘉蕾的消息。演講準備時間之前幾分鐘，我終於收到回信了，這卻不是史嘉蕾本人的回覆，而是她的公關寫的。

史嘉蕾決定用她的版本。

哈維說沒問題。

我實在不曉得該怎麼辦，幸好艾瑞克．史密斯想到了解決方法，他決定用「好警察壞警察」策略對付他們，並由我當壞警察。

他的計畫聽起來很完美，卻有一個小小的問題：他沒有將這件事告訴我。史嘉蕾與凱莉走進房間那一瞬間，艾瑞克立刻發揮他逢迎諂媚的魅力。她們能來，我們**真的**好開心。她們對我們的競選活動**非常非常**重要。說完，艾瑞克轉向我。

「這是大衛，他會和妳們聊聊演講時限的事。」

史嘉蕾和凱莉還來不及提出異議——我也來不及說什麼——我們三個就被艾瑞克趕到走廊另一頭一間超小的辦公室，辦公室掛著粗黑體名牌，那是我們競選團隊經理的名字：

吉姆．墨辛納（Jim Messina）

實際上，名牌只是擺好看的。這裡空間是我在華府民主黨全國委員會那塊辦公空間的一半，而且幾乎從來沒有人使用。房裡除了兩位美豔動人的明星和一個穿著禮服西裝不停流汗的二十五歲青年以外，只有桌上一臺印表機和一臺電腦。我在辦公桌一邊坐下來，史嘉蕾與凱莉在另一邊坐下，我知道自己必須在極短時間內贏得她們的信賴。

「我們先把妳們的講稿印出來吧。」我說。我的語氣堅定而友善，目前為止我表現得很好。

我按下鍵盤上的Control和P，臉上的笑容立刻消失無蹤。我的專長不是硬體，我是那種認為艾美許人（Amish）[2]理念有幾分道理的人。現在，螢幕上出現列印錯誤，我這輩子見都沒見過的一連串字母與數字全攪在一起。我不可能召喚技術部門的人來幫忙，我根本就不知道他們電話，而且就算我知道，我也不能在兩名演員面前喪失控制場面的氣勢。於是，我直視ＡＢＣ熱播新影集的女主角，以及剛被Vulture.com譽為二〇一二年「聰明性感象徵」的女人。

我說：「妳們誰知道要怎麼修理印表機嗎？」

從史嘉蕾．喬韓森與凱莉．華盛頓的表情看來，我完全失去了和她們以名字相稱的資格。光看她們注視著我的眼神，你可能會以為我剛才不是請她們幫忙修印表機，而是要求她們幫我刷牙。

我努力恢復鎮定，提議直接用電腦螢幕看稿，可是為時已晚，兩位女演員雖不情願地和我一起湊到電腦螢幕前，我卻失去了權威。徒勞無功的十五分鐘過後，艾瑞克探頭進來，看到我還活著，他似乎很驚喜，但他對我們緩慢的進展速度感到失望。片刻後，傑夫過來帶走史嘉蕾．喬韓森，他們去別間辦公室討論講稿，我則自己和凱莉．華盛頓談話。

一開始，我以為這是哈維的策略。**「凱莉，用延長線把他勒死！反正別人會以為是印表機意外！」**不過不知為何，我和凱莉開始一對一討論後，一切都進行得很順利。其實凱莉的講稿不需要太大的更動，而且在瀰漫整間體育館的愛國氣氛中，說服她謹記時限比透過電話解釋這

2　基督新教再洗禮派的一個分支，拒絕汽車與電力等現代設施，以簡樸的生活聞名。

件事容易多了。二十分鐘後，我和凱莉帶著完成的講稿走出辦公室；又過了十分鐘，傑夫和史嘉蕾也討論完畢。

民主黨全國代表大會的最後一夜，我和撰稿伙伴們看著兩位女演員在歡聲雷動的觀眾面前致辭。數小時後，巴拉克·歐巴馬正式接受民主黨提名，代表民主黨參加這一次美國總統大選。

在演講的一開始，他坦承在二〇〇八年後，政治便失去了部分光彩。「芝麻綠豆般的小事成了令人分心的大事，嚴肅的議題成了三言兩語，真相被埋沒在金錢與廣告的土石流下。」

他接著提醒我們，選舉雖然帶來種種不愉快，卻還是十分重要。做大事很累人，反對改變的聲浪令人氣餒，但我們唯有努力，才有可能帶來進步。

「我們眼前的道路變得難走了，」歐巴馬總統告訴我們，「但它會通往更好的地方。」

他指的當然是工作、教育與健保——不是一通通關於奧斯卡提名的電話。儘管如此，我還是忍不住想起過去兩天的種種。我花了好多心血辦哈維的事，原本可以用來處理重大議題的時間，被拿去和別人的公關往來電子郵件了。在「道德軟弱」的尺度上，我究竟值幾分？我花費這麼多時間精力來滿足一個有權有勢的人，真的做對了嗎？

但從另一個角度來看，這個人的捐款就是佛羅里達州、賓夕法尼亞州與俄亥俄州那些組織者的薪水，我花幾個小時安撫他，應該划算吧？說不定我們的組織者能改變選舉走向？說不定這場選舉的結果，能讓佐伊·林恩得到她迫切需要的心臟手術？說不定那場手術能拯救一條幼小的性命？

我漸漸發現，這，就是政治。有時，答案完全取決於你提出的問題。

08 首戰

Policy and Fear

數十年前，「神回」（Zinger）和「該死」（Gadzooks）、「好棒啊」（Hubba Hubba）幾個詞彙一同被時代的浪潮拋下，然而它宛如一度被視為絕種生物的某種竹節蟲，至今依然苟活在茫茫英文大海中一座岩石堆成的小島上。這座島就是總統辯論的準備工作。

從夏洛特回到華府那一瞬間，神回機器便開始超速運轉。歐巴馬總統與羅姆尼將在十月三日首次對戰。我們的準備時間根本不到一個月。我每天花好幾個鐘頭想機智的吐槽與猛烈的言語反擊，再將最好的幾句寄給法夫，法夫則忙著整理全國寫手提出的種種建議。

我很想告訴你，我想這些句子是為了幫助總統在辯論中勝出。但事實並非如此，我們的目標是讓總統在電視上大放異彩。近年來，辯論已成為類似真人實境秀的電視節目，這件事有好有壞（主要是壞）——艾爾．高爾在電視上嘆息，結果就在辯論中敗下陣來；理查．尼克森因為流汗而輸得更慘，與之對立的約翰．甘迺迪則因身體保持乾燥而獲勝。我想，大多數美國人並不會因為最高統帥偶爾嘆氣或流汗而感到不安。然而在選舉季最重要的日子之一，我們卻以這樣的標準評判總統候選人。你想像一下，如果你要對外星人說明總統辯論節目，你會怎麼說？你該怎麼讓外星人明白，這場由人類參與的狗狗秀，使我們美國夠格自居全世界最偉大的民主國家？

儘管如此，即使在政治成為電視節目的今天，真相還是能水落石出。那年九月十七日，是我二十六歲生日，那天《瓊斯夫人》（*Mother Jones*）雜誌刊出一段米特．羅姆尼的影片，在我看來這是最棒的生日禮物。那段手機錄製的影片沒有對焦，但你還是可以隔著畫面中許多有錢金主的頭，看見共和黨候選人那令人印象深刻的臉型。

「無論如何，一定會有百分之四十七的人投給總統，」他就事論事地說，「有百分之四十七的人依賴政府，他們相信自己是受害者，相信政府有責任照顧他們。」這可不得了，總統候選人不是希望自己未來為美國人民服務嗎？他怎麼就這樣放棄了美國幾乎半數的人民？

然而，對我們這些花不少時間研究右派媒體的人而言，這並不意外。在隆納．雷根時期，保守派產生了一個理論：給富人的福利對所有人都有利。因為富人會將省下來的稅金拿去買昂貴的東西，中產階級生產這些奢侈品就能充分就業，而窮人也能生產這些奢侈品的廉價版本賣給中產階級，如此一來所有人都有工作，皆大歡喜。

但在歐巴馬時代，福斯串流服務Fox Nation評論區的某種概念，滲透到了共和黨主流意識之中。根據這個新理論，中低收入群體滿是寄生蟲，這些遊手好閒的傢伙才沒資格獲得這麼多好處。在過去，對富人減稅是經濟議題，現在它成了道德議題。

我不知道羅姆尼是否打從心底相信他在影片中說出口的話，但這其實也不重要。他身為一方政黨的領袖，自然得反映黨員的觀點。美國人看到那段錄影，感到震驚不已。影片流出一週後，蓋洛普（Gallup）民調顯示我方支持率贏了百分之六，這是我們此次競選最好的成績之一。而在納特·西爾弗的FiveThirtyEight網站上，我們勝選的機率超過了百分之八十。這時流言滿天飛，我們聽說對手最大的捐款者將背他而去，羅姆尼完蛋了。

民主黨陣營忙著慶祝，在百分之四十七影片流出後那幾週，就連民主黨全國委員會的辦公室也氣氛歡騰。從七月迄今，我第一次放棄我心愛的法國麵包店，和德夫林一起去辦公室工作。拉斯維加斯的辯論籌劃團隊傳出了奇怪的消息沒錯——沒有人知道總統為何取消一次辯論練習，前去巡訪胡佛水壩（Hoover Dam）——但這些不過是不值得大驚小怪的小事件，沒能影響我們的好心情。更何況，就在總統辯論的日期逐漸逼近時，我聽說高級職員們最喜歡的一句神回，竟然是我寫的：

「為什麼羅姆尼州長所有的計畫都得保密呢？是因為這些計畫太高明了嗎？」

在不看上下文的情況下，這句聽上去沒什麼了不起的，但在「辯論籌劃島」上，這可是十分罕見的品種：它明快、符合本方思想，而且有足夠殺傷力。我已經等不及看總統釋放這句話的威力，用它徹底摧毀羅姆尼了。

十月三日當晚，我坐在民主黨全國委員會的辦公桌前，登入直播頁面。同事們早就離開辦公室二樓，參加觀影派對去了。空無一人的走廊上，日光燈陰森地閃爍著，但我從來沒感覺如此胸有成竹過。羅姆尼現在處境危急，我們根本不須在辯論臺上大獲全勝，只要能打成平手或險敗，歐巴馬總統基本上就能穩穩地連任了。我方主將可是當代最傑出的政治表演者，我們還有什麼好擔心的？

到了晚上九點，候選人走上決鬥舞臺，羅姆尼繫了代表共和黨的紅領帶，歐巴馬總統繫了民主黨的藍領帶。總統率先發言，今天剛好是他結婚二十週年紀念日，他第一句話就是對坐在觀眾席的第一夫人說：「我想祝妳，甜心，結婚紀念日快樂。別擔心，明年的今天，我們就不必在四千萬人面前慶祝了。」

這句話是不是很可愛？我可不這麼認為。我花了那麼多時間聽歐巴馬總統說話，現在立刻就聽出事情不對勁，我們的樂器似乎沒調好音。他怎麼開頭第一句就說得這麼生硬、這麼尷尬？為什麼「甜心」兩個字莫名其妙地出現在句子中間？我突然覺得自己在看候選人學校的巴拉克·歐巴馬考口試。

我們的對手說話了：「總統先生，恭喜你，祝你結婚紀念日快樂。」我在電腦螢幕上看到米特·羅姆尼的嘴巴在動，但這一定是別人的聲音，對不對？這位候選人怎會用如此親切友善的語氣對歐巴馬總統說話？他聽起來相當有魅力，像個正常人類。「你今天和我在這裡，應該是你這輩子最浪漫的結婚紀念日了吧。」觀眾剛才聽到歐巴馬總統的開場白，禮貌地輕笑了幾聲，現在他們為羅姆尼真誠地笑了起來。

我的胃越來越糾結。

接下來幾分鐘，我強迫自己死死盯著螢幕，祈禱歐巴馬總統恢復常態。接著，我改變策略，開始沿著空空蕩蕩的走廊來回踱步，嘴裡喃喃唸著**「幹幹幹幹幹幹幹」**。羅姆尼正在為自己的政治生涯奮鬥，一拳又一拳重擊歐巴馬總統。

至於我們的總統，說他「沒能擊中對手」已經很客氣了。我花了將近兩年觀察歐巴馬總統，看得出他失常的跡象——那個煩躁的小小微笑、每一句話開頭的「聽著」，以及令語句失去靈魂的停頓與「呃」。

那麼，他為什麼會失常呢？答案不難猜。總統擅長在攝影機前發光發熱，但他痛恨政治表演。有時拒絕加入遊戲對他有好處，但現在的他損失慘重。他每次答得無精打采，就是給羅姆尼的競選打一劑強心劑。

辯論進行一個多小時後，總統用了我的神回，那句話卻毫無效果。不久後，我腦袋一片糊塗地關閉直播。我沿著二樓走廊走到樓梯，走上水泥階梯來到三樓，又搭電梯回到一樓。我開車到賈姬家，我們一整晚沉浸在厭世的情緒當中：悲傷、憤怒、不解與絕望。這種感覺有點像是你的好朋友自己設計了高空彈跳的繩子，結果在測試繩索時摔死了。

第一場總統辯論，羅姆尼機敏穩定
歐巴馬總統打個瞌睡就輸了
歐巴馬輸掉第一場辯論，為什麼？

隔天早上的新聞頭條非常殘酷，卻也稱不上不公平。十月四日早晨，我拖著腳步走到辦公桌前，想到所有將賭注押在巴拉克．歐巴馬身上的人——我在俄亥俄州的志工、我在白宮裡的同事、民主黨全國代表大會的撰稿團隊、史嘉蕾與凱莉，以及史黛西．林恩。結果，在競選活動最關鍵的一刻，就在看似不可能的選舉成為囊中之物的瞬間，我們的候選人卻表現得毫不在乎。這不只是錯失良機，也不是表現不佳，這可是對我們的侮辱。

我很生氣。而且比起憤怒，我更感到心碎。歐巴馬神話，並不是說他超越了人類，而是說他是最好的人類版本，只要我追隨他——只要我不假思索地相信他、極少質疑他，並永不承認自己懷疑過他——我也有機會成為最好的人類版本。現在，我終於明白這份信念有多愚蠢了。總統是很聰明沒錯。他才華洋溢，站在歷史正確的一邊。但說到底，巴拉克．歐巴馬也就是個普通人。

我還是喜歡這位總統，相信他應該連任。然而我癱坐在辦公桌前，盯著德夫林害怕的臉時，我知道自己和這位候選人的關係發生了不可扭轉的改變。我在歐巴馬世界的日子還未結束，但我再也不是曾經的歐巴馬腦粉了。

以口號而言，「我們做得到」遠比「我們不能輸」熱血多了。但在辯論結束後的日子，舊時的口號已無法激起大眾心中的漣漪。我當初踏入政治的世界，是滿腔愛國心與狂喜，現在讓我留在這個世界的，卻是許多實務上的考量，我理性分析後，認為這方設下的政策目標較佳。若歐巴馬連任，更多人能獲得醫療照護與工作，更多學生能付清貸款——這邊成了政治上的純素餅乾，它很營養，卻味同嚼蠟。話雖如此，這塊餅乾足夠讓我留下來繼續工作了。

「我們不能輸。」

還有，現在米特．羅姆尼令我心底發寒。我覺得他本質上還是個好人，但上次的百分之四十七影片告訴我們，他若成為總統，應該會受共和黨最黑暗的推動力左右。

這不是譬喻修辭。電影裡，你會看到總統在善與惡之間抉擇，但現實生活並非如此。總統通常是在簡單與困難之間抉擇，他們可以選擇幫助有權有勢的群體或一般的庶民。我想到年僅兩歲的佐伊．林恩，她都不知道自己身在戰場中心，和勢力龐大的保險公司與受僱於公司的遊說團體戰鬥。若羅姆尼成為羅姆尼總統，他會選擇哪一方呢？答案不難猜。

「失敗」變得越來越可怕，失敗的可能性也變得越來越真實。在納特．西爾弗的網站上，我們勝選的機率之前一直以每月百分之七的趨勢成長，卻在辯論後短短兩天跌了百分之七，而且我不曉得這樣的跌勢會持續多久。我執著地一再重新整理網頁，彷彿我一個人的點擊就能扭轉趨勢，但這當然沒有半點效用。到了十月十七日，本該穩操勝券的我們，回到了勝負難定的中間點。

比民調支持率掉得還快的，就只有我方士氣了。有人召開全民主黨全國委員會的緊急會議，先是叫我們別再刷新FiveThirtyEight網站，接著開始想辦法提振士氣。「球賽開打的時候，」一位高階助理說，「還是讓總統持球，我們才能安心。」若在一週前聽到這句話，我也許會感到心安，但現在情勢已經不一樣了。這傢伙難道辯論那晚一直昏迷不醒，沒看到總統的表現嗎？

歐巴馬的其他幾位顧問也紛紛找機會向我們提起辯論那天的災難。大衛·阿克塞爾羅在一次電話會議上，勇敢地試圖一肩扛起責任與罪過。他告訴我們，辯論的策略是他想出來的，他應該讓總統更猛烈地進攻才對。我很欣賞阿克塞的忠誠，但這也是我此生第一次沒被他的話語說服。**「他會這麼說也是正常，」**我心想，**「他是愛荷華人嘛。」**

我這麼說，並不是說大衛·阿克塞爾羅是出生在愛荷華州的狄蒙因市或錫達拉皮茲市，我的意思是，他是打從一開始就跟隨歐巴馬的數十人之一。過去，愛荷華人在暱稱「鷹眼之州」的愛荷華來回跑了將近一年，那時歐巴馬的民調支持率差別人百分之二十，在政治界，這就等同在山洞裡餐風露宿，靠雨水與蟲蟻勉強維生。這種候選人必須忍受寒冷的夜晚、渺茫的勝選機會；在園遊會上，這種候選人就是奶油做的牛雕像[1]。每當我方前途坎坷，愛荷華人便會說起這些往事，我想，很久很久以前，喬治．華盛頓的助理應該也是用類似的故事——像是撤退至福吉谷（Valley Forge）的故事——歡迎新兵的吧。

我羨慕那些處變不驚的愛荷華人，他們經歷了瀕死事件後變得天不怕地不怕。但這份信心若不受控制，也可能變成妄想，兩年前發生的事就是最佳案例。兩年前，民主黨在期中民調表現極差，就在人們認定我們沒救時，歐巴馬世界的老兵應召前來鼓舞士氣，他們信誓旦旦地告訴我們：「別忘了，在愛荷華之前，大家也是這麼說的。」他們想表達的意思，我聽得明白：有時，名嘴無法想像超脫現狀的世界，因此不認為你有獲勝的機會……但有時這些名嘴唱衰你，純粹是因為你馬上要被對手海扁一頓。到現在，還沒有人知道二〇一二年大選將往哪一邊倒。

我只知道一件事：總統在橢圓形辦公室裡驕傲地宣稱自己能大敗羅姆尼，但他錯了，羅姆尼**真的**有機會獲勝。奇怪的是，總統並沒有因此憂心，反而變得更加有活力。他彷彿一名出戰後嚐到鮮血，力量才會覺醒的戰士。羅姆尼一拳打在總統要害，現在總統打算認真迎擊了。

他似乎也重新審視自己對政治表演的不屑。在辯論時，羅姆尼提出砍公共廣播電視公司（Public Broadcasting Service，簡稱PBS）經費的計畫，現在歐巴馬總統抓緊這一點，在演講時高呼：「艾蒙（Elmo），你快逃命啊！」[2]這是為攝影機而說的搞笑臺詞，但總統用發自內心的熱情唸出這句話時，群眾欣然回應了——我也欣然回應了。我對他第一場辯論的表現極其失望，但我完全相信歐巴馬總統明白這場競選活動的重要性。

我也知道，地球有七十億人口，這之中沒有任何一個人比歐巴馬總統更痛恨落敗。即使是在他手下工作的A型人格職員，也熟知他的競爭心，有一次霍普．哈爾用激將法讓總統在鏡頭前模仿凱文．史貝西（Kevin Spacey）在《紙牌屋》裡飾演的角色弗蘭克．安德伍德（Frank Underwood），我事後問她是怎麼做到的，她對我微微一笑。

「我跟他說我不覺得他做得到。就這麼簡單。」

第二次辯論，歐巴馬總統痛恨位居第二的心態對他幫助極大，他不斷奮鬥，最後以微小但明確的差距成為那晚辯論的贏家。然而，就在我們重新找回動力時，雙方都不得不暫停動作。

到艾爾弗雷德．E．史密斯紀念基金會晚宴（Al Smith Dinner）的時候了。

在一九六〇年十月的某天夜晚，約翰．F．甘迺迪與理查．尼克森暫時離開競選戰場，繫上白領帶，開車至華爾道夫酒店（Waldorf Astoria），在晚宴上說笑話娛樂富有的紐約人。自此之後，艾爾弗雷德．E．史密斯紀念基金會晚宴成了四年一度的傳統。

這場晚宴能為當地慈善機構募得數百萬美元捐款，但再怎麼高尚的動機，也無法減少晚宴

1 愛荷華州園遊會有用奶油做牛雕像的傳統。

2 艾蒙是《芝麻街》（*Sesame Street*）電視節目裡的布偶角色，此節目在公共廣播電視播出。

的怪異。我這麼說吧，想像超級盃（Super Bowl）美式足球賽打到剩下最後五分鐘，雙方四分衛卻衝到五十碼線，開始合唱〈永遠愛你〉（I Will Always Love You）。現在，你再想像這兩個四分衛不僅是敵對關係，還痛恨對方所代表的一切。歡迎來到艾爾弗雷德．E．史密斯紀念基金會晚宴。

法夫和科迪被叫去寫更重要的講稿了，所以我與平時那一團搞笑寫手合力寫講稿。認真競選好幾個月後，我們收集了很多笑話，像是對手僵硬的模樣、他的種種失言與那段百分之四十七影片，我在講稿裡全提到了。我甚至請先遣助選團隊準備一個「滿是女人的資料夾」，這是羅姆尼在第二次辯論失言引起的笑話。然而，在演講當天，法夫將講稿送到總統面前，稿子裡幾乎每一條語帶侵略意味的笑話都被總統刪掉了。他演講時也不會帶「滿是女人的資料夾」上臺。我立刻回想起第一次辯論那晚，莫非總統又不打算全力以赴？

不過這回，事實證明我不該懷疑總統的直覺。當晚，我在賈姬家舒服的沙發上，看歐巴馬總統與羅姆尼針鋒相對的兩場獨白，視線從講者身上移到觀眾席。晚宴會場裡，觀眾各個面帶緊張的笑容，顯然檯面下存在某種複雜的禮儀規範。我這才發現自己的初稿太過冒險，丟炸彈確實令人心情舒暢，但這也會使總統在眾人面前顯得走投無路又殘忍無情。我只想贏得當晚那一仗，而總統眼光放得更長遠，他想在這場選戰中獲勝。

羅姆尼和他想法一致——而且我失望地發現，他表現得其實還不錯。羅姆尼和愛荷華人一樣，他曾與政治生涯的終結擦身而過，現在他已無所畏懼。「我們來到總統任期的最後幾個月了，」他面帶自信的笑容，對晚宴的賓客宣布。幾乎全是富裕白人的賓客們欣然鼓掌，甚至有幾個人高聲吹口哨。

「他看上去像個總統，」不久後，《華爾街日報》（*Wall Street Journal*）專欄作家佩吉・努南（Peggy Noonan）寫道，「他看上去像個剛看到內部報告，發現結果不錯的人。」

也許他確實看了一份不錯的內部報告，但佩吉・努南有所不知，歐巴馬也看到了不錯的內部報告。民調結果顯示敵我雙方勢均力敵，但喬爾・本南森的數據顯示我方正逐漸超越羅姆尼。更重要的是，現在距離大選日只剩寥寥數週，猶豫不決的選民人數正在減少。競選活動還未結束，但遊說的時間已經過去了。

所以，接下來的演講數量也開始減少。在大選日之前，法夫和科迪都別想喘息，但我這個文句打雜小弟能做的工作越來越少了，而且和我處境相似的人不少。民主黨全國委員會總部裡空位越來越多，職員被一一送上戰場，我們依舊習慣將軍事用語用在選戰上，稱之為「部署」。距離大選日只剩幾天了，既然我沒什麼好寫的，我也開始為自己的部署做打算。

我在十月底完成了二〇一二年大選的最後一項撰稿工作：《美國週刊》的問答集。最高統帥在〈巴拉克・歐巴馬：你不知道的二十五件事〉裡頭告知美國大眾：他是左撇子，他最喜歡的健康零食是蘋果，他喜歡徒手衝浪，也愛吃剉冰。如果我們敗選，這將是我離開前的最後一份講稿。我將草稿寄給法夫和科迪後不久，就拿出大學時期的綠色大背包，動身前往我在選前最後幾週的家——俄亥俄州克里夫蘭市。

我在競選團隊的指示下，住進一名志工的家，那是一幢兩層樓高的白色鱈魚角型房屋。我在午夜前抵達志工的家，按下門鈴那一瞬間，我聽見屋內傳出低沉、凶惡的低吼，巨大的腳掌發出可怕的碰撞聲，接著是穿著拖鞋的細碎腳步聲。屋主諾瑪笑著打開前門。

諾瑪是個中年女人，她身上穿著毛巾布浴袍，頭上滿是捲髮筒，但我雖然看著她，注意力卻集中在她背後那頭巨獸身上。那頭巨獸絕對是大丹犬與魔鬼撒旦的混種，巨大的方形頭顱不停滴口水。我現在已經不記得那條狗的名字，倒是記得當時我和屋主的對話。

諾瑪：「別擔心，『怪獸』很親人。進來吧！」

怪獸（翻譯成人類語言）：**「你這個混蛋，看我等等把你的手臂撕下來！」**

諾瑪（笑著）：「不會吧！你怕我家小狗狗嗎？好吧，我可以把牠關在房間裡。」

大衛：「麻煩妳了。」

「怪獸」不喜歡被關在房間裡，門一關牠就立刻開始用腳掌拍打房門，試圖逃出臥房。我趁牠還沒成功越獄，趕忙帶著背包衝上樓，躲進位在二樓的客房。

隔天早上，我驚恐地從客房一路衝上車，開車到城東的「歐巴馬為俄亥俄」辦公室報到。用競選團隊的漂亮話來說，我分配到的區域是「基底區」，意思是這塊區域的居民絕大多數是非裔美國人，而且這之中很多人沒有投票的習慣。每四年就會有善意的白人如蟬般成群出現在他們社區，到處敲門發傳單，最後白人們又會回到他們的穴窩吃巴西莓，還有買他們永遠不會讀的強納森．法蘭森（Jonathan Franzen）小說。

歐巴馬競選團隊希望能廢除現存這種不適宜的做法，用更好的方法取而代之：他們想組建由當地人自主經營的組織，連結成全國網路。這項計畫在某些地方成功了，而我這種人會被派到效果不彰的地方，「培植」負責當地行動的組織者。

我很想告訴你，我當時招募的志工都是當地人，但我不能說謊。我必須顧慮績效，而且現在離大選日只剩一個多星期，沒時間執著於二〇〇八年那些高尚的原則了。我來到克里夫蘭後又過了幾天，賈姬和兩個朋友開著她那輛古董級玻璃纖維釷星車（Saturn）來了。又過不久，有更多人道別他們在布魯克林的非營利組織或暫時離開他們薪資優渥的工作，前來加入我們的雅痞軍團。就連這些支持者也享有中產階級住宿安排。賈姬分配到一間豪宅的客房，那棟房子的主人是一對開朗的白人律師與他們可愛的不列塔尼獵犬。

這樣的競選活動雖缺乏藝術感，卻也有好處。有一天早上，我朋友史蒂芬妮和一個名叫布菈的八十四歲老太太被派去社區敲門宣傳。這對搭檔，一個是來自布魯克林、穿著復古風服飾的紅髮女同志，另一位則是當地人以鄉村女歌手「梅貝爾．卡特」（Mother Carter）稱呼的矮小老太太。兩人並肩走出辦公室，我一面目送她們離去，一面懷疑我們要求過高。結果，隔天梅貝爾．卡特穿著她矯正走路姿勢用的鞋子回來，她說，只要能和史蒂芬妮同組，叫她一整天下午去敲別人的門都沒問題。

這就是野戰工作最棒的一點：在如此沉重的壓力下，你會看到人與人之間的橋梁自動建立起來。全宇宙似乎縮得很小很小，只剩下你所在的這幾塊街區。這幾個月來，我首次覺得無視納特．西爾弗並不難。事實上，直到選前最後一個星期五，我才回去看FiveThrityEight網站。我欣慰地發現我方獲勝的機率提升了，勝利又一次近在眼前。數週以來，我第一次心情平靜地入眠。

然後在凌晨兩點鐘驚醒。事情不對勁。

我睡眼惺忪地醒來，花了一點時間才找到問題所在：問題出在我肚皮上，我的皮膚感覺要燒起來了。我滿心以為這是什麼怪夢的後遺症，但還是開了燈，撩起上衣，以防萬一。

我從來沒看過這種情況：我的肚皮上多了一排又一排的紅色腫包，每個腫包中間都有刺傷的小洞，看上去像是被手持圖釘的瘋子攻擊過。我驚恐地想起諾瑪說過的話，想到那頭怪獸犬之前常睡這個房間，所以我要麼被床蝨咬了（這是最壞的假設），要麼被跳蚤咬了（這是最好的假設）。

人際關係的關鍵時刻，往往與你我的想像迥然不同。第一次和賈姬約會時，我腦子裡想的是：她的裸體長什麼模樣？我們喜歡看的電視節目一樣嗎？我一次都沒想過：「如果我身上都是寄生蟲，能不能找她幫忙？」交往一年後的今天，我滿腦子都是這個問題，當賈姬接起我在半夜兩點鐘撥出的電話時，我幾乎要哭出來了。

「沒關係，不會有事的，」她告訴我，但我聽得出她都不相信自己的話，「我們一步步來解決問題。」

如果你像我，那你應該沒有處理屍體的經驗。但過了克里夫蘭那漫長的一晚，我相信自己絕對有處理屍體的能力。我從諾瑪家廁所櫥櫃偷了垃圾袋與布膠帶，將自己的衣服丟進袋子裡，袋口綁緊，然後用布膠帶貼住袋口的結。我將垃圾袋塞進背包，再將背包塞進更多塑膠袋，打更多的結、貼更多膠帶，最後我將整包垃圾帶到戶外，全部塞進車子的後車廂，開車揚長而去。

賈姬在豪宅大門口等我，我一到場，她立刻發號施令，命我脫到只剩內褲然後直接去沖澡。接著，我盡量將能塞進烘衣機的衣服塞進去，剩下則留在車上。自助除蟲工作結束後，我在豪宅客廳柔軟舒服的沙發上昏睡過去，夢裡盡是我早上要對豪宅屋主夫婦說的種種謊言。

就這樣，「出門投票」週末拉開了序幕。競選活動的最後四天總是一眨眼就過去了，而這四天我過得比往時還要混亂。我將生活優裕的白人空降到他們未來不太可能再次造訪的貧困社區。這令我心裡很不自在，而且儘管我暫且放下了道德標準，我們這邊的志工人數還是不夠。除此之外，我被蟲咬的腫包雖然不癢，卻又刺又痛，而且隨著日子過去越來越痛。

在多方令人不適的問題夾攻下，我們根本沒時間反思這幾天發生的事情。那週末，我們敲遍了社區每一扇門，星期一又敲了一次，到了大選日當天又敲了兩輪。我回神才發現投票時間只剩最後半小時。這時，我的黑莓機開始震動：

「衝啊！」

這是競選活動最後的衝刺，寄給所有野站工作人員的信件。我和賈姬隨手抓起文宣，開車到一排棕色小屋前，一人負責街道的一邊。我敲了一扇又一扇門，找尋能投票支持我們的選民，卻一無所獲。

最後到了晚上七點二十六分，距離投票截止時間僅剩四分鐘，我聽見一棟屋子的客廳傳出窸窣聲，一個穿著浴袍與涼鞋的女人前來開門，她是已登記但還沒投票的選民。見到她，我心中一陣狂喜。

「妳要趕快去投票！」我對她說。

「不要，」她說，「我不投票。」

「可是這次兩方的支持率差不多，妳一定要去投票。」我提醒她。

「你沒聽到我說話嗎？」她說，「我不投票。」

這簡直是童話故事的結局，我居然在最後一刻遇到不投票的人！只要我相信她，就一定能在最後一刻說服她！

「這次選舉**真的**很重要，」我情緒激動地央求道，「俄亥俄的選舉結果只會差**一點點**，妳的一票或有**很大**的影響。」

若我的人生是一部電影，她應該會在這時候拔腿奔向投票所；但我的人生不是電影，她非但沒去投票，還對我罵髒話，叫我快離開她家門口。深具啟發性的對話結束，投票時間也結束了，無論結果為何，總之選舉行動到此為止。

凱霍加郡民主黨員選擇在克里夫蘭鬧區一間逸林飯店（DoubleTree）舉辦開票派對，我和賈姬到場時，已經有幾州的開票結果出來了，那幾個州的結果都不出所料：佛蒙特州民主黨勝，肯塔基州共和黨勝……

但是沒過多久，我們開始允許希望在心中生根、萌芽。在開始開票後不久，CNN就預測歐巴馬能贏下羅姆尼在最後努力爭取的賓夕法尼亞州。接著，我們贏下了新罕布夏州，這又是一個可能成為關鍵點的搖擺州。敵方拿下了北卡羅萊納州，但喬爾．本南森的內部報告說得沒錯，我方贏下了威斯康辛州。逸林飯店內，緊張的聊天被滿懷希望的寂靜取代。若俄亥俄州加入歐巴馬這一方，我們就贏了。

從第一場辯論至今，我一直頑固地拒絕思考我方獲勝的可能性，但現在我滿心期待地盯著電視螢幕，終於允許自己反思。當時失業率將近百分之八，歐巴馬不得民心，而且擁有驚人才華的他還在競選路上最重要的一晚失足。然而，儘管發生了這一切，我們仍舊走到了這裡，我們的候選人很有可能連任。我們努力了這麼久，果然沒有白費力氣，對不對？

叮、咚、砰、砰、砰——砰、叮、咚。

一連串叮咚聲與金屬碰撞聲在飯店舞廳迴盪，是沃夫．布利茲（Wolf Blitzer），他準備預測選舉結果了，他開口說：「CNN預測巴拉克．歐巴馬……」但沒有人等他說完，因為螢幕上出現歐巴馬總統的照片，以及我一直以來沒讓自己想像的幾個大字：

連任總統

整間舞廳爆炸了，這不是歡呼，也不是尖叫，而是鬆一口氣的超新星。我舉起雙手狂揮，賈姬轉過來抱住我，她止不住笑容。周遭的噪音音量稍微降低，我聽到沃夫．布利茲接著說：「……因為我們預測他會得到俄亥俄州的支持。」

舞廳再次炸裂。「我們做得到！我們做得到！」

這時，我們長久以來的口號變成我從未聽過的一句話：「我們做到了！我們做到了！」

我累到幾乎哭不出來。我開心到幾乎說不出話來。

直到勝券在握的這一刻，我才發現我心中一直隱隱存在一個想法，認為我們永遠等不到這一天。任何事情都有可能發生，即使是幫助一個名叫巴拉克·海珊·歐巴馬的進步派黑人當選美國總統，有可能發生一次，但有可能發生第二次嗎？這和我過去四年看到的許多事情一樣，是不可能的任務，它不可能實現，我們卻實現了它。現在，多虧了今天不可思議的勝利，我們又爭取到改變美國的四年。我們能用這四年，讓我們的國家成為我們理想的國家。

今天和二〇〇八年一樣嗎？當然不一樣了。從二〇〇八年迄今，我學到太多關於延宕與失望的教訓，已經不是當年的自己了。我一手撫過自己慘不忍睹的肚皮，意識到有些傷痕不會快速癒合。但我想到接下來四年，還是忍不住和賈姬一起開心地蹦蹦跳跳。這時候，如果我能將莎拉·裴琳召喚到身邊，那該有多好。

「蜜月期是結束了沒錯，」如果她站在我面前，我會這樣告訴她，「不過我的希望，還有我改變這個國家的心願，到現在依然存在。」

我們在歷史上（微不足道）的地位

Part II
Our (Teensy) Place in History

09 希特勒與嘴脣

Hitler and Lips

在二〇〇五年六月四日，一位瘦瘦的年輕參議員參加諾克斯學院（Knox College）畢業典禮，在畢業生面前致辭。諾克斯學院是伊利諾州一間規模很小的文科大學，你可能沒聽過這間學校，也沒聽過這場演講。在歐巴馬世界，這場演講就如同《銀河前哨》（*Star Trek: Deep Space Nine*）影集。一般粉絲可能沒看過，但它在狂熱粉絲心目中可是神作。

你如果今天把諾克斯畢業典禮致辭的影片找來看，首先會注意到一件事：畢業生表現得異常冷靜，雖然有些人鼓掌歡呼，卻沒有任何人為歐巴馬瘋狂尖叫。我想，應該有一些觀眾根本不曉得這傢伙是誰吧。講者也明白這點，他在開場白提到了自己在全國舞臺上的新鮮人身分。

「我才剛當選沒多久，還沒參加過表決，還沒提過法案，甚至還沒在自己的辦公室坐下來，就有個積極的記者舉手說：『歐巴馬參議員，您在歷史上的地位是什麼？』」

說到這裡，年輕參議員頓了頓，眼尖的人會看出這是在未來讓他受用不盡的演講技巧。

「我的反應和你們剛才的反應一樣，我笑了。」

參議員的笑意不假，接下來的真誠也不假。他在提出那名記者的問題後，說出了此次演講的中心思想，令畢業生著實吃了一驚。

「你們在歷史上的地位，將會是什麼呢？」他問他們。

這就是歐巴馬吸引我的特質：他能倒轉浮誇的概念。就如他對諾克斯學院畢業生說的，在人類歷史上大部分時期，人們的命運是定數，從出生那一刻，你眼前的路就已經鋪好了。是美國改變了命數。我們的特別之處——我們的卓越之處——就是我們對一般人民的承諾，因為任何人都能改變國家與國民的生活，而且我們視此為理所當然。過去兩百二十九年來，讓美國偉大的不是我們的講者，而是我們的觀眾。

「你們在歷史上的地位，將會是什麼呢？」在美國，這個問題一點也不蠢。

歐巴馬總統的第二任期開始時，這個問題一直在人們腦中揮之不去。許多筋疲力竭的高級顧問已確立了自己的歷史定位，他們幫助歐巴馬第二次坐上總統之位後，終於能離開團隊了。競選軍師大衛．普勞夫，負責健保法案的副幕僚長南希－安．德巴萊（Nancy-Ann DeParle），以及阿克塞——他是除了歐巴馬本人以外，對歐巴馬願景貢獻最多的人。

還有法夫。喬恩．法夫羅年僅三十一歲，卻已經是史上最有成就的演講撰稿者之一。既然現在沒有新的文字世界讓他征服，他也在二〇一三年初期離開了。

法夫就這麼離去，我當然感到不捨。他是個好上司，也是個才華洋溢的寫手。但換個角度想，歐巴馬總統失去了得力助手，我卻得到了一份好機會——首席文膽離開後，撰稿團隊的底層開出空缺。我在三月回到白宮時，不再是寫手中逢場作戲的花花公子，我成了總統撰稿小組的正式成員。

法夫走後，團隊最上級位子由他以前的副手科迪．基南接任。他們交接得天衣無縫，畢竟科迪從第一次競選活動就開始為歐巴馬總統寫稿。儘管如此，我還是注意到新老闆與舊老闆的差別。我一直把法夫當成文字建築師，他總是使文字形成細緻的架構；但科迪不一樣，他在我心目中的形象較接近「戰鬥詩人」。每當狀況危急，科迪臉上就會長出大鬍子，而他的作品和鬍子很像，是發自體內深處，最先出來的是情緒，這些等後來再加以修飾。寫作風格的差異，也體現在心態差異上：法夫的信心向來帶有聰敏色彩，而科迪的信心則與他的正義息息相關。

回到白宮的第一週，我就對他這份正義感感激不已。我們當時要討論的是烤架俱樂部晚宴（Gridiron Club Dinner）事宜，這場晚宴和白宮記者協會晚宴與苜蓿草俱樂部晚宴合稱總統搞笑活動的「聖三」。我上次踏進橢圓形辦公室已經是十八個月前的事了，我試圖告訴自己我不緊張，但走到辦公室門口時我全身僵硬，動彈不得。我實在太害怕自己幹蠢事了。

幸好科迪完全沒有這方面的顧慮，他自在地走了進去。我看到總統坐在辦公桌另一邊，我的新老闆大步走上前，像極了準備破案的偵探。我則小心翼翼、躡手躡腳地跟上去。

「所以，」美國總統問道，「我們夠不夠好笑？」

這其實不是問題，而是閒聊的開場白，科迪毫不猶豫地接話。

「利特還滿好笑的。」他朝我一點頭。

總統臉上閃過一絲困惑，他顯然覺得自己聽錯了；但他停頓片刻後，決定繼續聊下去。

「是啊，」歐巴馬總統說，「嘴唇（Lips）**的確**很好笑。」

換作是你，應該也會一而再、再而三在腦中重播這段對話。也許是我聽錯了，也許是時間扭曲了我的記憶，但我覺得以上皆非。我敢肯定，巴拉克．歐巴馬剛剛把我的姓氏「利特」叫成「嘴唇」。

我之所以如此肯定，有幾個理由：理由一，歐巴馬總統喜歡談笑，一直開玩笑、拖長開會前的閒聊時間，非常符合他的作風。理由二，我當然很希望歐巴馬總統知道我的姓名，但他應該不知道吧……我幫他寫過影片的講稿，幫他想過白宮記者協會晚宴的笑話，但總統身邊的人年年更換，我再怎麼樣也頂多是個面熟的傢伙，像是你當地的星巴克員工，或《小鬼當家》（*Home Alone*）裡頭那個不是喬．派西（Joe Pesci）的壞人。

理由三，這種事不是第一次發生了。我有個名叫傑森的朋友，他從二〇〇九年開始在白宮上班，和我一樣是通訊部門職員，總統對他青睞有加，經常請傑森的上司幫忙道謝。他常說：「幫我跟傑姆斯說聲『做得好』。」總統把你的名字記錯，你也不能怎麼樣。過了幾年，總統才得知傑森的名字是傑森，不過在那之前只能將錯就錯，把傑森叫做傑姆斯。

既然如此，嘴唇就嘴唇吧。老實說，我在橢圓形辦公室的沙發上坐下時，我並沒有感到丟臉，反而欣喜若狂。美國總統居然喊了我的名字！好吧，那其實不是我的名字，但意思到就好了嘛。更何況，有個第二人格也不錯。利特很害羞靦腆，可是嘴唇不一樣，嘴唇很勇敢，嘴唇很有膽量。

嘴唇天不怕地不怕。

「天不怕地不怕」，這應該是第二任開始後，最能貼切描述我心中這種感覺無拘無束的一句話了。舉例來說，就職舞會結束後，所有人排隊去領寄放在櫃臺的外套，人們等了超過九十分鐘。這不稀奇，第一次就職舞會的情況也差不多，但過去的我無論如何都不會插隊排到歐巴馬世界頂尖人物前。就算整棟建築燒起來了，就算舞廳裡都是殺人蜂，我也會乖乖排隊等待。

現在，情況與以往不同。多虧了某個人脈很廣的朋友，我和賈姬弄到了拉姆．伊曼紐爾（Rahm Emanuel）在一間地下藍調俱樂部的會後派對入場券；而多虧了我總統就職委員會一員的身分，我想出一個絕佳妙計。我閃身走進一間工作人員辦公室，抓起特務用的那種橡膠耳機，將對講機功能關閉後戴在耳朵上，然後將手舉到嘴邊，彷彿袖口夾了麥克風。

「四〇九號，我們有待處理的衣服問題。完畢。」

一名身穿名貴晚禮服的年長女士先是瞪了我一眼，好像我是剛從臭水溝爬出來的怪物，但她接下來看到我的耳機後立刻道歉，讓到一旁。

「幫VIP拿外套，收到。」

「優先找到VIP的外套，瞭解。」

五分鐘後，我來到隊伍最前頭；又過了五分鐘，我帶著女朋友的外套回來；再過五分鐘，我們乘坐三輪車在冰冷的夜裡疾馳，準備去看幾個活生生的音樂神人演奏藍調，而芝加哥市長在樂聲中尷尬地搖晃身軀。

不愧是嘴唇。

話又說回那場橢圓形辦公室的會議——那是我第五次去總統辦公室開會，對嘴唇而言則是第一次——我們正要討論烤架俱樂部晚宴的事。烤架俱樂部創立於一八八五年，當時大部分成員都是脾氣暴躁的報社記者；到了今天，大部分成員仍舊是脾氣暴躁的報社記者。在烤架俱樂部一年一度的春季晚宴上，賓客會繫上白領帶；記者則是穿上不同的服裝，用惡搞歌曲的方式開政治人物的玩笑；大家吃些花色小蛋糕，最後所有人合唱一首〈友誼萬歲〉(Auld Lang Syne)。簡而言之，這些人會花四個小時，致敬電視機普及前人們的生活方式。

最精采的演出，絕對是一群戴著貓王假髮的記者合唱「一天到晚妨礙巴拉克」(這真的是二○一一年晚宴上的一場表演)，不過晚宴真正的主角是諸位客座講者。依照傳統，他們會邀請共和黨員和民主黨員各一，假如美國總統願意與會，也會來發表幾句感言。

這些講者的致辭和晚宴其他的活動無異，主題是回歸過去那個較純樸的年代。就連烤架俱樂部的口號「微焦，但絕不燒焦」也源自網路出現前那個快樂的時代。我寄給總統的講稿，提到「砍經費」、「記者會」和「名叫吉恩的人」這種令人興奮不已的話題，他看完後沒有哈哈大笑，但他也知道到時的觀眾是什麼樣的一群人。總統表示他對我的講稿很滿意，然後送我們到辦公室門口。

我沒想過要拿擺在橢圓形辦公室的蘋果來吃。即使是以嘴脣的身分，也不敢這麼囂張。不過我走出辦公室時，腳步多了些自以為是。我才剛回到白宮不到一週，就和總統本人開會了！

除此之外，白宮最近多了不少新人。許多剛從競選團隊出來，滿腔熱血的二十二歲青年，開始填補低階崗位的空缺。這些新人有時會害羞地問我要不要一塊去喝咖啡，如果我同意，他們就會大大鬆一口氣。

「別擔心，」我告訴他們，「拉關係不是屁……除非你是屁。」

我詫異地發現，除了這句屁話之外，我竟然真的有值得傳給新人的建議。這些和職涯晉升無關，而是和我們獨特的工作環境有關。

「五樓圖書館員都會在參考文獻桌旁邊放一碗糖果——別跟他們說是我說的。」

「星期二別去健身房，那天是尊巴舞日。」

「地下室不是有醫務組嗎？你愛拿多少止痛藥和ＯＫ繃都隨你拿。如果你跟他們登記，還能弄到一些血管收縮劑的成藥。」

年輕人目瞪口呆地聽完後，紛紛向我道謝。我則回到抽屜裡塞滿糖果與藥物的辦公桌，繼續寫我的烤架俱樂部晚宴講稿。

這週過一半，笑話幾乎寫完了，我開始寫我們所謂「嚴肅的結尾」。搞笑演講最後通常會有兩三段發自肺腑的真摯之言。既然觀眾都是記者，我決定趁這個機會讚美那些體現新聞自由精神的記者。

「他們賭上一切，到敘利亞和肯亞等地方為我們報導新聞，」我寫道，「我們必要知道的新聞。」

我開始思考自己是否該請外交政策專家幫我看看這句話。利特做事總是小心翼翼的；但我想了想，覺得嘴唇明明就會寫文章，他才不需要蛋頭學究的幫助呢。把結尾是「亞」的國家放在一起，聽起來非常流暢完美。觀眾聽了會鼓掌歡呼，晚宴順利結束。

週六晚上，我的自信換來了獎賞。我穿著燕尾西裝、翼形領襯衫與白色領結，搭電扶梯下樓來到萬麗酒店（Renaissance Hotel）的舞廳。我在距離舞臺僅僅數英尺處，看著身穿奇裝異服的記者把〈我的女孩〉音樂改詞唱成「我的槍把」。路易斯安那州長鮑比．金達爾（Bobby Jindal）與明尼蘇達州參議員艾米．克羅布徹（Amy Klobuchar）站在發光的巨型鍋鑪前發表演說，我想了一下才發現那支鍋鑪就是俱樂部的「烤架」。

然後，總統在〈友誼萬歲〉大合唱開始前上臺演講，大家笑個不停，笑話達到「微焦，但絕不燒焦」的標準。歐巴馬總統說到嚴肅的結語，讚美那些在敘利亞與肯亞拚命報導新聞的記者，語句流暢順耳，觀眾高聲歡呼。

嘴唇做得真他媽的太棒了。

下週一，我一臉假謙虛地回到辦公室，當其他寫手誇我搞笑講稿寫得好，我就說是總統講得好。我對那些二十二歲年輕人說，其實說到底，這是整個團隊的功勞。我飄飄若仙，正在想自己是不是史上最厲害的寫手時，一名為總統長期執筆的寫手——一個名叫泰瑞，溫和可親的麻州人——提出了問題。

這可不是什麼好兆頭。泰瑞年近四十，是我們團隊中資歷最深的政治家，他和律師與小小孩的父母一樣，擁有誘導人說出供詞的天賦。如果泰瑞問你：你家煙霧偵測器是不是壞了？就表示你家著火了。如果他問你：你女朋友最近怎麼樣？就表示她現在正和你的麻吉滾床單。現在，泰瑞問我有沒有看到肯亞首都奈洛比的《國家日報》（*Daily Nation*）一篇報導：

歐巴馬說：肯亞對外國記者不安全

我焦急地求教了Google大神，拼湊出事情原委：白宮新聞辦公室公開了總統在烤架俱樂部晚宴的致辭全文，肯亞的官員讀了致辭，發現自己國家和全世界最受人唾棄的政權被混為一談，他們氣炸了。

若在一般情況下，氣炸也就算了，然而這是外交問題，肯亞運用這份怒火來影響美國，他們的新聞及通訊常任祕書長（Permanent Secretary for Information and Communications）比坦格・恩德莫（Bitange Ndemo）發布官方聲明，聲稱歐巴馬總統的言論「不僅不正確，還令人不安」。有一個「推特上的肯亞人」（Kenyans on Twitter，簡稱KOT）的團體甚至創了個全新的主題標籤，以充分表達他們的憤怒。

我猜你從來沒一句話惹怒人口超過四千五百萬的一整個國家過，你可能會以為這就是手握權力的感覺。但我現在就能告訴你，事實截然相反。我坐在辦公室，一次又一次在搜尋欄輸入「肯亞對歐巴馬」幾個字，這輩子從沒感覺如此無助過。我巴不得有個人能聽我說話，如果我能打電話給肯亞人就好了。「你覺得**你們**全國在生**我們**全國的氣，」我會笑著對電話另一頭的肯亞人說，「其實這都是我一個人捅出來的亂子。」

但這樣的一個肯亞人並不存在。我身為白宮低階職員，雖有能力將代表不信任的鮭魚放入國際關係的馬桶裡，卻沒有把它撈出來的能力。

結果呢，高級職員不得不忙著幫我擦屁股。這些人明明有正經的事情，可能影響全球的事情要辦，現在卻得浪費時間來處理我的問題。即使有了高級職員的幫助，美國還是得發表正式的道歉聲明，才有辦法化解爭議。「我們承認並讚賞肯亞憲法推崇的新聞自由，」一位不具名的白宮官員表示，「敘利亞與肯亞的國情極為不同，這點再顯而易見不過。」

也許，嘴唇做得沒有他想像中那麼棒。

那天剩下的時間，我都用來思考一件事：一個人惹怒了中型非洲國家，會不會被開除？但我發現，在白宮，事情沒有這麼簡單。我當然不是第一個因為小錯誤而引發全國爭議的年輕職員，我甚至不是第一個無意間惹怒別國的撰稿者。

而且，歐巴馬世界很少解僱職員，只有真的怠忽職守或在公開場合丟人現眼的人才會被開除；沒用的人不會被踢出白宮，只會被排除在信任的小圈圈之外。這件事並不會在一夕之間發生。我感覺自己像個擱淺在荒島的海盜，眼睜睜看著自己在乎的一切一件件慢慢消失，到最後你會連一點責任也不剩。對少數幾個抱持能混就混心態的員工而言，這樣也不錯，不用做什麼事就能領穩定的薪水。不過大部分的人看到自己漸漸成為局外人，都會識相地辭職。

我害怕自己被拋棄，天天祈禱扳回一城的機會出現在我面前。然而日子一天天過去了，第二次機會卻遲遲不來。到了三月底，科迪終於給了我新任務：邁阿密一條連通城市與海港的隧道即將開工，總統將前去致辭。這次的講稿就交給我了。

反正沒有別人想接這份差事，因為除了腳趾甲屑屑與職業保齡球聯盟（Professional Bowling League）以外，男人覺得世界上最不性感、最不有趣的議題，無疑是基礎建設經費。

我沒有因此退縮，反而變得更加積極。倘若我能以世界上最無聊的事為主題，寫出一篇令人驚豔的講稿，我的隊友應該就願意重新接納我了吧？

在歐巴馬的白宮裡，沒有人規定你寫一篇總統的講稿要花多少時間。如果你要臨時趕出一份悼詞，那可能只有四十八小時工作時間；如果你要寫的是國情咨文，那也許會花費六週以上的時間。至於邁阿密這場演講和其他典型的講稿，我通常七天左右就可以寫好。

我的工作隨著政策會議開始了——政策會議聽起來很正式，實際上就是一群專家試圖將資訊塞進我空空蕩蕩的腦袋裡，而且通常都沒什麼用。我其實不怎麼喜歡每次扮演無知者的角色，但這個角色也擁有他專屬的權力。如果專家們無法將某個特定的概念以我聽得懂的方式解釋給我聽，那個概念就不太可能被寫進講稿。

吸收了同事們的智慧後，下一步就是獨立研究。我在未來會學著將獨立研究時間用來學習有趣的新知，而不是專注於技術上重要的事物。不過在為邁阿密演講做研究時，我急著救回自己的名譽，所以花了一整天研究基礎建設的種種細節——挖隧道技術的進步、各種投資方案相關的誘因結構（Incentive Structure）、挖泥……待結束自學課程時，我已經深陷基礎建設這門學問之中，無可自拔。

「哇賽！公營和私營企業合作超棒的！」

我在事後才發現，這是個警訊，是我看錯重點的早期症狀；但當時的我簡直樂不可支。

完成獨立研究後，我終於能坐下來寫作了。這是我回白宮後第一次幫總統寫政策演說，但我訝異地發現這份工作感覺很輕鬆。我的大腦在過去四十八小時吸飽了資訊，現在我開始將深奧難懂的知識湧出來寫初稿。我確信自己寫了基礎建設財政議題的「種族演說」。我在總統演講的兩天前將講稿寄給科迪，然後就和賈姬去約翰·甘迺迪表演藝術中心約會了，邊約會邊等老闆回信來誇我。

我們在艾森豪威爾行政辦公大樓有個專門的詞彙，用來形容接下來發生的事和撰稿者的自尊：「炸了」。我炸了。我本以為科迪的追蹤修訂只會顯示幾個紅字，稍微修潤一下而已，沒想到我收到的稿件根本是滿江紅，說是電鋸殺人魔大屠殺也不為過。

對我的自尊來說，最慘痛的一點是，科迪寫的新講稿比我寫的玩意好上千百倍。他連結了美國人的故事與美國的故事，連結了個人利益與國家利益，完成了我沒能完成的任務。我讀著自己殘破不堪的講稿，心中沒有怒意，反而羞愧難當。在我的世界裡，最糟最糟的情況就是「沒用」。上次的肯亞災難雖然丟臉，至少還能說是無心之過；但生產無用的講稿，浪費老闆的時間，在歐巴馬白宮中可說是人格缺陷——而且是不可饒恕的人格缺陷。

撰稿流程的剩下幾步，我在頹喪烏雲中完成了。講稿上寫著我的名字，只有我和科迪知道講稿幾乎全是他寫的，但這反而令我更難以忍受。在總統前往邁阿密演講的前一天，政策小組、檢閱專家與律師們仔細檢查了他們以為是我寫的文件，他們提出很好的修改建議，並稱讚我寫得好。他們的讚美令我恨不得挖個洞鑽進去。

我只剩下最後一個步驟了，那天晚上，我將講稿送到「書」裡，那是總統每晚會讀的厚厚一疊資料。早晨來臨，我得知總統只改了幾個小地方，其他撰稿者似乎十分敬佩。「太好了！」他們對我說。我無力地笑笑，心裡暗想：他們會不會猜到真相了？無論如何，難關就快要過去了。短短數小時後，歐巴馬總統到了邁阿密，開始朗讀技術上由我執筆的講稿。

「我們有該做的工作，有準備好要工作的工人，」他說，「還有什麼好等的？」

這是典型的戰鬥詩人文筆：寫得直白、熱情，且以常識為基礎。而我原始的講稿則著重於郵輪登陸率與高科技水力鑽孔機。我聽著觀眾為科迪的講稿歡呼，終於意識到自己的錯誤：我寫了一篇關於基礎建設財政學的講稿。倘若講者是某副部長或副市長，那也沒什麼關係；但今天講者是美國總統，他的每一場演說講的都是美國，每一次的觀眾都是整個美利堅合眾國。

我學到了寶貴的教訓，但我會不會太遲了？從我回白宮到現在已經過了一個月，歐巴馬總統當初在諾克斯學院畢業典禮說的那席話，顯得再中肯不過。我聽到他的聲音：「你們在歷史上的地位，會是什麼呢？」我炸掉的講稿用細碎的聲音回答：

「荒島。荒島。荒島。」

如果你想找一場近乎完美的歐巴馬演講——一場理應位列故事本傳，技術上而言卻不是的演講——我建議你看看他在二〇一三年四月十八日的致辭。三天前，波士頓馬拉松的終點線附近發生爆炸案，導致兩百六十四人受傷、三人死亡，總統到波士頓參加追悼會時，炸彈客還未落網。他當天的講稿是泰瑞寫的，泰瑞必須在極短時間內寫出一份完美無缺的講稿，結果他還真做到了。那場演說融合了剛強與溫柔，展現出總統身為「最高安慰者」的風度。

然而，在全國為爆炸案受害者哀悼，波士頓瘋狂尋找嫌犯的同時，我的時間卻被「最高諧星」占據。再過兩週，就是二〇一三年白宮記者協會晚宴了。

我不知道你有沒有過這種經驗，但如果你也曾邊看搜捕與槍戰新聞，一邊試著寫關於專欄作家瑪倫．道德（Maureen Dowd）的笑話，這種詭異的感覺你應該能感同身受。全美國深受恐懼與不安影響，我心中也萌生一個揮之不去的疑問：從回歸白宮到現在，我接了兩個大任務，結果兩次都搞砸了。我這次會不會也把事情搞砸？

唉，怎麼會變成這樣呢？法夫離職後，我成了白宮記者協會晚宴的主要負責人之一，理應沉浸在這份新責任的喜悅當中。可是從我加入白宮到現在這兩年間，我從未如此懷疑自己的能力。我過的不是超級英雄的生活——差得遠呢——我白天是斯文的演講撰稿者，到了夜晚，我就是一灘爛泥。

我無法讓自己冷靜下來，因此更覺得自己虛偽。如果我沒記錯的話，《白宮風雲》沒有任何一集是羅伯．勞為了解決自己睡夢中磨牙的問題，特地去買護齒套；不然編劇就會學到以下這件事：白宮附近的CVS連鎖藥局有賣兩種護齒套，一種是二十美元的基本款，一種是要價四十美元的豪華人體工學款。我想也不想就買了豪華款。

俗話說，我們該假裝成功，直到真的成功。我倒覺得我們應該「假裝成功，因為你別無選擇」。想笑話，從人數越來越多的寫手團收集更多笑話，說服所有人拍一段高概念短片──主角分別是史蒂芬．史匹柏（Steven Spielberg）、崔西．摩根（Tracy Morgan），與飾演「飾演巴拉克．歐巴馬的丹尼爾．戴-路易斯（Daniel Day-Lewis）」的巴拉克．歐巴馬。我每天進辦公室努力工作，不是因為我勇敢，而是因為我想不到第二個選項；而我每晚回到家，就專心將我的高科技護齒套咬爛。

一回神，我看到科迪再次大步走進橢圓形辦公室，我也再次亦步亦趨地跟進去。我頗喜歡我們這次的講稿，但我沒有因此放心，我之前也喜歡我的烤架俱樂部講稿和邁阿密講稿，那兩份作品卻是失敗之作。

這回最令我擔心的，是關於選舉後政治情勢的笑話。「二〇一二年大選後，共和黨全員一致認同一件事：他們必須更努力向少數群體伸出友誼之手，」講稿寫道，「我這麼說，各位也許會覺得我自我中心──但我知道他們可以從某一個少數群體著手。」

這種文句絕不可能出現在上一任期的任何一篇講稿上，總統過去從未自稱「少數群體」；

但現在我們連任成功了，歐巴馬總統希望能挑戰極限。

「這句滿不錯的，」他笑著說。他去年看到吃比特犬的笑話，說要添加一點個人色彩，現在他也決定加入自己的表演。

「我可能會在這裡揮揮手，說聲『哈囉』之類的。」真奇怪，我明明緊張得要死，總統卻看講稿看得很開心。

歐巴馬總統應該不怎麼期待將週六晚上用來和記者團聚餐，但我從以前就一直覺得他喜歡讀笑話。歐巴馬總統和大部分政治人物不同，他很懷念別人將他當普通人看待的日子。有一次我聽他說，這就是他喜歡和嬰兒見面的原因——嬰兒都不曉得他是誰。

但其他人都很清楚他的身分，就連五歲孩子也認得歐巴馬。歐巴馬總統不知不覺成了全世界最知名的人物，也為此付出了代價。我們一般人視為理所當然的活動——散步、去餐廳用餐、去電影院看電影——對巴拉克．歐巴馬而言已是遙遠的美好回憶。和白宮職員在橢圓形辦公室說笑話，當然也稱不上輕鬆自在，畢竟不會有人忘記他總統的身分。不過這已經是難得接近正常互動的時刻了。

話雖如此，他也不會看著講稿從頭笑到尾。我的其中一個撰稿伙伴——凱爾．歐康諾——寫了句關於參議院小圈圈的笑話。這個點子是很好，但講者必須用山谷女孩（Valley girl）[1]的口音唸出來才好笑：「我聽說密契和蘭德說過話，蘭德又和林賽說過話，林賽說約翰跟泰德上次，那個，說了幾句話。」

歐巴馬總統勇敢地試了一次，卻失敗了，笑話在他口中顯得生硬又尷尬，像個唸碧昂絲（Beyoncé）的名字時，硬要強調最後一個音節的老太婆。我拋開所有顧慮，跳出來學艾莉西亞．席薇史東（Alicia Silverstone）演《獨領風騷》（*Clueless*）時說話的語調，但總統沒有露出笑容。

「這句話讓喜劇演員去說……應該會很好笑。」

我用力吞一口口水，後悔自己胡亂發言。這句笑話被我們刪掉了。

會議剩餘的時間平靜地過去。歐巴馬總統認可了幾句笑話，叫我們將幾句修得諷刺一些，會議就這麼結束。我在橢圓形辦公室待了十分鐘，活著走出來了，心中的虛偽感卻依然存在。過去的我也許會大搖大擺走回辦公室，然而現在的我卻頂著黑眼圈。工作時除了一直裝下去以外，也沒有別的選擇。在夜裡，賈姬經常被翻來覆去的我吵醒，只有她瞭解我心中深深的恐懼。

晚宴前幾天，我們又去橢圓形辦公室開會，我趁機將總統要求我們寫的諷刺笑話給他過目（「跟米歇爾．巴赫曼（Michele Bachmann）一起燒書——這個我喜歡！」），並把我們準備的投影片秀給他看。不是所有人都贊同在總統的演講中間穿插修過的搞笑照片，畢竟比起完美唸出的笑話，照片多少感覺像作弊，實際上也有那麼點作弊的意思。但我這幾年寫了那麼多文章，

1 指愚笨、性慾強、打扮誇張又喜歡購物的年輕金髮女性。

學到的教訓就是人們喜歡圖片、討厭文字，我們何不稍微滿足他們的需求呢？

更何況，總統幾乎和觀眾一樣喜歡這些投影片，他看到自己的臉被P圖[2]，放在《銀髮生活雜誌》（*Senior Living Magazine*）封面，忍不住哈哈大笑。他也覺得我們將「怪罪布希圖書館」幾個字放在布希圖書館的照片上，是個很好的主意。

他最喜歡的，是三張將第一夫人新髮型（及眉的瀏海）P在他頭上的照片。照片中，歐巴馬總統頂著瀏海站在美國國旗前，歐巴馬總統頂著瀏海和太太一同放鬆休息，歐巴馬總統頂著瀏海和以色列首相班傑明·納坦尼雅胡（Bibi Netanyahu）並肩行走。在修過的照片中，總統簡直像搞笑團體三個臭皮匠（Three Stooges）之中的莫（Moe），任誰看了都會笑。

總統只對一張投影片有意見。數週前，白宮釋出了總統在戴維營（Camp David）對陶製鴿子射擊的照片，批評者認為這是修出來的圖。歐巴馬在他們眼裡就是個反槍枝者，他絕對不可能開槍，就算拿槍也是為了將它回爐再造成太陽能板，或將同性戀旗幟塞進槍管。這當然是再誇張、再可笑不過的指控，所以可想而知，流言迅速在右派網路世界傳開了。

科迪建議我們現在將「未經修改」的照片公諸於世，在這張「真正」的照片中，歐巴馬總統還是舉著槍，背景卻P上了雷雨、大卡車，還有一隻眼睛發出雷射光、體型和黑熊差不多大的貓咪。我們準備離開橢圓形辦公室時，總統喊住我們，他提出修改要求。

「可不可以在照片上加一輛賽車？」

「可以啊，我說。」

歐巴馬總統露出滿足的笑容，接著他靈光一閃，眼睛亮了起來。

「那把拜登P成賽車駕駛可以嗎？」

如果總統這份熱情能傳染給我，那該有多好。在二〇〇九年，我身為撰稿事務所一個名不見經傳的小實習生，將我苦苦想出來的笑話寄給白宮，當時我還對撰稿這份責任的光環懷抱憧憬。四年後的今天，我得知了真相：其實責任還挺討厭的。我每次為笑話和別人爭論不休，精神就變得更脆弱，寫笑話團隊成員每次千方百計將自己的點子放進講稿，我就得千方百計阻止他們。我無時無刻不覺得全世界即將崩毀。

然而，外在世界的一切正順利進行。投影片看樣子沒問題，笑話也都扎實有力。史蒂芬·史匹柏、崔西·摩根與飾演「飾演巴拉克·歐巴馬的丹尼爾·戴-路易斯」的歐巴馬順利錄完短片。到了週五下午，距離晚宴僅剩二十四小時，我開始覺得這次我們有機會順利完成任務。

就在這時，坐在辦公室的我接到一通電話，是泰瑞打來的。

他提出一個問題。

「我看了總統配第一夫人瀏海的照片，這些照片的笑點，莫非是美國總統長得像希特勒？」

2 譯注：透過photoshop修圖簡稱為P圖。

我立刻叫出那幾張投影片。第一張照片沒問題，第二張也是；我叫出第三張照片，也就是總統和以色列首相走在一起的那張。

「喔。」我說。

「嗯。」泰瑞說。

這張照片嚇了我一大跳。總統平時的照片和希特勒一點也不像，他本人當然和希特勒長得天差地遠，但從那個角度看過去，再配上那個髮型，他和希特勒簡直像雙胞胎。即使歐巴馬總統沒有小鬍子，他還是神似希特勒。

如果這件事在一個月前發生，我也許會想辦法保住這張投影片，因為它真的很好笑，而且不會有人覺得我們**想讓**總統看起來像納粹分子嘛，你說是不是？現在的我和過去不同了，我才不想冒著上國際新聞的風險。我再也不想聽嘴唇的意見了。我一再感謝泰瑞，然後趕忙去拯救我的講稿。

四月二十七日，白宮記者協會晚宴當天，科迪參加婚禮去了。不過法夫和拉維特為了晚宴來到華府，所以當日會議由他們代替科迪參加。搞笑演講最後的會議向來不正式。總統沒有坐在辦公桌另一邊，也沒有坐在他專屬的扶手椅上，而是隨意坐在一張沙發上。

會議一如往常地以閒聊開場，總統向法夫問起他新的撰稿工作，拿拉維特在洛杉磯的生活開了幾句玩笑。他們聊天時，我一直呆呆坐在位子上，看著過去的同事輕而易舉地逗總統發笑——這不就證明總統讓我回白宮是個天大的錯誤嗎？

我忙著自我懷疑，差點沒聽到總統的問句。

「我和班傑明的照片怎麼不見了？我很喜歡那張耶。」

法夫跳出來說：「我們把它刪掉了。」

「為什麼？」

橢圓形辦公室忽然陷入死寂。拿總統和希特勒比較的人多得是，但在美國史上，從來沒有人**當著總統的面**說他像希特勒，而我們沒有一個人想成為時代的先驅。

當你努力不冒犯最高統帥時，你會發現時間慢下了腳步。我還記得自己當時的想法，只有「我們完了」的絕望。法夫不說話，拉維特不說話，我也不說話。我們無法逃離這個死胡同。

「這間辦公室裡，應該有人能對總統說出真相吧。」我心想。話雖這麼說，我卻不曉得這個人是誰。我們現在需要一個勇敢的人，一個有膽量的人。

一個天不怕地不怕的人。

就在這時，我突然聽到一道聲音，那是嘴脣的話聲。

「總統先生，非常抱歉，」我聽見自己的聲音說，「我們不能用那張照片。照片裡的你長得有點像希特勒。」

字句脫口而出那瞬間，我的靈魂出竅體驗就這麼結束了。我到底幹了什麼好事？我們從沒遇過這種狀況，辦公室裡每一雙眼睛都緊盯著總統。

然後，歐巴馬總統開始大笑。這不是他平時那種笑聲，不是出於一個有自我意識，判斷力和反射一樣快的人；而是發自身體深處，超出自我控制範圍的真誠笑聲。他雙手緊握、雙腳離地，身體往後靠在沙發靠墊上。我想，在那眨眼即逝的瞬間，他忘了誰是總統。我沒看過他笑得這麼開心，之後也沒再看到他這樣大笑。

過了一段時間，會議終於恢復正常，法夫和拉維特繼續自信地和總統談天，我繼續安安靜靜地坐在沙發上。但有一點與方才不同。坐在橢圓形辦公室的我，首次發現自己並不害怕。

又過了不久，總統最後一次順過講稿，我們其他人拿著各自的講稿影本起身。然而，我朝辦公室門口走去時，對上了歐巴馬總統的視線。

「謝啦，利特。」他說。

10 煉獄的果汁

Juice in Purgatory

數小時後，我在白宮記者協會晚宴會場的後臺，在總統專用的廁所裡洗手，突然聽到一陣敲門聲。這不同於上廁所前禮貌的詢問性敲門，而是一個人急著進廁所將古柯鹼倒進馬桶沖掉的敲門聲。

我開門看到一個一臉尷尬的特勤局人員，不到三十秒前，這個人才不情願地放我進總統專用的洗手間，現在他馬上就後悔了……因為他身後站著一個表情相對平和淡定的人，那個人正是歐巴馬總統。

我早該知道是他，還有誰能讓特務如此急促地敲門？不過我一時間來不及思考，我腦袋只意識到我開了門，看到自己認識的熟人。

「喔，嗨！」我說得好像巴拉克．歐巴馬是我的親戚，而非全世界權力最大的人物，幸好他似乎不介意。

「利特，我們應該還夠好笑吧？」

「嗯，應該夠吧。」

我上週才在擔心自己的白宮職涯即將結束，現在我匆匆走出廁所，自尊心膨脹得越來越嚴重。**我剛剛跟總統打招呼，也沒有被特勤局槍斃，說不定我變成總統身邊不可或缺的人了！**

但我再怎麼妄自尊大，只要隨便看一部電影就能恢復平常心，被人點醒事態能在一夕間改變的事實。在二〇一三年，世界上多了好幾部白宮被軍閥、北韓或討厭特種部隊的人炸爛的電影。

我一點也不喜歡最近的電影趨勢。我有幾次下班後決定上電影院紓壓，卻看到自己的辦公室在預告片中被炸成碎片。《全面攻佔：倒數救援》(*Olympus Has Fallen*) 預告片中，有一幕是一架載滿機槍的飛機低空掃射白宮國宴廳 (State Dining Room)，其他觀眾幾乎沒有反應，我則抱著爆米花桶直皺眉。

「我的天啊，」我心想，**「雀斯完蛋了。」**

看到自己的同事隨隨便便被殺掉，實在是不好受。而且更令我難受的是，我死不死，對電影來說一點也不重要，他們根本懶得放上大銀幕。你可能會在電影裡看到被戲劇化處斬的各部長，看到特勤局人員被炸飛或被殘酷地背叛，但我們這些低階撰稿者連砲灰也算不上。我的人生消失在電腦成像的爆炸中，卻不過是促使傑瑞德·巴特勒 (Gerard Butler) 或傑米·福克斯 (Jamie Foxx) 拚命拯救世界的小事件。在一段預告片中，一名一臉嚴肅的恐怖分子朝著白宮前廳（Grand Foyer）發射飛彈，我看著這一幕，關心的卻不是總統或注定拯救他的非正統派猛男英雄。

「**說不定撰稿者去看牙醫了，**」我心想，「**他還有希望！**」

我必須說，這些電影不怎麼寫實。我一次也沒擔心會變形的超級大壞蛋衝進橢圓形辦公室挾持總統，然後從外太空摧毀地球。電影唯一寫實的部分，就是我的生命價值極低。這倒是寫實得令人懊惱。低階職員甚少提及此事，但我們都知道自己來白宮工作的代價是什麼。我們可是在全世界最有可能受攻擊的部門之一上班，而且我們是低層工作人員，所以在最糟最糟的情況下，我們臨死前也許得看著總統的緊急逃生裝置飛上天，自己則待在即將被炸毀的白宮暗想：「**好吧，這樣還算公平。**」我是隨時可以被拋棄的小棋子，不管我對總統打過幾次招呼，這點都不會變。

在這種情況下，我難免羨慕某些同事。舉例來說，泰瑞負責撰寫國家安全相關的講稿，他在西廂工作，脖子上總掛著一把銀色大鑰匙，顯然在危急時刻他有辦法躲進機密避難點，等災難結束後出來為地球生下新子民。嗯，假如地球哪天需要新子民，泰瑞是個不錯的父親人選。但這不是重點，重點是：我多少覺得自己被拒之門外。

只要看得稍微仔細一些，你就會發現關於保安的不安之情處處皆是，有天早上我還在艾克食堂外看到一張海報：

過了幾天，我看到海報上多了一張較小的告示：**「報名人數過多，故加開第二場。」**能令我感到身心安全的地方只有一個，那就是飛機上。自從我在二〇一一年加入白宮團隊，我就夢想自己哪天隨總統搭機出門。現在我成了總統的演講撰稿者，如果總統離開華府發表演說，我可以跟著出差。

看到這裡，你應該已經察覺一件事：在白宮工作，有很多方面都沒有你我想像中那麼酷炫。我告訴你，空軍一號**就是**想像中那麼酷炫。我永遠忘不了我第一次到安德魯斯聯合基地的那一天。我們的小貨車進了沉重的金屬大門，開上一片和高爾夫球場差不多大的柏油廣場，經過一架架賽斯納飛機（Cessna）、波音757與貨機，最後在飛機之王前十幾碼停車。

我有沒有看過空軍一號？當然有啦，我在電視上、在電影裡、在新聞上看過。對我而言，總統的專用飛機和木星地表或歌手亞特．葛芬柯（Art Garfunkel）家的客廳很類似，我知道這地方真的存在，卻從未想過自己有踏上的一天。

現在，空軍一號的天空藍機腹觸手可及。我當然沒有亂摸，而是小心翼翼地從一臺大得足以裝下拖車的噴射引擎下方走過去，來到飛機後門的階梯前，將姓名報給穿著制服的衛兵。他點頭示意我進去。我走了幾步之後，忍不住倒抽一口氣。旁邊的貨艙正是電影《空軍一號》（*Air*

Force One）中，哈里遜．福特（Harrison Ford）殺死恐怖分子的地方。

空服員陶德帶我參觀飛機的五個區塊：最後面那一區是記者的座位，然後是貴賓客艙，然後是我和其他職員的機艙，以及歐巴馬總統工作、打牌或用其他方式消磨時間用的會議室，最前面則是總統的個人辦公室與相連的臥室。（在川普之前那個古雅的時代）空軍一號上的權力分布有點像俄羅斯娃娃，你隨時可以往後移，但只有獲得上級許可的人才能往前移。

這架飛機並不是每一處都極盡奢華。職員機艙內部設有皮革躺椅、牆上有木材裝飾，地上有米色地毯，長得和我爺爺奶奶小巧的房間差不了太多。先別急著嫌空軍一號不夠豪華，搭這架飛機出門可是有許多好處的。我們出行時每次都能暢行無阻，即使從東岸飛到西岸也能省下好幾個鐘頭。而且我的座椅扶手設有電話，我能打給世界上任何地方的任何人。（歐巴馬總統用機上電話打給外國領袖，我則是打電話向賈姬炫耀。）如果我不小心被可拉伸的腳墊絆倒，或被滿嘴酥脆墨西哥玉米餅沙拉嗆到，飛機上還有迷你急救室等著為我服務。

說了這麼多，我還沒說到空軍一號最特殊的一點，那就是它突出的形象。在展現總統的影響力與權力這方面，就連白宮也比不過空軍一號，這架飛機似乎在說：「**我們是美國。你知道我們是誰，你羨慕我們羨慕得要死，你在電視上看過我們。這架飛機上的男人什麼都辦得到。**」

真的嗎？他真的什麼都辦得到嗎？在這個分裂的國家，歐巴馬在歷史上的地位還由得他來決定嗎？更直白地說，他真的能讓華府正常運作嗎？

我們希望他能。我們已經受夠了僵局，選民也厭煩了黨派鬥爭，但我們雖能提出細節豐富的經濟計畫，卻拿不出像樣的反僵局計畫。就算我們有解決僵局的理論，那也是非常簡單的理論：我方在二〇一二年選戰中獲勝後，敵方就不會再處處阻撓我們了。

「我相信，如果我們這次選舉成功——在我們成功之時——這場發燒將會消退。」歐巴馬總統宣稱。

大選日過後數週，一場悲劇與事發後的情勢，似乎能證明他的說辭。那年十二月十四日，一名年輕男子手持AR-15來福槍闖入康乃狄克州紐敦市一間小學，槍殺了二十名學童與六名成年教職員。以前當然也發生過大規模槍擊案，但這不一樣，包括總統在內，所有人接獲消息時都感覺自己心中有什麼東西被撕裂了。總統在簡報室對全國致辭時，他眼眶泛淚地停頓片刻，一時間說不出話來。

總統的淚水吸引了全國的視線，這也是理所當然。不過他在數天後的守夜禱告會上論及自己身為父親的擔憂，他的話語也同樣重要。

「各位應該也發現了，」他說，「你再怎麼愛這些孩子，也沒辦法獨力守護他們，我們必須齊心協力保護我們的孩子，教導他們向善。」

巴拉克·歐巴馬在難以想像的痛苦之中，清楚傳達了政府在人民生活中的定位。他沒有從技術方面分析治國方法，沒有告訴大家聽華府的就對了。他的訊息也不含任何黨派鬥爭的空間：無論是民主黨人或共和黨人都能在他提出的美國共存。歐巴馬總統關於政府的看法，奠基於家庭的責任與現代生活的現實。身在二十一世紀的我們，就是無法獨力養育孩子。

在那一瞬間，全華府似乎都認同他的話。西維吉尼亞州民主黨參議員喬．曼欽（Joe Manchin）與共和黨參議員帕特．圖米（Pat Toomey）一同致力於加強槍彈買賣時的背景調查。他們的提案當然不會完全終結槍枝暴力，但這是個很好的開始，而且此案廣受歡迎，連多數共和黨議員也贊同此案。我以前愛看《校舍搖滾》（*Schoolhouse Rock!*）這個卡通電視節目，根據節目的慣例，曼欽與圖米的提案肯定會過。

可惜全國步槍協會（National Rifle Association）知道一件我不知道的事：《校舍搖滾》是騙人的。在密契．麥康諾的國會裡，即使是最誘人的法案也不敵可怕的數字。你想想看，如果你要在參議院推動一條法案，就必須拿下六十票——也就是五分之三的票數——這樣聽起來還不夠困難嗎？那我再告訴你：自從一九七二年尼克森當總統到現在，從來沒有總統候選人在全國大選中拿下五分之三的選票。

換句話說，在國會「一事無成」非常簡單，槍枝背景調查法案就這麼不了了之了。全國步槍協會堅守自己的立場，它在國會的盟友默默無視了大眾的意見，法案就此無疾而終。

不過換個角度來看，法案就算在參議院通過了也沒什麼用。自從二〇一〇年共和黨在選戰中大獲全勝，他們便重新劃分眾議員選區，以免自家議員受選民的心情和其他小事影響。如此明目張膽的行為實在令人不齒，卻也十分成功。民主黨在二〇一二年以極小的差距拿下國會多數選票，但共和黨贏得大多數席次。選舉原本該讓立法者學會尊重人民的意願，最後他們卻學到了相反的教訓：我們家的民意代表什麼都不用怕。

華府的發燒沒有好，完全不出眾人所料，而且這場發燒好像還變得更嚴重了。而且就如麥康諾的預測，人們將別人造成的政府功能失調怪到了歐巴馬頭上。白宮記者協會晚宴過後的星期二，總統召開第二任上任百日記者會。這理應是他沐浴在勝利光輝下的機會，沒想到ABC新聞特派員喬納森．卡爾（Jon Karl）列出國會沒能通過的一系列法案，然後下了戰書。

「我想請問您：您還榨得出汁嗎？」

換作是別的總統，也許會對這樣的問答覺得津津有味。舉例而言，柯林頓最愛自己身為美國總統時，身邊頻頻出現的戲劇化事件了。能在自己人生的電影裡飾演自己，是柯林頓的一大樂趣。

但歐巴馬總統不是那種總統。若說柯林頓的自我以他對權力永不滿足的慾望這種形式展現出來，那歐巴馬則體現於他絕對的信念，他深信現在這一切都是他應得的。歐巴馬總統對自己德行的信念，使他顯得更加真誠。當他收到保守派人士寄來的信件，他會親筆寫貼心回覆。他有時會在不通知媒體的情況下，與喜願基金會（Make-A-Wish）的孩子見面。問題是，總統高尚的品德，也使得他面對品格較低劣的政客，看到那些政客為所欲為時，變得更沒耐心。

「喬納森，」聽總統的語氣，你可能會以為這個記者是個四歲孩子，總統想告訴他冰淇淋不能當晚餐吃，已經說不知道幾百次了。「喬納森，你的意思是說那邊那些人都沒有責任，我還得想辦法叫他們聽話，是不是？那是**他們**該做的事。我們選國會議員，就是要他們做正確的事。」

總統說得並沒有錯，麥康諾的表現**的確**可恥，無作為的國會**的確**阻礙美國進步。但即使華府的情勢百分之百可鄙，也不代表總統表現出鄙視的態度對他有利。無論我們問的是哪一個焦點團體，都會得到這個結論。美國人同情他們的最高統帥，大家都知道他的工作很麻煩，但大家無論在任何情況都不想聽總統抱怨。

我可不是總統，我要趁這個機會大聲抱怨。喬納森．卡爾的問題太荒謬了，它不僅無用，還是個有害的問題。美國總統又不是橘子。他不管榨出多少果汁，不管我們有沒有叫密契．麥康諾節食、減肥，甚至規定他一週都不准吃好料，麥康諾就是不會改變他對總統的想法。他相信，如果要讓更多共和黨員當選，那比起偶爾與歐巴馬總統聯手，時時刻刻反對與阻撓歐巴馬總統才是王道。他之所以這麼認為，是因為那些本該幫助美國人瞭解國會僵局源頭的記者，寧可浪費時間問總統能榨出多少果汁。因此，該阻撓的繼續阻撓。大家什麼事也辦不成。

其實嚴格來講，也不是什麼事都沒辦成。華府雖然沒通過新法，華府之外卻發生了貨真價實的改變。四年前瀕臨崩潰的經濟，如今穩定增加就業機會；乾淨能源的生產率提升了；債權人取消贖回權的頻率降低了；小布希給富人的減稅制度於年初終止，多少減少了財政赤字。

我剛回到白宮那幾個月，秀出這些進步的跡象，成了我們通訊部門的主要策略。如果華府代表美國最差的一面，那我們就要強調美國最好的一面。

於是，在二〇一三年陣亡將士紀念日，總統安排了前去澤西海岸的行程。此區不到一年前慘遭颶風珊迪（Hurricane Sandy）摧殘，現在這個關係緊密的社群正漸漸恢復生機。在美國人眼中，澤西海岸是恢復力超強的典範，完美體現出我們國家堅毅不搖的信念與意志力。對我而言，這片海岸的重要性是出於另一個原因——賈姬的父母住在這裡，他們家距離阿斯伯里帕克集會堂（Asbury Park Convention Hall）僅幾分鐘路程。既然總統將在陣亡將士紀念日到集會堂致辭，這正是我在女友父母心中留下好印象的良機。

我當然要自告奮勇，幫總統寫這一份講稿。

五月二十七日，演講當天的早晨，天氣一點也不適合去海灘玩耍，這天又濕又冷還飄著濃霧。但我擔心的不是太陽出不出來，而是如何幫賈姬的父母弄到VIP席位。我一邊看著克里斯．克里斯蒂在木棧道小攤上，在遊戲中幫總統贏得一隻熊玩偶，一邊將我的處境說給總統的其中一個助理鮑比聽。

「讓他們跟總統拍張照不就好了？」他說。

我根本沒想到要索取合照資格。演講的入場票不稀奇，凡是職員都能弄到幾張；但和總統合照就難多了。不過人在白宮，洋蔥般令人眼淚直流的白宮官僚體制能稍微剝幾層皮。我不必拿著難懂的文件去找五個人簽名，也不必找只收傳真的辦公室幫我實現願望。我照著鮑比的指示寄了一封電郵給某人，一個小時後，我站在集會堂後臺躲雨，等總統開始致辭。

「你女朋友來了喔？」提字機技師問我。

「對啊，」我說，「我幫她和她爸媽弄到跟總統合照的資格了。」

技師沒說什麼，只露出介於嫉妒與欽佩之間的笑容。

「這你應該沒辦法搞砸了吧。」

今天已經夠完美了，沒想到居然變得更完美，我們還能搭直升機回空軍一號所在的國民兵基地！如果是短程飛行，總統會搭乘直升機中的香檳——海軍陸戰隊一號（Marine One）——我們這些低階職員則是搭契努克直升機（Chinook），這種軍用直升機有雙旋翼，長得像會飛的露營車。它窗戶大開，座位基本上就是兩張長椅，機內飄著機油與更衣室混合的氣味。這是天堂。比起大步走過安檢點，或搭總統專機飛行，搭直升機總是讓我覺得自己超酷超猛。

當然，並不是每個人都要坐在直升機裡頭才超酷超猛。在我欣賞窗外風景的同時，六個同行的軍人調整覆蓋了平頭的鋼盔。我舉起手機自拍時，他們抱著裝在布包裡的突擊步槍。這些人防彈背心的口袋裡裝滿了致命的小道具。他們木然的眼神告訴我，他們不如我這般重視人命。

這些人，是反制攻擊小組（Counter Assault Team）的成員，也就是人們常提到的「CAT

小組」。有一次我問一位較資深的撰稿者，這些人和特勤局其他人有何不同，他這麼回答我：

「如果發生不好的事情，特勤人員會盡速帶總統遠離危險；CAT小組則會找到問題來源，消滅它。」

那天午後，我們在海岸登上直升機時，CAT組員們擺出一慣的姿勢，他們抬頭挺胸，扁平嘴型形成「你死前看到的最後一幕」表情。我就沒他們這麼淡定了。當時大雨下個不停，霧氣比之前更濃，我實在不敢相信我們能在這種天氣飛行。直升機陡然上升時，我想到我之前聽人說過，我們的機師不仰賴雷達，他們都僅憑觀測操控直升機。

「沒關係的，」我告訴自己，**「有人會負責判斷天氣適不適合飛行。他們不會讓我們做太危險的事。」**

本該在十分鐘內結束的直升機之旅進行二十分鐘後，我的信心消失了。

你可能沒有被關在不停發出雷鳴般的聲音，懸浮在空中的契努克直升機裡頭，四周盡是濃霧的經驗，那請容我為你描述當時的情景：請想像軍用等級的感官剝奪室（Sensory Deprivation Chamber），螺旋翼是全世界最吵的白噪音機，窗外是永不變動的一片灰白。隨著冷空氣湧進直升機，你開始麻木了。

如果你是我，以下幾個問題會一直出現在你腦中：我們有往正確的方向飛嗎？我們有在往任何方向飛嗎？我們是不是要死了？我們是不是已經死了？這是地獄的邊境嗎？這是煉獄嗎？

相信我，假如你想消磨週一下午的二十分鐘，你絕對有比「關在直升機裡」更好的選擇。

或是三十分鐘，或是四十。

我們當然沒有墜機，不然你現在就看不到這本書了。不過直升機好不容易降落時，我們的滯空時間已經長達一個小時，而且據說我們剛才的處境真的很危險。直升機升空後，機師發現可見度近乎零，兩架直升機很有可能撞在一起——而且你別忘了，另一架直升機載的可能是美國總統。這就是我們飛了那麼久的原因：直升機隊伍不能貼緊飛行，而是得排隊前進。所以我剛才覺得我們沒有前進時，那是**真的**沒在前進。當時我們的直升機在濃湯般的霧中等著降落，沒有任何儀器的輔助。

想也知道，在搭飛機回家的路上，大家依然緊張地聊個不停。不過我幾乎沒加入對話。我沉默地坐在職員機艙的躺椅上，此時心中最主要的情緒不是恐懼，而是「我好蠢」。我到底要幾次教訓，才會學乖？這世界上沒有全知全能的人，沒有不會出錯的人，演講撰稿者會犯錯，負責看天氣的人會犯錯，就連美利堅合眾國的總統也有可能犯錯。

即使是CAT小組訓練有素的殺手，說到底也是和你我差不多的人類。在紐澤西州上空的濃霧煉獄中，我們的直升機突然遇到亂流，我清楚看到兩個CAT小組成員嚇得全身一縮。

讓自己自我感覺良好的方法有很多，回母校炫耀自己最近搭空軍一號出差並不是唯一的方法；但我不得不說，這個法子效果極佳。

差點在直升機裡死翹翹的事件過後不久，我回大學校園參加畢業五年的同學會，就嚐到了自我感覺良好的滋味。離校五年後，朋友們腦中都是二十多歲年輕人該問的問題：有什麼能滿足我呢？我現在的人生目標，真的值得去追求嗎？我該如何定義成功呢？在白宮工作的我，能直接跳過這些問題——拜託，我都在開會時跟總統說他長得像希特勒了，這不令我滿足，還有什麼能令我滿足？

「你過的是美夢一樣的生活。」這句話我聽了十幾次。

但我沒告訴這些同學，我雖然有明確的目標，平常的身心健康卻時時刻刻在變動。我確實生活在美夢中，然而我同時也生活在噩夢中。我可以搭巴拉克・歐巴馬的專用噴射機，靠總統的關係討好女朋友父母，這當然超棒；但我也生活在混亂、駭人的噩夢中。我浮在半空，身邊全是手持槍械的特種兵，我不知道我們要飛往哪裡，機師正盲目地駕駛直升機。

我究竟是活在人間天堂，還是人間煉獄？我此時的狀態，究竟是深深的感激，還是揮之不去的不安？在白宮，我實在很難回答這些問題。

值得慶幸的是，我最近比較少「炸了」。不過我開啟科迪改過的講稿時，還是會擔心文件爆炸。現在，我根本不必開追蹤修訂就知道我的自我要遭受多大的打擊。我和大部分艾森豪威爾行政辦公大樓職員一樣，用人類學家犀利的眼光研究西廂，已經學會轉譯老闆簡短的電子信件了。

我的修訂：「亂七八糟、一蹋糊塗、給我重寫。」

這是我的修訂：「我不喜歡你的草稿，但還不到討厭的程度。」

一些修訂：「還可以接受，但僅此而已。」

幹得好：「幹得好。」

最後一類，也是最最最珍貴的的一類，就等同「哇」或「讚」。這些是特別的訊息，表示老闆覺得你做得非常好，他將你視為有價值的團隊成員。

我回到白宮四個月了，卻一直沒收到「哇」或「讚」。白宮記者協會晚宴的講稿是大受歡迎沒錯，可是我一直沒能把正經的講稿寫好，我做得一點也不「非常好」。

老實說，歐巴馬總統的表現也稱不上「非常好」。雖然選民讓他再次選上總統，算是對他說「幹得好」，但到了二〇一三年夏季，他又回到「這是我的修訂」等級，而且支持率也不見回升。華府依舊高燒不退，我們要推動的法案卡在國會遲遲過不了，美國人再次失去信心。總統的第二任期漸漸被迷霧吞噬。我們需要能破除現狀的東西。

這個東西，就是一場演講。總統將回到諾克斯大學，也就是他之前那場畢典致辭「你們在歷史上的地位是什麼」的學校。科迪在辦公室裡頭閉關寫了一個星期後，他帶著標題為「給中產階級更好的生活」的講稿出關。

沒有人認為這場演講會提升我們的支持率，畢竟在各方勢力搶著登上講臺的現在，就連總統也不再有告訴美國人怎麼想事情的能力。不過，總統還是能告訴美國人要**想什麼**事情。這就是科迪寫講稿時的目標。這份演講提醒我們，在一九七〇年代，工作效率提升不再等於薪資上漲，工作與獎勵之間的因果關係已消失無蹤，而歐巴馬總統將在他的第二任期重新建立這份連結。總統說的不止這些，他還在演說中描述中產階級生活所謂的「基石」：好工作、可負擔的醫療保健、經濟機會、買房子的希望、安穩的退休生活。

你可能覺得他這麼說沒什麼大不了的。但我告訴你，這可是險招。大眾認為大多數政客不會想辦法守承諾，不過事實並非如此，其實政客都很想遵守自己的諾言，這也是為什麼他們極少許下承諾。現在，歐巴馬總統舉出五個評估他施政表現的標準，意思再清楚不過：**如果我實現諾言，就確立了我在歷史上的地位；如果我做不到，那歷史上就沒有我的立足之地**。

果不其然，歐巴馬總統大膽的承諾，並沒有改變國會僵局，但他確實提振了士氣。數月來，我們首次看到華府退燒的一線希望，也許我們成敗與否不必留給國會決定。我們的支持者也注意到了。

「他講得很好耶！」親友紛紛告訴我，他們常擅自認定講稿是我寫的。

「你們要是看到初稿，一定會嚇一大跳，」我盡量擺出圈內人的模樣，同時小心避免將科迪的功勞攬到自己身上。「那真的跟聖誕樹差不多。」

他們不曉得我在說什麼，這也正是我的目的。歐巴馬世界和其他工作場所一樣，有自己一套會員限定的術語。我們越覺得自己無足輕重，就越會用一些外人聽不懂的詞彙去安慰自己。

聖誕樹（Christmas Tree）：名詞。塞滿私心與不相關政策細節的講稿。

待發（Due-Outs）：複數名詞。會議結束時發派的工作。

大腳（Bigfoot）：動詞。用職位壓別人。（「剛剛大腳你了，真的很抱歉，但那是高級職員才能參加的電話會議。」）

喀擦（Click）：名詞。排隊合照的照片數。（「只有二十下喀擦，應該不會拖太久。」）

真人（Real Person）：名詞。住在華府以外，不出名也不是公務員的美國人。常簡稱為「R.P.」。

資產（Equities）：複數名詞。利益集團。

利害關係人（Stakeholders）：複數名詞。擁有利益集團的人。

社交（Socialize）：動詞。用非正式手段散布關於政策的消息。（「這件事我們應該去和利害關係人社交一下，別遺漏任何資產。」）

除了術語之外，還有各種簡稱，比如說：演講中的致謝簡稱「謝」（Acks），總統讀稿的裝置叫「提字機」（The Prompter），他每年在國會的國情咨文叫「The SOTU」。還有，最重要的是，載總統飛來飛去的金屬交通工具被稱為「飛機」（The Plane）；如果你說「空軍一號」，人家馬上看出你是白宮菜鳥。

當然，還有我們對歐巴馬的簡稱。在二〇一一年，只有潮潮們會稱他「POTUS」（President of the United States，美國總統）；但後來大家都POTUS、POTUS地叫，潮潮們開始用「P」一個字母表示總統。一個字母比縮寫好用多了；在黑莓機上用一根拇指就能打出來，而且還能讓你顯得忙到沒時間多打四個字母。你偶爾會看到一些人稱總統為「The President」，但這不常見，而且通常是那些人展現權勢的小伎倆。

「POTUS把修過的講稿寄回來了。」

「P遲到了。」

「The President親自同意了，你確定要改？」

有時你會發現，白宮禮節比這些術語與稱謂還要複雜。比方說，如果一個人將信件轉寄給別人，卻沒有多說什麼，那他也許只是在傳遞訊息，不過他更可能是用超越言語的方式表達：

「我不想留下資料，不過我一定要讓你知道，我他媽的從來沒看過這麼蠢的東西。」

除了上述歐巴馬詞彙表之外，還有附件：我們會用特定的詞語描述一件「不存在」的事物，其中最常見的就是「過程」（The Process）一詞。我不確定在西廂工作的人會不會用這個詞，不過在艾森豪威爾行政辦公大樓，「過程」指的是一個神祕的黑洞，所有想法都必須經過黑洞的篩選，最後出來的成果卻少之又少。總統本來要錄一段國際漫畫展（Comic-Con）影片，然而「過程」進展太慢，最後錄製影片的想法被吸入黑洞，一去不返。當我提議讓總統錄一段惡搞《漢密爾頓》（*Hamilton*）的短片時，我本就不覺得這個提案能通過「過程」的考驗，結果也不出我所料。

決定哪些演講以有趣的小故事開場，哪些演講一開始就是一長串助眠的「謝」，正是所謂的「過程」。「過程」甚至能決定總統什麼時候在什麼地方發表演說。「他都怎麼決定演講要說什麼？」實習生常問。這時候，我會假裝自己知道，實際上我和實習生同樣一無所知。演講主題可能是在會議中決定的，也可能是由鸛鳥叼過來的，反正我也不曉得。

我只知道，就如利害關係者太多會導致聖誕樹的產生，「給中產階級更好的生活」這種大型演講，能導致一系列的訊息活動（Message Event）。總統的撰稿團隊就是靠訊息活動討生活，它就像是定期保養汽車。你不會因此被編入史書，但你能讓美國的新聞媒體聚焦在某個特定的地點、特定的議題。

歐巴馬訪曼非斯，說明建社區大學的計畫

總統在堪薩斯城讚製造業復甦

白宮於七月底決定讓總統為每一個中產階級基石舉辦訊息活動，由我負責住房政策。這當然不表示其他人對我信賴有加，畢竟醫療保健是適時的議題，教育是具啟發性的議題，可是我分配到的住房問題，這東西比安眠藥還助眠。老闆把貸款利率和房屋資產淨值信用貸款交給我，就等同將球隊上最胖的小孩派去守右外野。

儘管如此，我還是扮演好右外野手的角色，假裝沒注意到這件事。我一如既往靠在人體工學辦公椅的椅背上，皮鞋在辦公室牆上留下更多鞋印。我在享受這一瞬間。電腦螢幕上只有一閃一閃的游標，一個字也沒有——我是坐在鋼琴前準備演奏的貝多芬，我是拿起筆刷準備作畫的畢卡索。

然後，我猛然驚醒。我做的根本就不是我該做的工作。我的工作才不是什麼藝術，這是工藝。對絕大多數的公務員而言，在政府機構工作的重點是稱職，而不是天賦；是精確，而不是才華。現在是時候停止裝模作樣，乖乖工作了。

我接下來做的，正是這件事。我沒有努力去重新發明什麼東西，而是將既有的東西東拼西湊，用科迪的諾克斯大學字句揉合成一份講稿。我也沒有去找新的小故事，而是將舊的故事直接放入講稿。我確實加了一些新東西：這裡加句笑話，那裡加個「真人」的故事。但事實就是，我這輩子還沒寫過這麼沒新意的文章。

如果你嫌這不夠「過程」，那我再告訴你，我寫完後還得請事實查核員（Fact-Checkers）幫我檢查講稿。對生活在現在的你我而言，一個會去求證的白宮——一個**相信**事實的白宮——似乎已經過時了；但在我寫下這段文字時，白宮還有一整間辦公室的人負責確認總統說的每一句話都是事實。我們的調查員可說是無價之寶，他們救了我無數次，而且不僅幫助了總統，也幫助了我們民主的國家。這些人辛勤工作又無比謙虛，是所有公務員的楷模。而且，他們煩得我想死。

我和調查員沒有私人恩怨。他們辦公室和撰稿辦公室只相隔幾步，我們都是同一個團隊的成員，出了辦公室還是關係友好。但在辦公室裡，我們卻鬥得比《西城故事》（*West Side Story*）裡的鯊魚幫和噴射機幫還要凶。

在調查員看來，只要不緊緊盯著撰稿者，我們就會開始瞎編故事。在撰稿者看來，調查員避開風險的態度極端得可笑，他們害怕講稿出現任何一點錯誤，幾乎每一句話都要用螢光標記，並在下面加上註釋。每次看到他們的註釋我就想用頭撞牆。

美國是全世界最偉大的國家。

↓其實在許多方面，北歐國家超越了美國。

我們的經濟政策很有效。

↓先說一聲，共和黨應該不認同這點。

我不怪事實查核員，畢竟在他們的世界裡，過度謹慎才是王道，問題是這導致了為期八年的「小心自保軍備競賽」。調查員開始在每句話加上「幾乎」或「將近」，總統開始在演講時跳過「幾乎」或「將近」這些字。在回答最淺顯簡單的問題時，調查員開始拿政策當擋箭牌；撰稿者則開始建議他們，如果每個問題都如此重要，那你們調查員要不要自己去調查答案？

我甚少和其他撰稿者討論語句或段落，不過在艾森豪威爾行政辦公大樓，我們卻像冷戰時期盟國分享情報那般，互相分享應對調查員的策略。我們別無選擇啊！如果調查員看到你剛剛讀的這兩頁文字，應該會加上以下的註釋：

他們辦公室和撰稿辦公室只相隔數步。

↓請注意，每個人的步幅不同，有時差異極大。

我們都是同一個團隊的成員。

↓請諮詢總統人事辦公室（Office of Presidential Personnel）。

我們卻鬥得比《西城故事》裡的鯊魚幫和噴射機幫還要凶。

↓《西城故事》中有角色死亡，能否改成「**幾乎**比鯊魚幫和噴射機幫還要凶」？

總統開始在演講時跳過「幾乎」或「將近」這些字。

↓應改成「總統開始在**幾乎**每次演講時」。

我們別無選擇啊！

↓你能證明這句話嗎？若否，建議改成較保險的「我們選擇有限」。

調查辦公室雖能保護真相與事實，卻也是「過程」的最佳代表。我寫完講稿後，無論有多麼興奮，和這些人周旋完之後總感到筋疲力竭。總統的住房演講預計在八月六日星期二舉行，我在那之前的週日下午將講稿寄給科迪時，我已經再也不想看到它了。老實說，我再也不想寫講稿了。我所有的精神能量都已蒸發，所有的快樂都已消失。

交差後，又累又餓的我到我家附近一間泰式餐廳和賈姬吃午餐。結果我們根本還沒點餐，我的黑莓機就震動了，是科迪寄來的信件。我已經累到沒力氣想些有的沒的，我直接點開老闆寄來的電郵。

「讚！幹得好！」

我的疲勞就這麼消失。我知道下次寫講稿，我的心情又會經歷和這次差不多的跌宕起伏，那之後也是，再更之後也是……但這都不重要。我已經等不及跳回去繼續寫稿了。

我逐漸發現，這就是在白宮上班的意義。我的情緒在兩個極端之間來回擺盪，現在我終於找到心裡的中間地帶，我身在天堂，**同時**也身在煉獄。我舉足輕重，**同時**又無足輕重。我受「過程」限制，**同時**也有著宏大的目標。華府已病入膏肓，我**卻**只想待在這座城市。

我的工作，真如我第一次走進白宮時想像的那麼美好嗎？當然不是，但已經夠好了。住房演講當天，我漫步走進職員機艙，拿起座位上的紙卡，如果你問當時的我，我也許會對你說，我過著美夢般的生活。

紙卡寫道：**「利特先生，歡迎搭乘空軍一號。」**

11 聖戰

The Holy War

「我們已經有聖誕節了，」我對賈姬說，「贖罪日（Yom Kippur）就是我們的聖誕節。」這是我們在一起的第一個七月，她想到再過半年就是十二月了，心情雀躍不已，但我可沒這種感覺。我先聲明，我沒興趣當鬼靈精（Grinch），我並不**討厭**聖誕節。只是對我而言，聖誕節和《宅男行不行》（*The Big Bang Theory*）、大衛馬修樂團（Dave Matthews Band）與烏羽玉（peyote）這種致幻仙人掌同屬一類——不合我胃口的事物。

賈姬無法接受這點。她父親是長老教會信徒，母親是天主教徒，她自己對基督教大部分習俗沒什麼熱情，但說到聖誕老人、擺在室內的樹木及《風雲人物》（*It's a Wonderful Life*），她就會比使徒約翰（Saint John）還賣力傳教。我不把耶穌基督當救世主，她完全沒意見；可是我不把聖誕節當一整年最美好的節日，她就擔心我的靈魂要下地獄了。

因此，我們在一起的第一個七月，她咄咄逼人地問：「那你都怎麼過**你們的**聖誕節？」

「我們不吃東西。」我試著擺出高尚的精神主義姿態，卻沒能說服賈姬。

「你們一整天不吃飯，那都在做什麼？」

「大部分時間在禱告。」我說。

「為什麼禱告？」她問，「求上帝給你們食物嗎？」

假如我的高祖父起死回生，你把他從東歐帶來美國，將這個故事說給他聽，他得知我和不是猶太女人交往，一定會氣得七竅生煙。但他的怒火燒不了多久。如果他到我家附近的同性戀社區，看到兩個男人親在一起，高祖父想必會心臟病發，當場倒斃。

從這個角度來看，我和賈姬能在一起，是人們放下高標準的結果。數十年的趨勢，使人們漸漸放下對跨種族、同性、不同信仰、再婚、同居、離婚的成見，而總結這一切的，是一句挺同性婚姻的口號：

「愛就是愛。」

這之中唯一的例外，就是政治。在一九六〇年，受訪的美國人當中只有百分之五表示，他們反對小孩和另一黨的支持者結婚。半個世紀後，那個數字翻了八倍，現在有百分之四十的美國人反對孩子和另一黨的支持者結婚。換言之，過去的宗教與種族界線，現在由黨派取而代之。

我身為忠心耿耿的民主黨員，親身體會到了政治部落意識的影響。舉例來說，二〇〇〇年代中期，我深信小布希總統不時會去度假，消磨大把大把寶貴的時光。這不是我自己分析得到的結論，而是教條。後來我進了白宮才學到真相：總統從來不度假，不管小布希在他的德州牧場除草，他都是在工作。這是一記小小的當頭棒喝，比起「上帝死了」更像是「上帝對花生過敏」，但我還是吃了一驚。

可是，這和另一邊發生的事相比，根本是小巫見大巫。民主黨和共和黨都在二十一世紀初變得越來越極端沒錯，但我們也可以說《反鬥星》（*Porky's*）和《驚魂記》（*Psycho*）都出現不雅的淋浴場景啊，重點是程度！

歐巴馬上任時主打後黨派作風，凡是論及教育、氣候變遷、醫療保健這種重大議題，他都會借用共和黨的想法。他不是從極端慢慢討價還價，最後來到中間點，而是一開始的提案就已經稍微妥協了。若在幾十年前的美國，雙方也許能投桃報李，但現在可是茶黨運動的時代。每次歐巴馬觸及新的中間地帶，美國就會出現類似白人群飛（White Flight）[1]的現象。

到了二〇一三年，由於民眾開始強烈反對這位史巴克（Spock）[2]般的總統，就連邏輯也受黨派影響。支持共和黨從支持某些論點，變成對某些事情的信念：氣候變遷是假的，選舉操控很嚴重，財政赤字不降反升，放寬槍枝管制就能減少槍枝暴力，歐巴馬總統的經濟復甦計畫完全沒增加就業機會。

1 美國白人從種族開始變得多元的都會區大規模遷徙至郊區或遠郊的現象，始於二十世紀中期。

2 《星際爭霸戰》（*Star Trek*）影集中的大副兼科學官，是一半人類、一半瓦肯星人的混血兒。

這些明顯是錯誤的想法，不過此事本身不是問題。我信仰的宗教禁止將乳製品與肉配著吃。但凡是吃過起司漢堡的人都知道，這條規定根本莫名其妙。即使教條不合理，也是OK的！如果每一條教條都很理性，那我們也不必「信仰」宗教了。問題是，當記者視共和黨為傳統上的利益團體組合，那就是給自己找麻煩。保守派運動早已蛻變，共和黨成為新興宗教。

當然，這不代表共和黨員意見一致。它和其他宗教團體一樣，內部有無數個小團體與分支在爭權奪利。我們沒辦法在這裡說明每一個支派，但如果你想瞭解歐巴馬總統的第二任期，就得認識以下三個支派：

首先是「鄉村俱樂部派」，它堅持守護共和黨上流社會的傳統，認為我們應該減稅、減少管制，對人要有禮貌。在國會裡，這一派的領袖是眾議院議長約翰．貝納。這些人希望米特．羅姆尼能捲土重來，可是他們的勢力正逐漸消弱。

再來是以莎拉．裴琳為首的「地平說學會」，這些是信念最根深柢固的陰謀論者。他們堅稱歐巴馬總統的出生證明是假造的，並確信單車共享計畫是聯合國主導的邪惡計畫，目的是控制全世界。

最後的一派，是「聖戰士派」。這些人有的像是宗教上的十字軍，但有些人更常引用《魔戒》(*The Lord of the Rings*) 而非《馬太福音》或《路加福音》。但無論他們週日上不上教堂，這些人都有著相同的世界觀。傳統共和黨支持者在看事情時，也許會看到自由派與保守派之爭，而聖戰士派則看到正邪之爭。他們動不動就警告人們別姑息，每次提到「打敗左派」都說得好像撒旦的嘍囉已經沿太平洋海岸聚集。

聖戰士派用裴琳的狂熱追求羅姆尼的目標，因此在二〇一三年，他們聲勢正逐漸壯大。不過說實話，真正促使共和黨員團結起來的事物，非歐巴馬莫屬。「憎惡最高統帥」最能讓他們團結一氣。而他在立法方面最大的成就，也是最令共和黨火大的一點——在鄉村俱樂部派看來，《平價醫療法案》是將富人的財富轉移給窮人；對地平說學會而言，《歐巴馬健保》就等於生死判陪審團與政府干預人民生活；對聖戰士派來說，這項法案是左派的終極勝利，也是通往魔多的最後一步。

你應該可以想像，對歐巴馬白宮這項法案的邪惡程度看法不一；但就它的重要性而言，我們所有人看法一致，這些確實令我們興奮不已：《歐巴馬健保》能讓數百萬人得到健保福利，減緩醫療保健費用的上漲，並廢除保前已有疾病不給付的規定。然而我們對這項法案的情感遠超出投資報酬率的分析。正統民主黨最神聖的信念，就是政府能改善人民的生活；而正統共和黨最神聖的信念，就是政府不能改善人民的生活。若《歐巴馬健保》照計畫發揮作用，我們就能一舉終結這場爭論，證明民主黨才是正確的一方。

因此，共和黨與民主黨雙方都將二〇一三年十月一日視為審判日，因為從那一天開始，美國人就能用一個叫 Healthcare.gov 的網站，在線上找適合自己的健保。

表面上，這聽起來一點也不刺激，它不過是線上購物嘛！而且還是山姆叔叔設計的網路商店，有什麼了不起的！可是從這個網路商店啟用那一天開始，數百萬人就能透過網站買保險，到時再推翻《歐巴馬健保》，就等同奪走每一州人民好不容易到手的平價健保。在反對歐巴馬健保的人們眼裡，Healthcare.gov可說是毀滅世界的武器，他們非得摧毀它不可。

這時，泰德．克魯茲（Ted Cruz）登場了。乍看下，這位剛進國會不久的共和黨參議員不太可能成為聖戰士派的主教。根據他大一室友的說法，大學時期的泰德人見人厭，大家還覺得他摸過的地方都留了一層「克魯茲髒東西」。但是，在一個視妥協為背叛的政黨中，不擅長交友卻有不少好處，這個下顎寬厚的德州人沒過多久便成了領軍打聖戰的主將。他們的策略很簡單：如果歐巴馬總統拒絕在十月一日前撤回健保法的資金，共和黨就會讓政府停止運作。

鄉村俱樂部派怨聲連連、嘖嘖聲不斷，但他們無力改變聖戰士派的想法。他們之前在黨內初選時，為了避免被茶黨人士攻擊，曾承諾上任後採取激進行動。現在是時候實現諾言了。更何況共和黨從二〇一一年的債務上限危機學到一件事，那就是擄人勒贖很有效。只要他們威脅美國，歐巴馬總統總會屈服的。政府停工一開始不過是個天馬行空的想法，到了那年九月，它已勢不可擋。

此時此刻，白宮正在上演白領階級的末日準備工作。首先，職員被分成兩組：如果你是高級職員，或者你的工作與國家安全息息相關，那你就是「必要人員」。我屬於第二組，如果你讓我來給第二組命名，我應該會稍微客氣一些，稱自己和其他同事為「有價值的人員」或「你還是很特別的人員」，甚至直接叫「第二組」都好。但非常不幸，聯邦官僚政治才不關心我的感受，根據美國政府的說法，我就是「非必要人員」。

分完組後，進入萬分嚴厲的法律警告：如果我在政府停工期間用黑莓機寄信，就有可能要付五千美元罰金。我不確定他們會不會放我進辦公室，所以我在抽屜翻翻找找，將可能過期的零食處理掉。西廂那邊就比較麻煩了，助理們急著教自家老闆如何轉接電話，或在列印時如何選擇印表機。

最後，歐巴馬總統於九月三十日上電視，他那個樣子像極了學校因大雪停課時，上臺宣布注意事項的校長，只不過他是列出哪些服務與建築物將在短期內停工。他宣布完畢後，過幾個小時我離開了辦公室。我將胸章掛在衣櫃最裡面，然後為避免自己禁不住誘惑，我拔出黑莓機的電池，將機身與電池都塞到抽屜深處。

接下來數日，我覺得自己像個不能去上學的小學三年級生，因為我的學校燒毀了。從抽象的角度而言，我知道政府停工對許多人造成了極大的傷害；但從個人角度而言，我可以放假，多好啊！

這麼想的不止我一個人。華府的酒吧與餐廳一直是高功能酗酒者排解高壓工作的場所，現在我們不用工作，就能整天泡在這些地方喝酒了。我可以在我家附近一間叫布里克斯頓

（Brixton）的酒吧，花四美元買一杯叫「休假調酒」（Furlough Punch）的飲料，隔天去聯邦公務員可以免費喝咖啡而國會議員要付雙倍的錢「每日菜餚」（Daily Dish）度過宿醉時光。我可以去路的城市酒吧（Lou's City Bar）喝一整天的酒，然後去南多餐廳（Nando's）吃「無骨雞、無脊椎國會」，或去芒果麥克餐廳（Mango Mike's）吃免費的墨西哥玉米片。

我玩了一個星期，就開始無聊到快受不了，而且我也越來越擔心政府的狀況。這次政府停工，是數十年來最嚴重的一次政治鬥爭，誰輸誰贏還是未知數。

共和黨員想盡辦法影響大眾的看法，福斯新聞學鄉村俱樂部派的做法，將這件事說成「政府減脂」，彷彿這不過是山姆叔叔在減肥。見沒有人吃這一套，裴琳等人開始推動新的草根運動——「貨車駕駛為憲法而行」——共和黨組織者還將這件事描述得如史詩般壯闊：一萬個怒不可遏的愛國者駕駛一萬輛大貨車，繞環城高速公路行駛，直到歐巴馬灰溜溜地辭職回家。

他們的臉書專頁聲稱：「如果每一個美國人都和他們一起上路，貨車駕駛將帶領拯救這個國家的道路！」

我對他們的政治觀點很有意見，但真正讓我不爽的，是他們的用字遣詞。道路是固定的東西，沒有人能「帶領」它們。算了，這不重要。反正也只有幾十輛貨車出現，駕駛們按著喇叭在那邊晃來晃去，妨礙到一些通勤族，最後「帶領」道路回家了。

比起總統的演講，這次政府停工更能強迫選民睜大眼睛，看清楚哪一黨表現得像一群小屁孩，哪一黨不是小屁孩。共和黨的支持率開始急遽下滑，於是走投無路的他們轉向聖戰士派，等著泰德．克魯茲拯救共和黨！

此時，宗教性質的政治出現了罩門。信仰堅定的共和黨員沒有發現，他們的先知早就沒了主意。聖戰士們的策略究竟是什麼呢？我們且聽和克魯茲關係緊密的盟友——印第安那州眾議員馬林．斯圖茨曼（Marlin Stutzman）——的說法。

「我們不會讓人對我們無禮，」斯圖茨曼對《華盛頓觀察家報》（*Washington Examiner*）說，「我不曉得我們要從這之中得到什麼東西，反正一定要得到一些東西就對了。」

停工一直停下去，共和黨只剩最後一絲希望：歐巴馬一定會屈服於他們的淫威……吧？這回不然。總統在二〇一一年與綁匪協商，最後妥協，付出了慘痛的代價；他現在可不打算重蹈兩年前的覆轍。敵方陣營的訊息意義不明，歐巴馬總統卻清楚告訴他們：別再傷害這個國家了。你們再不釋放人質，就準備承受選民的怒火吧。政府停工之戰於二〇一三年十月十六日結束，共和黨同意讓政府正常運作；作為回報，民主黨同意允許共和黨這麼做。

隔天早上，我回到了白宮。我行經特勤局的安檢站，看見新的白宮幕僚長代尼斯．馬克多納（Denis McDonough）站在西行政大道，笑著和所有人握手。

「歡迎回來！你好。你好啊。歡迎回來！」

這麼好的日子，當然要慶祝啊！過去五年，我們打了一場又一場艱苦的戰鬥。現在我們終於贏了，我們的應許之地近在眼前。

那天下午，我差點燒了巴拉克．歐巴馬的頭髮。

公平地說，這並不是我一個人的問題，而是一整個團隊的人差點燒了巴拉克．歐巴馬的頭髮。一切的起源，是霍普．哈爾決定在室外拍攝總統的每週演講。她將攝影機擺在白宮行政官邸一樓的陽臺，拍到整齊翠綠的南草坪，而在憲法大道（Constitution Avenue）對面的遠方，華盛頓紀念碑（Washington Monument）的西面在午後陽光下閃耀。現在政府重新開張，你能想到什麼更好的方法，將好消息宣布給全美國嗎？

聽霍普描述這個美好的畫面後，視聽器材小組立刻想辦法付諸實現。白宮裡，攝影與寫稿的人是平民，視聽器材卻是由軍方工作人員負責。我喜歡和他們一起辦事，尤其是因為我們來到賓夕法尼亞大道１６００號的途徑天差地遠。舉例而言，十九歲的我因為自然科學沒學好被教訓，賈瑞德卻是因離岸訓練時用機關槍射擊海豚被教訓。不過不到十年後，他專業的工作態度完全體現出軍隊幫助人改過自新的力量。他和視聽器材小組的其他人一樣，做什麼事都極注意細節，這是我永遠比不上的技能。

政府結束停工後的那一天，負責總統每週演講器材的，是個又瘦又結實的海軍陸戰隊軍人，他叫喬。喬這個人深信凡事都要有備案。我來到錄影地點時，看到特長的延長線伸入白宮，備用的攝影機電池正在架上充電，他們還架了一支不會錄到環境噪音的懸吊式麥克風。

喬甚至還帶了「專業影視冷光燈」，有時候你看模特攝影的幕後花絮，會看到和行李箱一樣大的LED燈，那就是我說的冷光燈。兩塊高瓦數燈板擺在總統的座位兩側，為了避免反光，喬用一個叫「擴散蓋」的東西——基本上就是個大塑膠蓋——遮住兩面燈板。

我們預計在中午過後不久錄影，所以理論上不需額外打光。但幸好喬準備萬全。因為過了一段時間，我們就發現總統遲到了，而且就算是用白宮的標準來看，他也嚴重遲到了。我在行政官邸亂逛亂晃了好幾個小時，盯著班傑明·富蘭克林（Ben Franklin）畫像和馬丁·范布倫（Martin Van Buren）的媳婦的畫像殺時間，前者似乎在沉思，後者意外地很正。

就在太陽開始下山時，我們終於接獲消息：P動身了。冷光燈突然亮了起來，準備迎接總統，但總統與幕僚長代尼斯沒有直接走向陽臺，而是繞著南草坪走了一圈，兩圈，三圈。等他們終於繞完，已經快要天黑了，歐巴馬總統一臉疲倦煩躁地走上陽臺。

他一坐下來，態度立即大轉變。我一直很佩服總統錄影前後的情緒變化，他也許剛才開了極其嚴肅的會議，討論阿富汗問題，又馬上要打起精神祝麥可·喬丹（Michael Jordan）生日快樂，接著沉下臉，一本正經地說些感念國軍的話。在發表每週演講時，總統的語氣通常都很正式且帶點嚴肅，彷彿要為「蹦床放在後院很危險」的影片錄音。

「這週，多虧民主黨員與造成政府停工的共和黨員合作，政府重新開始運作了。」

我忽然聞到一股味道，不知是防蚊液還是防曬乳，我望向霍普和喬，想看看他們有沒有注意到這股怪味。他們沒有反應，看來是我多慮了。

「具體而言，我認為民主黨和共和黨能在三方面立即開始合作，」總統接著說。他雙手一攤，強調剛才這句話。

我看到了。

其中一面燈板的塑膠蓋開始冒煙，融化的小洞正釋放一縷有毒輕煙，距離總統左邊耳朵僅僅數英寸。我轉頭看向喬，他的臉在數秒前還十分鎮定，現在他彷彿嚇到便祕。

總統順順地說下去，沒注意到喬的表情，而且因為風向關係，他也沒注意到在一旁燃燒的毒塑膠。「首先，我們該坐下來用公平的方式討論，編出合理的預算。」總統說。他冷靜沉著的態度，與旁邊火紅的混亂形成強烈對比。煙越冒越多，塑膠蓋開始急促地顫動，與丟到火爐裡的報紙有幾分相像。

於是，我想也不想就跳上前拯救世界。我撲滅了火焰，救了總統一命，獲得巴拉克·歐巴馬、全美國，甚至是全世界的感恩。

……至少，我美好的幻想是如此。現實生活中，我做了以下動作：什麼事都沒做。我全身靜止、不發任何聲音地站在原地。那之後，我問了自己無數次同樣的問題。

為什麼？我為什麼不出聲？那霍普呢？喬呢？他們怎麼也一聲不吭？

我越想越覺得當時封住我們嘴巴的不是驚嚇或恐懼，而是兩年前在白宮記者協會晚宴上救了我的官僚體制小天使：「**各——司——其——職**。」我負責寫講稿，喬負責架設器材，霍普負責操作攝影機，我們需要一個人來負責確保總統的腦袋不被燒掉，可是白宮沒有這個人。沒有人接到這份工作，而在歐巴馬世界，越俎代庖可是終極罪孽。

幸好，總統及時注意到我和喬驚恐地互視一眼，他的態度立刻變了。

「發生什麼事了嗎？」

沉默。

「怎麼了？」他厲聲問。

驚人的是，即使面對總統的質問，我們還是沒有吭聲。我依然呆呆站在原地，不過喬似乎被總統的問句打醒了，他抓起一條毛巾從我身邊衝過去，撲滅了燈板的火苗。

歐巴馬總統推敲出事情始末時，給了我們一個嚴厲的眼神。我做好失職被痛罵的心理準備，沒想到總統的表情沒有憤怒，反而有些疲憊。新的塑膠蓋裝好後，他迅速錄完影片，進屋。

「大家週末愉快。」

「呃，您也是。」

我跟你說這則故事，並不是說巴拉克·歐巴馬能原諒任何罪過，也不是說他是聖人。我想表達的是：歐巴馬總統肩負如此沉重的責任，他又如此嚴肅看待自己的職責。政府停工重創了美國經濟，聖戰士派發誓要持續奮鬥，值得他擔心的事情多得是。相較這些，職員差點害他整張臉被燒掉這等雞毛蒜皮的小事，對他而言根本不重要。

還有一件值得擔心的事，一件威脅了歐巴馬總統之職的事，一件驅使他和幕僚長繞著南草坪走三圈的事。這件事說得再好聽也沒用，反正事實就是，《歐巴馬健保》的網站亂七八糟。

「只要上Healthcare.gov，」總統於網站開幕的十月一日宣布，「你就能比較不同的健保方案，就和你上Kayak網站買機票，或上亞馬遜（Amazon）買電視機一樣簡單。」

他這句話說得很大膽，唯一的問題是，實情並沒有他說得這麼完美。在十月一日，美國人確實能在網址列輸入Healthcare.gov，至於這個網站**能不能用**……又是另一回事了。少數幾個幸運兒買了保險，但對其他數百萬人來說，用《歐巴馬健保》網站買保險，難度等同你去宜家家具（IkEA）退還有瑕疵的窗簾軌道乘以打給康卡斯特（Comcast）公司客服員。網站的使用者介面極其複雜，相較下飛機的駕駛艙都顯得淺顯易懂，而且頁面下載速度超級無敵慢，直接用紙筆寫出網頁上的文字還比較快。

前提是，你要能上得了這個網站。有個記者上Healthcare.gov建帳號，結果那個人成功了——嘗試六十三次後，那名記者終於成功了。

到現在，隨便查都能查到Healthcare.gov初期的種種缺陷，但比較少人明白的是，這個網站對《歐巴馬健保》的重要性，等同勒布朗（LeBron）對克里夫蘭騎士隊（Cleveland Cavaliers）的重要性。如果明星球員不能出戰，那球隊就只有等著崩解。

政策失敗的後果極為可怕，最可怕的是當初一句簡單的承諾：「只要你喜歡，就能繼續用你的保險方案。」二〇〇八年與二〇一三年間，這個承諾和它的變化形被歐巴馬總統重複聲明了三十幾次。其實這點還滿奇怪的，畢竟在一般情況下隔壁辦公室的事實查核員看到這種句子，都會氣呼呼地加註。

只要你喜歡
↓請注意，有些人的保險方案客觀來看很糟糕，但他們還是喜歡
就能繼續用你的保險方案
↓如果現存的方案不符合新法較高的標準，保險公司也許得廢除那些方案。請注意一下。

沒有人理會這些小警告，理論上這些警告也不重要。反正最有可能失去現有保險方案的人，買的應該都是CP值很低的方案。這些美國人應該會滿心歡喜地歡迎新的網站吧。你想像一下，今天有人告訴你，你可以用一臺破破爛爛的一九九二年本田思域（Honda Civic）換一輛全新的凌志汽車（Lexus），你會不願意嗎？高興都來不及了，哪還可能生氣？

問題是，現在Healthcare.gov不能用，保險市場不存在，凌志車都困在程式碼組成的迷宮裡，你的一九九二年本田思域則被拖去銷毀。四百萬名美國人收到通知，他們原本的保險方案即將停用。

「只要你喜歡」並不是謊言，比起刻意的欺瞞，它更像是無根據的樂觀發言。但對害怕失去醫療照護的人們來說，兩者的差別一點也不重要。從過去到現在，歐巴馬總統在選民心中一直保有誠實、守信的形象，如今他的形象已不保。

這，就是為何《歐巴馬健保》初次亮相時，它不是小差錯，也不是逐漸增長的痛楚，而是場大災難。你想像Kayak網站賣的每一張機票，目的地都突然改成索馬利亞首都摩加迪休，或者亞馬遜出貨系統出了問題，寄到你家的不是電視機，而是一窩準備肆虐的大黃蜂。

這也是商業世界與政治世界的分歧點。Kayak或亞馬遜發生緊急事件，那是一則新聞；但如果總統施政發生緊急事件，那就是**唯一**的新聞了。在白宮，好消息轉瞬即逝；壞消息基本上就是《今天暫時停止》(*Groundhog Day*)，美國人每晚打開新聞都看到同樣的報導：歐巴馬總統的網站不能用，他不守信用。

最令人沮喪的消息是：白宮外，有人在事前試圖警告我們，我們卻沒聽進去。那年三月，麥肯錫公司（McKinsey & Company）的顧問小組預測Healthcare.gov無法如期完成。同年七月，網站沒能通過關鍵測試。到了八月，有幾間保險公司向南希．裴洛西的辦公室表達他們的憂慮。我現在一想，發現連我父親也警告過我。「我有個住在康乃狄克州的朋友，」他在那年夏天曾對我說，「他說這些網站一定會弄得亂七八糟。」

他會這麼說，也是有他的道理。我爸不是公務員，更不是美國總統，他是醫師。那麼，政府究竟為什麼會有如此巨大的盲點？換句話說，為什麼連安迪．利特（Andy Litt）都知道Healthcare.gov會失敗，巴拉克．歐巴馬卻不知道？

我當然不可能證明我的猜測，但我猜是這樣的：沒有人對總統說他的法案可能出問題，而大家不說的原因，就跟沒有人說他的頭快燒起來一樣。我們需要一個悲觀的人，負責敲響警鐘；但總統身邊沒有任何一個人的工作是唱衰政策，所以沒有任何人出聲。

在歐巴馬世界，大家遇到危機通常會聯手守護共同利益，但Healthcare.gov可不是普通的危機。政府重新開張後不久，總統宣布一批愛國程式設計師正從加州搭機來華府。第二任期的命運——改變與希望的未來——已經脫離我們的掌控，現在只剩矽谷那些流程改善專家能拯救我們了。

那年十二月，歐巴馬總統的支持率跌至百分之四十，與颶風卡崔娜（Hurricane Katrina）重創美國三個月後，小布希的支持率不相上下。

「你們那邊的士氣怎麼樣？」朋友常問我。他們其實沒那麼關心白宮，只是想聽八卦，現在歐巴馬白宮內爆了，大家都想聽聽生動刺激的細節。我不想滿足他們的慾望，只說一切正常。

「大家都覺得很棒！」我信誓旦旦地說。

我在說謊。事實上，白宮內氣氛萎靡。我們駝背走在艾森豪威爾行政辦公大樓走廊上，我們拖著腳步走在西行政大道上，白宮職員似乎都同時失戀。

某方面而言，我們確實失戀了。全國工作壓力最大的地方不再是賓夕法尼亞大道1600號，宇宙中心似乎在一夕間離開了我們，遷移至馬里蘭州一幢不起眼的建築，那裡是阿宅英雄團隊的工作總部。我也支持新聞媒體所謂的「科技浪」（The Tech Surge），我當然希望那些科技宅宅能成功；但在個人層面，我希望一切能恢復正常，我要白宮恢復白宮的感覺。

有一部分的我懷疑白宮再也回不去了。網站可以修好，但彌補歐巴馬這場運動所受的傷害就困難許多。你在華府會常聽人說「感覺就是事實」，如果在平時，我會想像這些人憑「感覺就是事實」穿過玻璃窗；但這次我不得不承認，他們說得有道理。在政府停工的戰鬥中獲勝後，我們本該用《歐巴馬健保》擊潰敵軍，一舉贏下數十年來關於政府體制與權力的戰爭。

結果托了網站那些錯誤的福，我們最光彩的勝利，成了我們最慘痛的失敗。在新聞媒體方面，《歐巴馬健保》將永遠困在爭議的泥沼之中；對新法的反對者而言，Healthcare.gov 是政府什麼也辦不好的象徵。這一切令人失望、令人懊惱，而且最糟的是，它令人疲憊。我們當然站在歷史正確的一邊，但我們是不是注定失敗？

我說句老掉牙的話：支持我繼續撐下去的，是佐伊・林恩。「美國有四千萬人好不容易有第一次得到健保的機會，我拒絕拋棄他們。」總統說。雖然我心中懷疑的陰影逐漸擴散，我還是贊同歐巴馬總統的話。我想到勇敢站上夏洛特的講臺，將女兒的故事說給全美國聽的史黛西・林恩；我想到俄亥俄的志工溫蒂，她即使遭受我無法想像的劇痛所苦，還是堅持在我們的競選總部來回踱步。

然後，我想到賈姬。她一年前自法學院畢業，進入對新手律師極不友善的職場。她雖然找到一份薪資不錯的工作，卻沒有醫療保險等福利。

賈姬的身體很健康，她不像急需醫療照護的溫蒂或佐伊・林恩。但這也是我要說的重點：我的女朋友是身體健康的幸運兒，我們卻還是天天為醫療保險憂心。賈姬第一次來見我的家人那晚，我們正要走去布魯克林一間酒吧，我妹妹不小心穿高跟鞋踩到賈姬的腳。我記得她當時的疼痛，但比起這個，我記得最清楚的是她焦急的模樣——有沒有骨折？去一趟急診室要花多少錢？我們有沒有可能用膠帶和網路醫生網站（WebMD）的指示自行接骨？

我們兩個知識分子住在全世界最富庶的國家，卻得在路邊思考如何緊急接骨。

我們的程式設計師小組無法修復總統形象的損傷，但他們能讓Healthcare.gov變得沒那麼爛，到了十二月中旬，網站的出錯率已下降至百分之一以下。我們每次演講都呼籲美國人試著上網註冊。

表面上是這樣沒錯，但私底下我建議賈姬稍微等一等，我們的電腦工程師還在修復錯誤的程式碼。新醫療保險可能要等元旦才啟用，何不多等一會呢？

更具體而言，何不等到聖誕節呢？交往兩年後，我終於同意去紐澤西州和賈姬家人共度她最愛的節日了。這個承諾被我當成友好的表示，和你答應跟英國朋友去看足球賽的感覺差不多。賈姬卻把它當成我完全接納聖誕節文化的徵兆，和你跟英國朋友說你要把聖喬治十字刺青在額頭上，還要用管樂器毆打蘇格蘭人的感覺差不多。

說到底，我建議賈姬等聖誕節再買保險真正的原因是，如果我被聖誕節氣氛沖昏了頭，至少還能用Healthcare.gov讓自己心情變差。我們開車順著高速公路北上，聽了一首叫〈阿嬤被馴鹿輾過〉（Grandma Got Run Over by a Reindeer）的歌，我若無其事地問誰要幫阿嬤繳看門診的費用。看到耶穌誕生的畫面，我藉機提到《平價醫療法案》，說多虧了這項新法，懷孕不再算是保險不理賠的保前已知疾病。

儘管我竭盡全力掃大家的興，我還是被聖誕節俘獲了。我喜歡的不只是交換禮物和整天早上穿睡衣到處跑。我發現聖誕節喜慶的氣氛與雪橇鈴鐺之下，隱藏了許多互相矛盾的習俗，家族團聚就得處理家庭成員之間的問題，而且時時刻刻覺得自己慶祝得不夠賣力。我之前竟然擔心自己格格不入，真是傻得可以！除了處處可見的豬肉製品外，聖誕節是我這幾個月做過最「猶太教」的事了。

我們迷失在一疊疊禮物包裝紙與一堆堆火腿螺旋切片之中，差點沒時間討論健保。不過聖誕節結束後，我們終於決定大膽買下去。在二〇一三年十二月二十五日晚間，我和賈姬躲在她小時候的臥房裡，小心翼翼地開啟Healthcare.gov。

演講撰稿者為總統的演說找真人故事時，通常會找些戲劇化的故事，像消防隊英雄、單親媽媽回去讀大學、受傷的退伍軍人恢復健康之類的。如果「真人」的故事不夠驚人（或者那個「真人」太謙虛，中西部的人常有這個毛病），我會想方設法引導他們說些驚人的話。

「你被克萊斯勒汽車公司（Chrysler）的工廠僱用後，你是不是覺得在美國沒有所謂的『不可能』？」

「呃，可能吧？」

「我說真的，你是不是這麼覺得？」

直到我自己成為「真人」，我才想起一件事：美國有這麼多不夠戲劇化的故事，開頭都是某個政治人物的決策。政府資金不足，就多裝幾臺闖紅燈測速相機，你打開信箱才發現自己收到罰單了。華府的貿易協議遲遲過不了，一名住在馬來西亞的牙醫本來要買美國福特車，後來改成買韓國現代車（Hyundai）。總統將改革健保視為最優先事項，結果五年後有兩個二十多歲年輕人坐在雙人彈簧床上，思考他們的戀情是否禁得起史上最惡名昭彰的線上商店設下的考驗。

第一步是創一個新帳號，這個步驟沒有問題。但登入雖然簡單，接下來的步驟卻複雜得要命。網站會問你一系列問題，以便幫你挑選最合適的保險方案，這些問題讓我想到以前搭校車去上學時，同學們常玩的「你寧願如何」遊戲。你寧願每次眨眼都放屁，還是一輩子打嗝不止？你寧願沒有鼻子，還是屁股上長了第二個鼻子？

對身體健康的年輕人而言，比較不同的健保方案時，你就是得回答同樣荒謬的問題。你寧願在自己州內生病時少付一點錢，還是在別地方生病時多付一大堆錢？你寧可在不須住院時多住幾天，還是在治療你沒得的癌症時省一些錢？一個鐘頭過後，賈姬買保險的計畫一點進展也沒有，我們身心俱疲地撤退到廚房，邊吃剩下的火腿邊聽她共和黨的父親幸災樂禍。

我們回去再接再厲。又過三十分鐘，賈姬終於回答了所有的問題。可是在「你寧願如何」結束的瞬間，網站就開始故障了。我們試著比較不同的保險方案，卻發現最便宜的「銅級」根本不存在。我們讓網頁重新整理了好幾次，便宜的健保方案死都不出現；又重新整理了無數次後，我開始懷疑自己是某個殘忍的心理實驗的受試者。我們沒有更好的選擇，就只能硬著頭皮不停重新整理。最後，經過大約一千萬次重新整理後，網站終於給了我們努力不懈的獎勵：完整的健保方案清單出現了。賈姬選了一個方案，然後網站請她稍候片刻。

我們稍候了片刻，然後又過了好幾個好幾個片刻，螢幕中央的小圈圈轉了又轉、轉了又轉，就在我們準備放棄時，我們終於開始載入網頁了，螢幕上出現新的頁面。

那是Healthcare.gov的首頁。我們剛才費盡千辛萬苦輸入的資料全都消失了，再來只能從頭開始。

我們接下來吵的那一架，吵得十分安靜，我們可不想讓賈姬父親知道《歐巴馬健保》快毀了我們的感情。我們盡量壓低音量，卻沒能壓下激烈的情緒，人身攻擊穿插了政治上的抨擊，我們吵得天昏地暗。

「是你跟我說網站可以用的……」賈姬悄聲說。

「妳怎麼不信任科技浪！」

「我憑什麼要信任他們！」

「妳幹麼每次都反應這麼誇張！」

「你都沒有要支持我的意思！」

「妳……怎麼不怪國會，每次都把問題怪到我身上！」

「喔？是嗎？我告訴你，民主黨才不關心中產階級呢！」

漫長的死寂。

「妳……給我……把、話、收回去。」

過一段時間，我們終於停止爭吵，除了重新登入以外也沒什麼更好的選擇。賈姬創了個新帳號，再次回答所有的問題，再次挑了合適的健保方案。我們又一次屏氣凝神盯著螢幕上的小圈圈，等了一輩子。最後，網頁開始加載，螢幕上出現新的頁面。

是認證頁面。賈姬終於買到保險了。

我不能跟你說那一刻所有的問題都消失了，我只能說當時我們興奮得從老舊的彈簧床上跳下來，緊緊相擁，這次我們哭泣不是因為懊惱，而是喜極而泣。歐巴馬世界是沒將最重要的新法處理好沒錯，國會那些共和黨員確實幸災樂禍地看著我們的支持率下滑沒錯，但此時此刻，在紐澤西一間小小的臥房裡，那一切都不重要。

重要的是，巴拉克．歐巴馬為了讓所有人得到平價保險而努力了，他的努力超出政治上合理的範疇。他犯了錯誤，他受了盲點影響，有時候他甚至讓我們失望。但他一直沒放棄。歐巴馬沒有遺棄賈姬，多虧了他不離不棄的精神，我愛的人若不幸生病可以去看醫師了。

在我看來，這無疑是一整年最美好的日子。

12 在木桶中

In the Barrel

二〇一三年過去，二〇一四年來臨。這是最糟的一年，從頭到尾都慘不忍睹，萬分悲哀。

我說個故事給你聽。那年初春，我下班走在回家的路上，看到一個矮胖女人堅定地拖著腳步朝我走來，她看上去四、五十歲，灰髮弄成刺刺頭，身上穿著一件無論是顏色或質地都與全麥麵包一模一樣的毛衣。

「不好意思，」她說，「你是總統就職委員會的人嗎？」

白宮職員被外人認出來並不是什麼稀奇事。早在二〇〇九年，我還在「危機小屋」上班時，有天早上同樣是實習生的索妮雅飄飄欲仙地走進辦公室。

「我剛剛在全食超市（Whole Foods）看到喬恩．法夫羅耶！」她高呼。

這就是她的故事全文。她並沒有和總統的首席撰稿者交談，她肚子裡沒有懷他的孩子，她只不過是看到總統的文膽在超市買價格不斐的萵苣，就興奮得彷彿遇到天大的喜事。

每一百個職員當中，只有一個人能成為當地名人，剩下的人仍舊是名不見經傳的小人物。

對比較內向的同事而言，能保持低調是在公家機關工作的福利；對我們其他人而言，這是我們付出的代價，就跟你幫蕾哈娜（Rihanna）寫歌，或幫德韋恩・韋德（Dwyane Wade）設計球鞋的意思一樣。至少，我一直以來都是這樣告訴自己的。現在，我站在人行道上，沐浴在陌生人的注目下，感覺心中的癢處終於被搔到了。**「有人注意到我了！我有粉絲了！」**我露出大大的笑容，用力到嘴脣隱隱發疼。

「沒錯！」我得意地說，「我在就職委員會待了六週。」刺刺頭粉絲點了點頭，我能證實她的猜想，她當然非常高興。

「你是不是也有幫提姆・凱恩做事？」

這就不得了了，這就像你和喬瑟夫・高登-李維（Joseph Gordon-Levitt）見面，向他提起他早在一九九一年拍的Pop-Tarts果醬餡餅廣告。這女人肯定是我的超級粉絲。我謙虛又泰然自若地回應她。

「凱恩參議員二〇一二年的全國代表大會講稿，就是我幫忙寫的，」我承認，「不過他自己寫的初稿已經很好了，我幾乎沒有做任何修改。」超級粉絲對我腳踏實地的態度十分欽佩，點頭點得比剛才更激動了。

「你現在在白宮上班，對不對？」

終於來了！這是我期待許久的問題。

「是的，」什麼謙卑啊、虛心啊，全被我拋到九霄雲外。「其實我二十四歲就開始幫總統寫講稿了。」

女人瞪大雙眼。就在我沐浴在她仰慕的目光下之時，她冷不防用力一指我的鼻子。

「我知道你是誰！」她高喊，「你偷了我的就職典禮入場票！」

「什……？」我結結巴巴地開口，話還來不及說完，她又接著指控我。

「你偷了我的入場票！」她大叫，「你有種族歧視！你有種族歧視，你是罪犯，你是三K黨的人！」

一般情況下，我自然會馬上為自己辯護，但這個女人似乎對我的人生瞭若指掌，我甚至懷疑她握有什麼我不知道的資訊。

「我……應該不是吧？」我小心地說。我的話語完全沒改善現況，女人再次開口時，聲音更大了，她還對路人呼喊：

「他有種族歧視！他是罪犯！他是三K黨！」

我腦中閃過和她講道理的念頭，也許我能和她談談心，也許我能主動聆聽，最後一定能達成共識的。這時，只見刺刺頭女人再度張口辱罵，我馬上改變心意，拔腿就逃。我穿著皮鞋沿人行道用介於行走與奔跑之間的速度匆匆逃走，超級粉絲則拖著腳步追過來繼續罵。

簡單來說，這就是二〇一四年的縮影。我們盡職工作，我們為自己的成就感到驕傲，但大家還是照樣痛恨我們。

悲劇一如往常地以《歐巴馬健保》拉開序幕。（看到這裡，如果你已經不耐煩了，希望我快點講些健保以外的事，那你應該能想像我們當時的感受。）隨著新年到來，我們收到還算不壞的報告。人們終於使用Healthcare.gov了。問題是，若說保險市場是兄弟會派對的調酒，身體健康的年輕人是混入調酒的其他飲料，老弱病患是酒精，那比例抓對了當然能調出好喝的調酒；但如果你沒能掩飾酒精的味道，你的調酒就完蛋了。

在二〇一四年初，我們面對的是一桶足足十加侖的Everclear烈酒。年輕人沒將關於《歐巴馬健保》的消息聽進去，他們不知道Healthcare.gov終於能用了，也不知道他們能買到每月保費不到一百美元的平價健保。買保險的第一個窗口將在三月結束。我們若無法在那之前吸引年輕美國人的注意力，其他人的《歐巴馬健保》保費將會飆升，導致政策制定圈所謂的「死亡螺旋」。白宮通訊部門已經走投無路，要拚命了。

當時我們並不知道，早在五年前就有人想出最完美的遊戲策略了。在二〇〇八年萬聖節，搞笑網站Funny Or Die一位製作人突然愛國魂上身，他抓起一枝原子筆與白紙，寫下以下這段文字：

我——麥克・法拉赫（Mike Farah）——在此保證，Funny Or Die團隊將在二〇〇八年十月三十一日與二〇一六年十月三十一日之間和巴拉克・歐巴馬見面，或者得到和巴拉克・歐巴馬見面的機會，否則我就把我的帽子吃掉。

在他寫這段話的當時，吃帽子應該是最可能成真的未來；不過法拉赫懂得站到可能被雷劈的位置。他在二〇一三年初受邀進白宮開會，接下來十二個月他成了白宮的背景人物，你平時不太會注意到他，但你想找他時他就在那邊，簡直像個曬得一身古銅色的特務。他的公司是《雙蕨之間》（*Between Two Ferns*）網路談話節目的製作公司，節目主持人是查克・葛里芬納奇（Zach Galifianakis）。不知總統有沒有意願以貴賓的身分上節目呢？什麼荒謬的想法，總統怎麼可能上你的怪節目？然而後來，這個想法顯得越來越不荒謬，到了二〇一四年這個亟需非常手段的非常時期，法拉赫派上了用場。

我必須承認：我原先認為讓總統上《雙蕨之間》是天大的錯誤。我不怕他顯得不像個總統，我怕他顯得像機掰人。有時候歐巴馬總統的幽默無法透過鏡頭傳達給觀眾，你聽他演講時用犀利的言語譏諷別人，可以從他臉上的微笑或微微揚起的眉毛看出他沒有惡意。但面對面談話時親切的吐槽，在螢幕上可能會顯得像在欺負人。

我用歐巴馬總統和我父母相見的故事舉例好了。當時總統去紐約市一間喜來登酒店

(Sheraton)演講，演講前他在後臺和排隊拍照的人們合影。

「總統先生，」輪到我時，我對他說，「這是我母親、我父親和我妹妹。」

「媽媽、爸爸、妹妹，見到你們真好！」(為了避免已經和他見過面的人因為被遺忘而感到難過，總統從不對人說「很高興認識你」。)

我們照身高排成常態分布。總統攬著我的肩膀，我做好喀擦的準備。但我沒聽到快門的聲音，反而聽見歐巴馬總統的聲音。

「呃，要不要先把你的講稿放下來？」

我的講稿！我下飛機時一直拿著紙本講稿，現在才駭然發現自己緊緊抓著它，彷彿它是我的安全毯。我小跑步到旁邊一名助理面前，將我的資料夾遞給他，然後才難為情地駝著背回到鏡頭裡。總統又攬住我的肩膀，然後又很快地放開。

「那胸章呢？」

這句話就沒有剛才那種開玩笑的感覺了，這比較接近我差點將信用卡忘在酒吧時，賈姬對我說話的語氣。「你的胸章還戴在身上，」總統重複道，「不拿下來嗎？」

總統依然面帶笑容，但這不再是拍照用的燦笑，而是他看到職員做無害的傻事時那種「怎麼會有人這麼蠢」的笑容。我快速扯下掛在胸前的證件，用力將它塞進口袋，結果掛繩當然彈了出來。我把它塞回去，它又彈出來；我又把它塞回去，它還是彈了出來。

最後，我掙扎了一個世紀後，終於把胸章塞好，可以拍照了，可是總統怎麼可能讓我順利拍照呢？他轉向我父親。

「我跟你說，」他微微一笑。「他寫的文章好是好，可是他平常都有點心不在焉的。」

歐巴馬總統是怎麼做到的？我爸該不會特地寫信寄到白宮，請總統用最精確的「心不在焉」四個字讓他兒子丟臉吧？

如果有，我也不會感到意外——而且他和我不一樣，至少他寄信時不會忘記貼郵票。好吧，答案比較可能是，總統不僅擅長讀懂政策備忘錄，還擅長讀懂別人的心思。他能從好幾頁術語中挑出最重要的議題，也能一眼看穿一個人，憑直覺猜到那個人最丟人的特點。他並沒有要欺負我的意思，只是想作弄作弄我而已，但這些垃圾話背後無疑藏著深埋在我心中的事實。

這就是為什麼我不希望他上《雙蕨之間》。如果總統和我父母那幾句對話不是發生在我身上，如果我只是在YouTube看到那段影片，我可能會覺得總統是個刻薄的人。歐巴馬總統如果上《雙蕨之間》，和美國最受喜愛的傻瓜諧星查克．葛里芬納奇互嗆，他會不會嗆得太超過，被觀眾討厭？

不安的不只有我們這邊，那集節目的其中一個製作人瑞秋．勾登伯（Rachel Goldenberg）事後告訴我，他們那邊沒有人曉得主持人到底可不可以把稿子上的笑話唸出來。節目錄到一半，查克卡住了。

「您覺得當……」他開始猶豫該不該把整句話說完。

總統才不讓他退縮呢，他催道：「怎麼不說了！」

得到總統的許可後，查克又試了一次。

「您覺得當美國的最後一個黑人總統，有什麼感想？」

如果那句笑話是我寫的，那該有多好。我們和職業諧星合作——《雙蕨之間》的創作者查克、斯科特．奧克曼（Scott Aukerman）與B．J．波特（B. J. Porter）都是極具天賦的搞笑專家）——的時候，我盡量不插手，只有在總統關於《歐巴馬健保》的臺詞中加幾個字，還加上一組電話號碼，免得Healthcare.gov系統突然當掉，人們不知道該找誰才好。大部分時間我都在旁邊憂心忡忡地等待，我確信我們鋌而走險，向年輕人推銷歐巴馬健保的計畫即將失敗。

我錯了，錯得離譜。我在二〇一三年七月幫總統寫了一篇關於健保的講稿，我現在寫這本書時，那場演講的YouTube觀看次數應該只有一萬次，而那集《雙蕨之間》放上網之後，二十四小時內觀看次數狂飆到**一千一百萬**。換言之，我寫的演講從放上網到現在的觀看人次，如果用圍著一張餐桌共餐的人數比喻的話，那《雙蕨之間》影片在短短一天內累積的觀看人數，就是一整間無線電城音樂廳（Radio City Music Hall）的人。

重點是，這些人不僅看了影片，還有所行動，Healthcare.gov的瀏覽人次一夕間成長了百分之四十。影片於三月十一日放送，那之後的兩週，健康的年輕人紛紛上網註冊。

在Healthcare.gov推出前的二〇一三年，相對不受黨派影響的國會預算辦公室（Congressional Budget Office）預計美國會有七百萬人透過《歐巴馬健保》買保險。在網站災難性的初次登場後，新法的批評者得意洋洋地宣稱這個估測值一點也不準。這些人說得沒錯，因為到了四月中，已經有八百萬人上網註冊了。

歐巴馬總統於四月十七日召開記者會，將好消息告訴所有人。科迪叫我寫開場白——也就是記者開始提問前，總統的簡短發言。我接獲消息時簡直樂不可支，我已經等不及幫總統述說我們反守為攻的故事了。

然而，我在記者會開始前幾分鐘來到橢圓形辦公室門外時，總統看起來卻一點也不興奮，反而一臉悶悶不樂。總統在公開露面前向來喜歡和身邊的人閒聊，這次也不例外，他聊天的對象是新聞祕書傑伊．卡尼。但奇怪的是，總統平常在大型造勢活動露面前，總是顯得精力充沛，今天卻不然。聊著聊著，他們提到這週末有什麼計畫。

「又要打高爾夫球了嗎？」傑伊開玩笑道。每到春季，共和黨必會就總統每週打十八洞高爾夫這件事大吵大鬧，宛若春季盛開怒放的番紅花。歐巴馬總統臉上笑意全無，他看上去疲倦不已。

「傑伊，」他說，「我也就只有打高爾夫的時候能去戶外走動了。」

我們來到簡報室時，我才明白總統洩氣的原因。你開電視看看總統開記者會的新聞，也許會覺得他們有些誇大：如果在你現實生活中見到總統，就會發現美國總統其實是魚缸裡的金魚。詹姆斯．布雷迪新聞簡報室（James S. Brady Press Briefing Room）要坐滿四十九位記者，實際上沒比大多數美國人家的車庫大多少。講臺的高度和雄偉程度跟棧板差不多。歐巴馬總統並不是在號令觀眾，他是被觀眾團團圍住了。

在我繼續說下去之前，我先聲明：我認為傳統白宮記者團大部分的人都沒有偏向任一政黨。但是——但是，他們絕對不是站在總統這邊。這也是理所當然。每位記者都想成為揭發水門事件的伍德華（Woodward）與伯恩斯坦（Bernstein），如果他們不針對總統，那不就好比《白鯨記》（*Moby Dick*）裡頭的亞哈船長（Captain Ahab）不追殺白鯨，而是和一尾孔雀魚在大海玩你追我趕嗎？

除了揭穿下一個水門事件這個共同夢想外，記者也經常如牛羚般成群聚集在一條故事線周圍。他們常問：「故事是什麼？」彷彿故事不是他們自己創造的架構，而是遠方那些等著被發現的行星。我身為媒體閱聽人，多少能體會他們的想法。我平時也都仰賴記者幫助我決定哪些議題值得關心。但當事實為故事改變，而不是故事隨事實而生，情況就危險了。記者想寫出一條故事線，他們又天生不信任有權有勢的人，結合上述兩點，你會發現召開「總統反敗為勝」的記者會沒想像中那麼容易。

儘管如此，我還是確信我們關於《歐巴馬健保》的新聞能成功讓全美國知道我們的獲勝，如果用鐵達尼號（Titanic）比喻歐巴馬總統最注重的新法，那它就是撞上冰山後不僅沒有沉船，還一路橫跨大西洋，提早抵達目的地。這世界上應該沒有人認為我們的成就不足掛齒吧？

嗯，我錯了。總統在開場時熱情地宣布已經有八百萬人註冊了，記者在提問時卻幾乎沒提及這點。

「您的健保法什麼時候才會受大眾歡迎呢？」

「您終於能解決它的問題了嗎？」

「民主黨員在競選時，會支持您的健保法嗎？」

這些並不是不合理的問題。真正不合理的，是問題背後的假設。由於Healthcare.gov亮相初期大失敗，故事現在講到「總統左支右絀」這一章，我們拿出再多的證據也無法翻到下一頁。

當我們被困在負面新聞的死循環裡，歐巴馬總統就會說我們「在木桶中」。他看待木桶的態度，和幼稚園老師看待頭蝨問題的態度一樣，這就是一年會發生一兩次的討厭事件，反正它總有一天會消失。

關於最後一點，我可沒那麼有信心。我還是擔心美國大眾將Healthcare.gov災難視為總統不忠誠的證據，我怕大家不願原諒他。

二〇一四年白宮記者協會晚宴漸漸逼近，我不認為一晚上的笑話能解決任何問題，但我相信它還是有幫助。假如總統的搞笑演講夠大膽、講得夠好，選民對他的喜愛也許能死灰復燃，記者也許會覺得故事線並沒有定死。我們開始寫笑話，這回，目標再明確不過：大力揮拳。

而且，我們不能光用笑話打擊對手，還得自嘲，因為別人看到我們嘲笑自己過去的不如意，就會覺得我們已經放下往昔的失敗，準備邁向成功。可惜有許多重要人物都不懂自嘲的概念，我認識很多撰稿者都和老闆有過這樣的對話：

政治人物（盡量擺出「我是酷爸」的模樣）：「我最喜歡嘲笑自己了！你幫我寫了什麼笑話？」

撰稿者（緊張）：「這個嗎……我覺得我們可以拿您有點自以為是這件事來開玩笑，您覺得呢？」

政治人物（彷彿突然移植了新的人格）：「什麼？自以為是？這有什麼好笑的？」

如果你不曉得該怎麼回答這個問題，我來教你：切勿回答！假裝自己癲癇發作也好，裝死也好，遠逃海外也好，總之死都不可以張嘴。

在寫自嘲笑話這方面，歐巴馬總統的笑話寫手真的非常幸運。總統也許沒有發自內心享受嘲諷自己，但他至少瞭解這種笑話的價值。更重要的是，他懂得如何拿沉重的事情搞笑。我有個在國家經濟委員會（National Economic Council）工作的朋友，他在二〇一三年底首次與歐巴馬總統正式見面。

「這是大衛．埃德爾曼（David Edelman），」我朋友的老闆介紹道，「他在處理一些技術上的問題。」

總統二話不說就用狐疑的眼神上下打量他。

「幫我設計網站的人，該不會就是你吧？」

總統喜歡自嘲，還有另一個原因：他嘲笑完自己，就有資格嘲諷那些真的讓他不爽的人了。我們第一次進橢圓形辦公室討論二〇一四年白宮記者協會晚宴時，講稿有一整頁都是關於Healthcare.gov的笑話。我們以此為代價，換得譏諷密契．麥康諾、右翼億萬富翁科赫（Koch）兄弟與《福克斯與朋友們》（*Fox & Friends*）主持人的資格。

我們順便嘲諷了那些對佛拉迪米爾．普丁（Vladimir Putin）念念不忘的共和黨員。最近有越來越多共和黨員關注普丁。這個趨勢真的很莫名其妙。你會看到有頭有臉的保守派成員大肆讚揚俄羅斯獨裁領袖，而且很多時候還是些帶有性暗示的稱讚。麥克．赫卡比（Mike Huckabee）州長彷彿在男同志交友軟體Grindr看了拳頭特大的猛男檔案，聲稱：「我知道佛拉迪米爾．普丁只有在俄羅斯冬天脫下上衣的時候才會顫抖。」電視節目主持人肖恩．漢尼提（Sean Hannity）與前任紐約州長魯迪．朱利安尼（Rudy Giuliani）沒有麥克那麼迷妹，但也差不遠了。我們在美術部門的協助下，做了一張應景的圖：麥克、肖恩與魯迪像小女生一樣開睡衣派對，看著赤裸上身的普丁海報傻笑。

除了這張投影片之外，我們還有許多視聽噱頭：十幾張修出來的圖片，惡搞《駭客任務》（*The Matrix*）的作品，由茱莉·路易絲-卓佛（Julia Louis-Dreyfus）扮演她在《副人之仁》（*Veep*）電視劇一角所拍的短片，我們甚至拍了幾張第一夫人一臉困惑地拿著冰棒棍做的相框的照片，加入投影片陣列。技術上來說，這是我們有史以來最有野心的一次記者協會晚宴，沒有人能說我們沒全力以赴。

「你確定這些東西真的有用嗎？」科迪問，「健保已經搞成那樣，我們不能再出錯了。」

「我來搞定它，」我向他保證，「我們在晚宴當天早上順過一次就好了。」

所謂的「順過一次」是在希爾頓酒店舞廳上方進行，那是一塊位於舞臺上方約三十英尺，由欄杆圍著的窄通道。地板是水泥做的，四面八方都是線纜，走到另一端還有個讓人聯想到第三世界動物園的金屬籠。

史帝夫就坐在籠子裡。史帝夫不是白宮職員，而是華盛頓希爾頓酒店的員工。打從見面那一刻開始，他就將自己的見解表達得沒有任何疑問空間——在他看來，希爾頓酒店比白宮重要得多。他留了一頭短髮，面帶一臉犧牲的表情，頂著剛好能用來放咖啡杯的大肚子，以黑豹般死守地盤的本能再加上家貓的工作態度，管理舞廳的視聽器材。

來「順過一次」的人除了史帝夫之外，就只有珍恩了。珍恩是白宮美術部門資歷最淺的職員，她是那種能泰然自若地戴著紫色腰包出門的人，也是加拿大搖滾樂團「匆促樂團」(Rush)的粉絲團團長。她這個人什麼都好，就是不太能管控自己的情緒。

現在，她非常緊張。「都沒問題吧？要不要我去弄一臺備用電腦？有沒有要再檢查一次的東西？」看到珍恩緊張兮兮的樣子，我感覺更加鎮定了。我擺出身經百戰、波瀾不驚的姿態，跟她說沒關係，不會有事的。

在我晚間回到希爾頓酒店時，一名CAT小組成員檢查了我禮服西裝上的別針，放下他的突擊步槍後，點頭放我進旅館後門。我用經驗換得的鎮靜又得到了強化。我在晚宴前的接待會場來回走動，找點心吃，幫總統最後修了修講稿，然後在總統準備演講時，走上舞臺上方的小通道。

身穿飄逸紫色晚禮服、呼吸急促的珍恩已經帶著筆電在那裡等我，史帝夫也在，從他的表情看來，他可能是錄了《冰路前行》(*Ice Road Truckers*)之類的電視劇還沒看，而且他覺得是我們害他不能回家看電視。

不過總統開始搞笑獨白時，腎上腺素已經流遍我四肢百骸，我根本無暇注意他們兩個了。這是我們破木桶而出的機會，我興奮地想：今天的搞笑演講說不定真的有用。觀眾對《副人之仁》短片反應極佳，關於健保的自嘲也使觀眾印象深刻、連連鼓掌。而且總統本來就能出色地掌握時機，經過這幾年的練習，他幾乎抓時機簡直天衣無縫。總統在下方的舞廳說了一則又一則笑話，引來一陣又一陣笑聲。過沒多久，我們和成功之間只隔最後幾張投影片了。

「兩週前，我跟泰德・克魯茲參議員一起完成一項法案。」

「好，」在通道待命的我說，「下一張投影片。」

輪到史帝夫做事了。我們的視聽專家心不甘情不願地伸長手臂，按下一個大大的方形按鍵。舞廳裡的大螢幕上，地獄結凍的圖片取代了總統現場演講的影像，觀眾哄然大笑。

「好，回去，」我說。史帝夫理論上要等我下指令再放開按鍵，但他已經回到原本的姿勢，一臉不爽地癱在椅子上了。螢幕上的投影片消失，變回演講直播。

歐巴馬總統繼續講他的，完全不知道上方正上演一場被動攻擊之戰。每次出現新的投影片——拜登的鞋子，《權力遊戲》(*Game of Thrones*) 職員會議，超級社會主義高中——史帝夫就稍微慢一些按下按鍵。他每次癱回自己的座位上，表情就更臭。

「我不管往哪裡看，都能看到不同的人事物提醒我，這只是我暫時的工作，」總統說。

「好，切換到投影片。」

史帝夫再次向前傾，但這次他忙著痛恨我，沒發現自己的手指按偏了，觀眾愕然看著螢幕上迅速閃過一張照片。我氣死了，史帝夫想毀了歐巴馬總統重要的演說嗎！這怎麼可以！

這時，我注意到我們的下一張投影片憑空消失了。

我震驚地又看了一次珍恩的電腦，第十三張——總統皺著眉頭站在橢圓形辦公室裡——沒問題，第十五張——《駭客任務》的程式碼——也在。問題是第十四張，就是第一夫人拿著冰棒棍相框的那一張，不知道跑哪去了。第十三張後就是第十五張。歐巴馬皺眉，然後就是《駭客任務》，中間什麼也沒有。總統不知道這個狀況，再過不到十秒，他就會在全世界面前丟臉，而這一切都是我的錯。

珍恩也發現事情不對勁了，她直接進入恐慌狀態，用「我家小孩消失了」的驚惶語氣驚呼：「投影片呢？投影片呢？」

我用「我正要爬上斷頭臺」的語氣回答：「投影片不見了。」

史帝夫似乎身在人間天堂，此時上演的鬧劇比《冰路前行》精采多了。隨著時間慢動作前行，他一臉滿意地將雙手疊放在肚皮上，彷彿我們所有人都學到了寶貴的教訓：絕對不可以惹惱視聽專家。珍恩連續小中風了好幾次；我則盯著擺在通道上的小螢幕，眼神死。

歐巴馬總統繼續說：「喬治．華盛頓．布希離開白宮後開始作畫，我受到他的啟發，也決定發揮自己的藝術才能。」

總統頓了頓，等下一張投影片出現，然而全美國只有三個人知道那張圖不存在。

「我相信圖片應該快出來了，」總統說。我冒了一身冷汗，嘴巴比砂紙還乾。總統煩躁地舔了舔嘴唇。

「好吧。」

我向來不是那種將「我的事業」說得像「我的小孩」的人，話雖如此，我現在看著自己生下來的事業死去，還是悲痛欲絕。歐巴馬總統要出糗了，再過不久新聞就會出現一系列「總統運氣好差」的故事。有很多人要因此倒大楣，第一個被拖出去砍頭的應該就是我。

就在我開始思考矽谷會不會僱用被世人唾棄的前撰稿者時，下方舞臺上，有什麼事情發生了。總統在一瞬間恢復鎮定，他望向滿會場的記者，看著這些巴不得報導白宮失誤的人，對他們露出無奈的笑容。「沒有投影片，笑話就不好笑了，」他對大家解釋。觀眾突然明白了些什麼，笑了起來。

「好吧，」總統又停頓片刻，「就假裝剛剛那個很好笑吧。」他說完輕笑了幾聲，觀眾也跟著發笑。總統轉向當晚的主演者，喬爾．麥克哈爾（Joel McHale）。

「喬爾，你也常遇到這種事嗎？」

這並沒有成為當晚最幽默的笑話，但也沒有成為新聞頭條。總統即興表演完，說完正經的結語後回到座位上，觀眾紛紛起身鼓掌。我坐在史帝夫的籠子裡，慶幸總統腦筋動得夠快。

我們今晚沒有出糗，不過逃出木桶的機會被白白浪費了。隨著夏季來臨，改變故事線將成為不可能的任務。

你有沒有在華府的夏天穿西裝打領帶去上班過？想不想親身體驗看看？很簡單喔！首先，找個東西繞在你脖子上，這個東西可以是圍巾，也可以是蟒蛇。接下來，披上一件又厚又不透氣的衣服，你可以選羊毛衣，也可以直接在身上鋪厚厚一層柏油。為了模擬熾熱陽光與黑皮鞋的加乘效果，我建議你用一整窩火蟻把腳包起來。最後，在一個大湯鍋裡裝滿水，加熱到快沸騰後爬進去窩著。都完成了嗎？很好，你可以開始工作了。

女性職員可以穿裙裝上班，她們夏天比較好過，但也沒有好多少。無論你是穿T恤還是軍服工作，華府人每到夏季就心思一致。炎熱的天氣能幫助人培養品格，這也是閒聊的好話題，但這種天氣對治國一點幫助也沒有。每個人的腦袋都在頭殼裡燜燒，有錢去放長假的人都逃出華府了，只剩一堆二十三歲年輕人主持國事。

歐巴馬世界的夏季與《權力遊戲》世界的冬季很像，在無情的酷暑，瘋狂孳生得比蚊蟲還快。

二〇〇八年八月二十九日：莎拉．裴琳被提名為副總統候選人。

二〇〇九年八月七日：「生死判陪審團」這個詞被創出來了。

二〇一〇年八月二十八日：格林．貝克（Glenn Beck）在林肯紀念堂（Lincoln Memorial）臺階上舉行「重拾光榮」（Restoring Honor）集會。

二〇一一年七月三十日：債務上限危機最慘最慘的一天。

二〇一二年八月三十日：克林．伊斯威特在共和黨全國代表大會發表演說。（共和黨的計畫沒有成功，但這個主意實在糟糕到了極點，所以還是算夏季瘋狂。）

二〇一三年八月一日到三十日：美國得了政府停工病。

夏天到底是有什麼問題？論混亂與整體糟糕程度，沒有一年比得過二〇一四年夏季。首先登場的是伊波拉病毒，這玩意集駭人症狀、疾速傳染與無解藥於一身，簡直是麥克．克萊頓（Michael Crichton）寫的小說裡會出現的疾病。在二〇一三年，西非爆發伊波拉疫情時，美國大眾幾乎沒注意到；但隔年八月二日，一名美國公民感染了，全美國在一瞬間失去理智。

我自己也不例外。我努力理性看待這件事：染病的美國人是在海外工作的傳教士，而且我國公共衛生系統比賴比瑞亞或獅子山共和國先進太多了。我掌握這些資訊，卻一直無法安心。

我和賈姬坐在我們灰色的瑪莎．史都華（Martha Stewart）沙發上，計畫未來的新生活。

「我們可以在山林裡露營。我帶我的釣具去好了。」

「你不是每次都釣不到魚嗎？」

「是沒錯，可是說不定我快餓死的時候就會進步？」

如果你嫌伊波拉不夠，那別擔心，我們還有恐怖組織界的伊波拉——ISIS。他們殘殺數十名無辜民眾，活活把人燒死、強迫婦女當性奴，我們無法完整列出他們的罪狀，更無法理解他們。這個團體聲勢逐漸壯大，於是歐巴馬總統在八月七日下令空襲伊拉克與敘利亞的ISIS戰士，作為報復，他們在八月十九日錄了將美國記者詹姆斯．佛利（James Foley）斬首的影片。

這支影片成了一切的轉捩點。前一天還只是幾個不知是何方壞人的ISIS，一夕間成了全國公認的妖孽。人們也迅速跳出來批評總統。鄉村俱樂部派怪他對恐怖分子的態度太軟弱，地平說學會與聖戰士派更是指控他站在恐怖分子那一邊。

第二種說法誇張得不可思議，第一種說法也沒好到哪裡去。歐巴馬總統沒有在對ISIS的戰爭中退縮，反而發動更多突襲與空襲，解決了敵方好幾個高層將領與數十名兵卒。伊拉克與庫德族軍方在美軍的幫助下，開始將所謂伊斯蘭國的國境一步步逼回去。不過，若人心惶惶的美國人希望總統能拍胸脯說些「我要親手殺幾個恐怖分子！」之類的話，那不好意思，你們選錯總統了。幾個月前，有人請歐巴馬總統與外交政策小組定出「歐巴馬信條」時，他們的回答是：

「不要幹蠢事。」

是不是很遠大的志向啊？這句口號稱不上偉大，卻是經過常識與大腦思考的發言。原則上，歐巴馬總統不反對憑美國的蠻力壓制他國；但他相信在大部分情況下，自我克制還是最好的選擇。換句話說，對美國而言最危險的，無疑是一位試著學約翰．韋恩（John Wayne）卻學得四不像的總統。歐巴馬總統拒絕使用國內右派名嘴與ISIS宣傳者愛用的「文明之間的戰爭」這類說辭。

我幾乎可以肯定，這是正確的選擇。如此一來，全世界最凶殘的殺人組織就不能利用美國總統的言語作為招募的工具了。問題是，有時總統冷靜的行為與國內氣氛格格不入。ISIS釋出佛利被斬首的影片時，歐巴馬總統在瑪莎葡萄園島（Martha's Vineyard）度假；他選擇不提早結束假期。另外，他將「ISIS」稱作「ISIL」[1]，技術上而言這樣的稱法沒有錯，但有些人就是聽不順耳，這感覺就像你被牛肉噎到了，服務生還硬要跟你解釋你吃的不是神戶牛，而是和牛。

就連我們政治上的盟友，也被歐巴馬總統近乎病態的冷靜搞得心神不寧。儘管如此，總統雖從未直言，他要傳達給大眾的訊息卻非常好懂：不要恐慌，不要崩潰。

沒有人聽得進去，美國進入全體崩潰狀態，而且政治非但對情勢沒有幫助，還助長了人民心中的焦慮。德州州長瑞克．裴利為了鋪墊二〇一六年總統大選，宣稱ISIS可能已經越過美國南邊國境了。另一位候選人蘭德．保羅（Rand Paul）也不惶多讓，他堅稱參加雞尾酒會時，如果不小心太靠近不該靠近的賓客，就有可能傳染伊波拉病毒。電視新聞偶爾會指出這些不過是幹話，但大部分時間，新聞臺都沉浸在全國恐慌帶來的超高收視率。我有天看了ＭＳＮＢＣ新聞頻道一眼，赫然看見阿爾．夏普頓牧師（Reverend Al Sharpton）學怎麼穿防護衣的實況轉播。

「完了，」我心想，**「這絕對不會有好結果的。」**

我想得一點也沒錯。世界上不是第一次發生可怕的事情，不過在二〇一四年夏季之前，我從沒聽到這麼多人說「世界崩壞了」這句話。客觀而言，世界當然沒有崩壞。二〇一四年，美國死於恐怖攻擊的人數是十八人，和被牛害死的人數差不多。人們死於暴力事件，在美國城市被攻擊或罹患晚期癌症的機率，都是史上最低。儘管如此，美國確信天要塌了的人數卻創下歷史新高。

我覺得這是媒體的錯——更準確地說，是社交媒體的錯。現在多虧了推特，每發生一件悲劇你都能追蹤事件發展，多虧了YouTube與臉書，現在你不只是在報紙上看到恐怖事件，還能親眼看見令人膽顫心驚的影片。在人類史上，我們這代人親身經歷的暴力遠少於過去，但我們目睹的暴力卻遠多於舊時。

---

1 ＩＳＩＳ是「伊拉克與大敘利亞伊斯蘭國」（Islamic State in Iraq and Syria 或 Islamic State in Iraq and Great Syria）的簡稱，《紐約時報》等媒體如此稱呼。但路透社、法新社、美聯社和半島電視台則稱呼為ＩＳＩＬ，意思是「伊拉克和黎凡特伊斯蘭國」（Islamic State in Iraq and the Levant）。

我必須承認，同儕擔心宇宙即將終結時，我沒有他們那麼焦慮……這其實是有原因的。在人類文明貌似要崩壞的此時此刻，我的撰稿事業終於起飛了。

白宮高層職員多為「委任官員」（Commissioned Officer），這些委任官員又細分成三個階級：最低層是總統特別助理（Special Assistant to the President，簡稱SAP），更上層是總統副助理（Deputy Assistant to the President，簡稱DAP），而最高層的總統助理（Assistant to the President，簡稱AP）理論上直接聽令於最高統帥。

委任這東西不像糖果，你不能隨便亂發。總統特別助理、總統副助理與總統助理的人數是有限的。所以，從第一次競選就一直在總統身邊寫講稿的凱爾．歐康諾宣布要辭去特別助理職位，去科技公司上班，這可是件大事。我一開始隱隱向科迪暗示我想升上去，後來越來越明目張膽，最後，科迪終於在那年夏末決定讓我晉升了。我上頭還有幾十名總統副助理與總統助理，但剛成為總統特別助理的我，技術上而言已經是白宮的高級職員之一。

除了新頭銜以外，我的薪水也增加了，現在傳教男每年給我的納稅錢多了一分美元，但這不是重點。在「那棟建築」內，我們每個人的薪水和私人企業員工薪水相比都嫌少，真正要緊的不是錢，而是你和權力之間的距離。

這麼看來，當上總統特別助理就如同抽中頭獎。正式晉升過後數日，我來到白宮營運辦公室，聽一名年輕女性說明我這個職位的福利。現在，我可以把車停在白宮園區內，到西廂外帶窗口買冰棒，還可以預訂海軍餐廳的桌位。我收到一張委任官員證書，可以裱框掛起來，我的名片多了個華麗的立體章記，人們理論上應該稱我為「尊敬的大衛．利特」……不過很可惜，從來沒有人這樣叫過我。

最厲害的新福利，當然要留到最後說。那個年輕女人打開小資料夾，取出一把大約一英寸長、四分之一英寸厚的銀色鑰匙。我一眼就認出這把鑰匙，泰瑞平常沒事就把它掛在脖子上，這想必就是開啟緊急避難所和逃生艙的鑰匙了。我伸出手，貴重的鑰匙被放在我手心。

白宮營運辦公室的女職員注意到我驚愕的表情，她用嚴肅、沉重的眼神注視著我。

「有了這個，」她正經八百地說，「你就能使用高級職員的健身房了。」

13 夢想清單

Bucket

我成功了！我獲得和全世界權力最大的幾個人一起踩著滑步機流汗喘氣的資格了！實際上我還不算是他們的一員。高級職員與**真的很高級**職員之間的界線，每早都要重劃一次。如果有人邀你出席代尼斯．馬克多納早上七點半的會議，你就是少數能影響美國總統的人之一。

如果你像我，只受邀在早上九點出現在羅斯福室，你只能參與白宮的展示討論會。其實你參加這類會議也能獲取不少資訊，無論是波多黎各的債息、社區大學輟學率、退休計畫最新的變化，你能想到的每一件事，幾乎都有專門研究它的聯邦政府公務員。一個令人印象深刻的早晨，一位科學家花了十分鐘向我們介紹美國獨特的表土構成。我能發自內心告訴你，那是我這輩子第一次為泥土產生愛國之情。

不是每一場九點鐘會議都很成功。舉例來說，有一次國家安全會議一位主任來向我們介紹巴基斯坦與阿富汗邊境村落面對的混亂情勢。講者說完後，立刻有人舉手。那隻手的主人是矽谷「移植」過來的工程師，我們這邊最近越來越多工程師了。

「我剛剛在想，」那位科學技術人員嘆道，「如果我們能教那些村子裡的女孩寫程式就好了。」即使是多年後，我在寫這本書時，我還是不曉得該對那句話做何感想。一方面而言，這什麼鬼話啊？另一方面來看，歐巴馬白宮一向受這種小型文化衝突影響。大部分時候也能受惠於帕羅奧圖（Palo Alto）與國務院之間的衝突、執行長風格與抗議遊行者之間的摩擦，以及喜歡大學校際籃球賽與假裝喜歡大學校際籃球賽的人之間的糾紛（在歐巴馬世界，你就算不喜歡大學籃球也得假裝喜歡）。

當然，還有最重要、最多人關心的文化差異：你是那種喜歡待在華府，建立與實施新政策的人，還是那種喜歡在外地助選的人？

許多職員出於工作需求，選擇腳踏兩條船；但這就像喜歡巧克力和喜歡香草一樣，幾乎所有人都會選邊站。助選派把政策派視為無法在辦公室外生存的笨蛋，政策派視助選派為無法專注於一件事的白痴。其實兩方說得都有幾分道理。

話雖如此，我依然認為自己屬於助選派。我深愛候選人登上造勢活動的舞臺時，臺下眾人不約而同屏息以待的那刻，我深愛群眾聽到「自由」與「公民」等字詞時的歡呼聲。

不過比起這些，我最愛的是獲勝，而且不光是因勝利帶來的多巴胺與腎上腺素。我愛勝選，是因為在兩極化的民主國家，用民主黨員取代共和黨員是帶來改變的最快方法；而最能阻擋改變的則是以共和黨員取代民主黨員。若說每日施政是選擇合適的字詞，那選舉就是選擇最合適的語言。

因此，我現在有了漂亮的新名片，還有了停車證，但當上總統特別助理最令我興奮的一點是：我身為委任官員，不再受公共事務與政治活動之間的法律界線限制。我能突破二〇一二年的限制，寫競選用的講稿了！這一刻來得正是時候，眼見二〇一四年期中選舉將至，我想歐巴馬總統應該會在秋天開始幫民主黨候選人拉票吧？

我沒發現我們越來越不受歡迎。隨著十一月一步步逼近，民主黨在全國的選戰情勢越來越不妙。總統的支持率持續下滑，對參選參議員或州長的民主黨員而言，巴拉克．歐巴馬彷彿患了水痘。當歐巴馬總統提議和他們同臺演說時，他們緊張兮兮地婉拒了。

當然，還是有些例外——我們在十月二十八日飛往威斯康辛州，支持參選州長的民主黨候選人瑪莉．柏克（Mary Burke）。我們抵達總統過去造訪了無數次的威斯康辛州，儘管當天是冷得要命的週二晚上，還是有三千五百人前來參加造勢活動。總統對擠滿一整間高中體育館的觀眾，重提我們齊力成就的進步，並強調接下來這場選舉的重要性。

「你可以選擇憤世嫉俗，」他高喊，「但希望是更好的選擇。」

觀眾歡聲雷動。在那間體育館裡，歐巴馬的支持率絕對有百分之一億。這也是我喜歡競選的原因之一。在大選日將至的最後那幾天，無論你站在即將獲勝或即將失敗那一方，總是會覺得自己勝券在握。

我們將會輸，而且會輸得很慘。選擇憤世嫉俗的選民多得不可思議，除非你是《北非諜影》（*Casablanca*）剛上映就去看過那部電影的老人，否則二〇一四年應該是你一生中投票比例最低的一年。當然不是所有人都待在家不投票，有去投票的共和黨支持者多得是。眾議院本就是共和黨大本營，現在約翰．貝納的眾議員軍團多了十三席；而在參議院，共和黨只差六席就能成為多數黨，選後密契．麥康諾多了九個共和黨同事。瑪莉．柏克想選威斯康辛州長？別作夢了，就連深藍的麻州與伊利諾州州長之爭，我們也贏不了。

隔天的九點鐘會議氣氛凝重。你光看大家的表情，甚至會以為房裡擺著一口開蓋的棺材。政策派正在為不合理的選戰結果哀悼，我們明明救了全國經濟、解決了賓拉登、提出了大多數美國人支持的政見，為什麼會慘敗？助選派深知選舉的結果與邏輯無關，但我們在選前也因此心存一絲不合邏輯的希望，希望我方能在期中選戰反敗為勝。你問我，當時心思最亂的是政策派還是助選派，我也說不出來。

分析這場敗戰的責任，落到了總統的政治主任大衛．西馬斯（David Simas）肩上。西馬斯與我們不同，他來華府之前當過地方官，你還可以看到官場在他頭上留下的痕跡：他的頭髮在中間偏右的位置乾淨俐落地旁分，兩側是棕色懸崖。他平時面帶謹慎但樂觀的笑容，此時卻形容枯槁。每一張投影片的內容都沉重不堪。有太多無黨籍人士厭倦了我們，有太多民主黨支持者看膩了我們。這次選舉不像二〇一〇年那樣慘，而是更慘。

西馬斯報告到一半，他右手邊的門被猛然推開，歐巴馬總統走進羅斯福室。

會議室沉重的氣氛瞬間消失無蹤，一雙雙黯淡無光的眼睛重新燃起火苗，響徹羅斯福室的掌聲與競選時的喝采聲有得比。歡呼聲終於散去後，總統開口。

「我討厭失敗，」他說，「我們昨晚敗得很慘，但我打算在接下來兩年把汁榨得一滴不剩。」

他維持這種固執的樂觀態度，又說了幾分鐘。我記得我當時很努力專心地要聽總統說話，但我就是無法專注，因為我忙著看觀眾的反應。**真的很高級**的職員坐在巨大木製會議桌周圍，眼中洋溢著霧水般的感動光輝，彷彿他們不過是小孩子，而巴拉克·歐巴馬是他們景仰的大哥。

我看過那種眼神，我也曾無論如何都毫不保留、毫不猶疑地信任歐巴馬，但在那一刻，我驚恐、沉痛地發現，我已經找不回當初的感覺了。我們的確收拾了小布希製造的亂局，可是當初令我、令無數人愛上歐巴馬的，是遠比這個偉大的願景。我們當初愛上的，是當年一月某個晚間他在愛荷華州說的一句話：

「即使面對不可能，深愛這個國家的人們還是能改變這個國家。」

現在，我終於懂了，當初改變了我一生的那場演講，不過是毫無根據的樂觀發言。無論總統多麼仔細挑選文句，最終，我們的故事將由密契·麥康諾的語言載於史冊。憤世嫉俗的人將大獲全勝，相信改變的人只能接受失敗。

提振士氣的演說結束了，歐巴馬總統離開會議室，我和其他人一起笑著拍手。除了微笑拍手之外，我又能做什麼？現在回想起來，我真是太愚蠢、太天真了。

在這種時刻，我都發自心底羨慕歐巴馬家養的葡萄牙水犬阿博（Bo）。阿博才不關心什麼民調結果、什麼法案不通過，牠不管自家主人的支持率，整天大搖大擺地在白宮裡閒晃。牠似乎知道，我們美國沒有王室，但總統的寵物應該是最接近王族的存在了。在二〇一三年，歐巴馬家養了第二條狗，這隻叫桑尼（Sunny）。桑尼好像也覺得自己是王族，牠整天亂跑亂跳，四隻腳到處踩，其實有點像安定下來前的英國哈利王子（Prince Harry）。

「這才是像樣的生活嘛。」我心想。那兩條狗得到了賓夕法尼亞大道1600號最好的福利——牠們和權力之間的距離接近零，士氣昂揚，而且走路時也自信滿滿——卻不必為其他事情煩惱。我幹麼為幼稚園要不要納入國民義務教育而輾轉難眠？為什麼我每每想到再生能源抵稅措施可能終止，就非要氣得拳頭緊握不可？

不讓我當快樂的狗也沒關係，我很樂意當新聞辦公室那邊的大蜘蛛，牠們能默默待在牆上看人們辦事，也能吃牆上的蒼蠅，多好啊！不行的話，讓我當一隻在南草坪樹上築巢的紅尾鵟也可以。現在那隻紅尾鵟被一群四年級學生取名叫林肯。林肯不明白什麼是「施政危機」，牠從不覺得自己多年來的努力都白費了，因為對牠來說，白宮不過是個松鼠多到吃不完的好地方。

林肯也不知道，我們在選戰中丟臉丟到家之後，總統還得召開記者會。但總統知道。歐巴馬總統在期中選舉隔天召來記者團，白宮將上演潰敗後戲碼的第一幕。記者的提問清楚傳達了這次故事的主軸：「民主黨敗選，歐巴馬中止一些施政方針」。

「您是否覺得自己應重新調整施政計畫？」

「您何不學當初柯林頓的做法，承認自己必須大幅改變前進路線？」

歐巴馬總統若照劇本演下去，應該要公開縮減自己的雄心壯志。但這時，故事朝不同的方向發展。總統沒有在記者團面前低頭，反而堅守自己的立場。「我們為我們的原則奮鬥，這些是我和我的職員每天工作的動力——這些是不會改變的。」他說。我知道你可能聽不懂「記者會語」，別擔心，我幫你翻譯：總統叫記者團去死。

總統可不是隨便說說。那場記者會過後幾天，華府與北京簽署了聯合氣候協議，中國首次同意限制碳排放量。麥康諾等產煤州的參議員怨聲連連，但他們也無力改變歐巴馬總統的決策。那一週，我寫了篇推廣「網路中立性」（Net Neutrality）概念的臉書影片講稿，有線電視公司與仰賴它們捐款的立法者也是意見一堆。不過歐巴馬總統根本不在意。

氣候與網路議題不過是開胃菜，人們最關心的行政行動其實是移民問題。

二〇一二年選舉中，米特．羅姆尼只得到百分之二十七的拉丁裔美國人選票，共和黨解析了選舉結果，一致得到以下結論（你現在看這句話，一定會覺得不可思議）：支持移民政策改革！馬上就做！

佛羅里達州與亞利桑那州等地方的共和黨參議員學到教訓，他們和民主黨議員合作通過了一項法案，允許一千一百萬名未登記的移民過一段時間後成為公民。但在選區被劃得亂七八糟，由茶黨主導的眾議院，改革行動毫無進展。歐巴馬總統在二〇一四年七月宣布，他不會再等國會的決議了，他要立刻採取行動，移民制度改革一刻也不能等。

然後，接下來幾個月卻一延再延，而且這次問題不是出在共和黨身上，而是在民主黨身上。一些特別緊張的民主黨候選人害怕人們將自己與總統聯想到一起，他們哀求總統等他們當選後再採取行動。總統為他們延後了行動，但那些候選人還是沒有當選。在期中選舉隔天的記者會上，記者們對歐巴馬總統提出至少五個移民相關問題，其實每一個問題的意思都差不多：「你真的會通過嗎？」

他真的施行了。白宮計畫於十一月二十日向全國致辭，我向科迪請纓，他同意讓我試著寫這份講稿。

這絕對是我目前為止寫過最受矚目的演講稿——總統將在黃金時段上全國電視演講，直播給全美國聽。接下來兩週，我頻頻出現在西廂各個角落——在國內政策會議（Domestic Policy Council）、白宮法律顧問辦公室與白宮幕僚長辦公室（Office of the Chief of Staff）都能看到我的蹤影——但我主要將時間用來研究大衛·西馬斯的團隊整理出來的民調數據。西馬斯和他的團隊日夜調查美國人的意向，與喬爾·本南森在選戰中做的工作很像；但喬爾調查的是美國人對候選人的看法，西馬斯關心的則是人們對議題的看法。

「美國的移民體制壞了，你有什麼**感覺**？」

在大演講前幾週，我們主要研究我們所謂的「積極爭奪的中間選民」（Up for Grabs，簡稱UFGs），這類選民完全稱不上大熔爐，他們大多是白人，無黨無派，主要是女性，一般是住在城郊的中年人。我不能用「凱倫」概括這一整個群體的人，但也差不多了。

典型的凱倫不完全反對移民，但她認為人們該遵守規矩，一想到有人用「錯誤的方法」來美國，她就氣憤不已。考慮到這點，我將總統的行動說成「嚴厲的愛」——我們會加強南邊國境的防備，強迫五百萬個未登記的移民走出來，強迫他們學英文，並要求這些人繳納過去的漏稅款外加罰金，乖乖配合的移民才能留下來。我用嚴厲、冷血與利己的言詞，寫了一篇專門用來討好「中間選民」的講稿，然後寄給科迪，他的回覆一定會是：「哇！」

但科迪掌握了我所不知的資訊，身為早上七點半會議的常客，他注意到了老闆態度的變化。

「我們把這個拿給他看之前，何不先去找他聊聊？」科迪提議。

我們在約定好的時間來到橢圓形辦公室，在總統辦公桌另一邊坐下，總統朝我印出來的講稿伸手——不過在他碰到講稿前，科迪跳出來說話了。

「我想，您這次應該想把重點放在價值觀上，用道德和大道理說服人吧？」

「沒錯，」歐巴馬總統說，「我們這次要做得夠大。」

接下來數分鐘，歐巴馬總統開始描述他的願景，他這次以大原則而非投資報酬率為主要考量。我們的移民體制不允許數百萬名勞工成為公民，這是多麼不公！這個體制硬生生拆散了移民家庭，這是多麼不正！這個體制非但沒歡迎移民，還千方百計防止他們取得公民資格，這不符合美國精神！總統簡述了此次演講的大綱，他似乎說完才想到我的講稿還擺在桌上，他指著講稿說：

「利特，我剛剛說的那些你都寫在裡頭了吧？」

「喔對啊，」我信口胡謅，「全都在裡頭了。」

我們離開橢圓形辦公室時，科迪特地將講稿帶出來，以免我的謊言被總統拆穿。我不用問也知道，我要被大腳了。數日後的晚間，歐巴馬總統站在東廳，將完全重寫過的講稿即時唸給全美國聽。

「過去兩百多年來，我們一向歡迎來自世界各地的移民，是這個傳統讓我們超越了其他國家。」

「在現在的體制下，為我們採摘水果、整理床鋪的勞工永遠沒機會成為公民，我們的國家真的如此虛偽嗎？」

「《聖經》告訴我們：不可欺壓寄居的；因為我們知道寄居的心——我們也曾作過寄居

的。」[1]

我不能說歐巴馬總統完全無視中間選民，不過他確實沒有從前那麼在意這群人的短期好惡了。相較於凱倫，一個出生在土桑市或雷諾市、父母是非法移民的十九歲年輕人的選票並不是要爭取的中間選票，她在二〇一四年甚至還沒到能投票的年齡[2]，但她也是美國人，歐巴馬也是她的總統。在歐巴馬總統所謂的「第四季度」，他將心思放在建立一個對所有人——選民與非選民、中間選民與非中間選民——都守信的國家。

總統那場演講的重點——保護五百萬名未登記移民權益的計畫——最終被最高法院推翻了，但他的態度再也沒有變過。移民演講結束後，不到兩個月便是二〇一五年國情咨文了，隨著日子一天天過去，科迪完全進入了戰鬥詩人模式，在辦公室裡一待就是好幾個星期。我終於在發表國情咨文當天看到他時，他看起來像是過去幾週除了雨水與尼古清（Nicorette）之外什麼也沒吃。

「你會去嗎？」我問他。

「不會，」他疲憊不堪地回答，「你想去嗎？」

我當然想了。那晚，我爬進職員的小巴，車隊沿著獨立大道（Independence Avenue）向燈火通明的國會大廈疾駛。

早在七年前我便搬來華府定居，但這是我第一次踏進國會大廈。我感覺一股混雜了敬畏與狂怒的情緒在我體內翻騰，那是密契・麥康諾（他本人其實比照片帥多了）！那是約翰・貝納（他本人和照片長得一模一樣）！我擠在牆邊，認出一個個共和黨國會議員，像極了痛恨鳥類的賞鳥者。他們怎麼那麼多？我們怎麼那麼少？

歐巴馬總統從未對批評者比例高得如此離譜的觀眾演說，但即使他心生恐懼，也沒有表現出來。他勇敢、驕傲地列出自己的成就：自一九九〇年代至今最快的增加就業率，史上最高的大學畢業人數，美軍阿富汗戰鬥任務的終結。過去數年，我們不願冒犯那些認為美國進步得不夠快的人，因此常用種種前提限制我們列舉的成就；但這回，我們不再亦步亦趨。「這個聯邦狀態強盛，」第一頁講稿還未唸完，總統便傲然宣稱。這是巴拉克・歐巴馬從當上總統至今，首次大聲唸出這句話。

總統將令人印象最深刻的一段話，留到演講的最後。「我已經不會再參選了。」他宣布。這本該是優雅又高尚的一句話，沒想到共和黨員爆發熱烈掌聲。

我本以為歐巴馬總統會無視他們，但他頓了頓，簡短有力地一點頭。我看他演講看了這麼多年，當然不可能不知道接下來要發生的事。

完了，他要嗆人了。

1 出自《舊約・出埃及記》23章9節：「不可欺壓寄居的；因為你們在埃及地作過寄居的，知道寄居的心。」

2 美國公民可在滿十八歲時投票。

歐巴馬總統直視自己的政治對手，露齒一笑。「對啊，」他說，「因為我之前兩次參選都贏了。」共和黨員瞪他瞪得目眥盡裂，近期因民調結果而丟盡了顏面的民主黨員歡聲雷動。我們的批評者會說，總統身為總統，不該用有失尊嚴的方式回應共和黨議員。但在我看來，雖然他一隻松鼠也沒吃，歐巴馬總統卻像極了林肯。

擺脫束縛的不只有歐巴馬總統的態度，他傳達訊息的方式也變了。我剛拿到藍色胸章時，白宮只存在兩種溝通工具：採訪或演講。我們確實有新媒體辦公室，總統確實每年與YouTube網紅聊一次天；但在我們眼中，網路是裝飾而非必需，比起褲子更像是口紅。

在《雙蕨之間》上映後，這一切都變了，我們開始問自己過去為何沒試過類似的方法。二〇一五年二月來臨，美國大眾有了透過《歐巴馬健保》買醫療保險的第二次機會，這回我們當然要再次用網路宣傳新法，唯一的問題是，該和誰合作、怎麼合作才好？

這個問題的答案，是「毒品交易」。別緊張，我們沒有進行藥物和金錢的交易，在白宮，「毒品交易」指的是以媒體曝光作為交易籌碼，而我們這次的交易對象是BuzzFeed。這個網站專門刊登在網路世界散播得比禽流感還快的內容農場文，它就是靠下面這種文章成名：

17種方法看出你從小住在船屋裡

這種文章。

但在二〇一一年，BuzzFeed萌生了朝知識型網站發展的野心，它挖走政客新聞（Politico）一個名叫斑・史密斯（Ben Smith）的編輯後成立了BuzzFeed新聞（BuzzFeed News），在二〇一二年選舉期間推出不少可圈可點的報導。幾年後，BuzzFeed新聞已是新聞媒體界的競爭者之一，只差沒弄到能一舉帶給它信譽與認可的報導了。BuzzFeed新聞的人想訪談總統，我們想錄一段推廣Healthcare.gov的影片。

毒品交易成立了。歐巴馬總統與斑・史密斯將在白宮行政官邸會面，錄一段符合新聞業最高標準的訪談，接著總統會走到走廊對面的圖書館，與BuzzFeed公司的另一個部門——BuzzFeed電影（BuzzFeed Motion Pictures）——合作，厚臉皮宣傳他的新法。

我們的新聞團隊做好了讓斑・史密斯採訪總統的準備，但打從計畫的一開始，我們就看出BuzzFeed電影與白宮看法相差甚遠。我們的數位部門副主任蔻麗・舒羅曼（Kori Schulman）被指派了守護總統資產的任務。蔻麗和我一樣二十多歲，但用在我們兩個身上不過是形容詞的「千禧世代」，對BuzzFeed那些忙著創造爆紅影片與文章的年輕人而言卻是全職工作。你看過Instagram名人出遊時永無止境的精力與熱情嗎？這些人也同樣熱情，他們的提案是：逼歐巴馬總統試吃奇怪的美國食物，將他噁心想吐的表情錄下來。

「我們覺得這一定能在網路上瘋傳！」他們宣稱。

我和蔻麗試著對他們解釋，當你成為美國總統，就必須遵守某些不成文規則，其中一條規則就是「不要嘲諷選民吃的食物」。我們的毒品賣家似乎不明白什麼是有害的曝光，我們為了敲出影片的替代方案，你一來我一往談得天昏地暗，我強烈懷疑人們交換俘虜前的協議都不會花這麼多時間。

我們好不容易敲定案，決定用個比較不會冒犯人的主題（「大家都做，你也會做的事」）拍影片，卻發現保護資產比想像中困難許多。我和蔻麗一次又一次告訴BuzzFeed，歐巴馬總統不能在鏡頭前抽電子菸，也不能調整卡在股溝的內褲。

「你們確定？我們真的覺得這會在網路上瘋傳耶。」

最終，最終，我們達成了協議：總統會做一些好笑但不丟臉的事，像是對著鏡子扮鬼臉、使用自拍棒、假裝跳投，還有在宣傳《歐巴馬健保》時把英文的二月（February）唸錯。錄影前一天，BuzzFeed攝影團隊來白宮行政官邸場勘，我只能祈禱我們雙方都充分理解協議內容。

但我只看了影片的導演一眼，就發現自己實在是蠢到家。這位導演綁了個男士丸子頭，我姑且叫他「丸子頭」（Manbun）——這就有點像一些人取名叫夏莉蒂（Charity）意指「仁愛」，或費絲（Faith）意指「信念」吧。還有，我知道不是每個人都會穿西裝打領帶工作，可是穿緊身牛仔褲來白宮開會也太誇張了吧？我們能不能作為一個國家，規定任何人穿緊身牛仔褲進白宮就等同叛國？

如果丸子頭的個性和衣著沒有那麼搭，那我也許不會那麼介意他的打扮……他花了好幾分鐘在圖書館洋洋得意地晃來晃去，像極了人形阿博，然後，他轉向蔻麗。

「我覺得我們可以先拍投籃，然後是自拍棒，然後再拍健保廣告。」他抿起嘴唇，擺出貼心的樣子。像是在臉書上加了主題標籤#：**#我有在聽**。「**妳覺得呢？**」

蔻麗飛快回答：「其實我們應該先拍健保廣告，提醒總統他錄這支影片的目的。錄完健保宣傳，我們再拍投籃和自拍棒。」

丸子頭又擺了個姿勢。**#我真的有在聽喔**。他靜止數秒，又突然活了起來。

「太棒了！那我們先拍投籃，然後是自拍棒，最後拍健保廣告。」

這可不是意外，而是丸子頭一而再再而三使出的策略：第一步，說出自己的意見；第二步，費好大一番功夫問別人的想法；第三步，一字不差地重申自己的意見。

我真的很佩服蔻麗，她從頭到尾都沒有踹丸子頭的下體，甚至沒強迫他剃光頭。這，就是白宮職員的工作精神。你必須欣喜地處理莫名其妙的事情，對貶低你的人擠出笑容，這樣你老闆才有時間去管更重要的事物。毒品交易當日，歐巴馬總統並不知道他的團隊忍受了多少鳥事，反正他在結束了正經的採訪後蹦蹦跳跳地走進圖書館，霍普．哈爾則帶著攝影機跟進來。

「好喔，我們要怎麼拍？」

我們先錄健保廣告，這是我們花好幾個小時來來回回討價還價得來的成果。如蔻麗所料，解決正經的部分之後，總統就能享受後續的投籃、自拍棒，以及故意用懊惱、諷刺地說「謝啦，歐巴馬」，事情進行得很順利，順利到令人毛骨悚然。導演表示他拍完後，總統邀BuzzFeed攝影團隊合照，霍普・哈爾單膝下跪，開始錄總統和攝影團隊談笑的影片，我也終於能放鬆緊咬的牙關。

就在這時，就在我以為任務完滿結束之時，丸子頭走上前，從褲子口袋取出一張亮橘色名片，放在巴拉克・歐巴馬手裡。

「總統先生，這個給你，哪天需要人拍影片都可以找我。」

我驚呆了。無論在何種情況下，丸子頭的自我推銷都太過冒昧，更何況霍普此時跪在地上，將這一切都錄了下來——天底下竟然有這麼失禮的人？我和其他白宮職員站在圖書館一角，所有人不約而同倒抽了一口氣。歐巴馬總統笑了笑，走向門口，我以為他會默默離開。

但他沒有默默離開，而是停下腳步，轉身面對職員。他開口，用充滿不屑、故意要讓人聽到的低語說：

「太棒了，」他揮揮橘色名片。「我要不要把這個放在我的Rolodex旋轉名片架上呢？」

我無法用言語傳達那句話的妙處，而這也正是它的美妙之處——如果有人問起這件事，我們還有推託空間。不過對當時在現場的人而言，總統的意思毫不含糊，他等於是用言語向丸子頭灌籃。

而且歐巴馬總統還沒說完，他一面走出門，一面轉頭對助理馬爾夫說話。

「真是的，」他搖著頭大聲說，「我**最喜歡**別人遞名片給我了。」

一個人是好總統，不代表他就是好人。林登·詹森（Lyndon B. Johnson）開辦醫療保險（Medicare）、簽了《民權法案》，他的私生活卻精采到連猩猩看了都會臉紅。但巴拉克·歐巴馬是那種注意到自家職員被侮辱時，不會讓事情就這麼不了了之的人。他雖然不必這麼做，但他還是用自己的權力守護其他人的尊嚴。

我覺得歐巴馬總統的政策都反映了這種正派作風，我知道很多人就是為此加入他的團隊，即使面對困難也不離不棄。我依然不確定歐巴馬總統是否能在二〇一四年期中選舉後扳回一城，畢竟我不可能一夕間恢復信心；但在他帶著霍普·哈爾走出圖書館那一瞬間，我心中有一部分比從前更愛巴拉克·歐巴馬。（而且我還聽說，後來他還在私底下嘲弄丸子頭的髮型。）

我不得不說，BuzzFeed確實厲害：總統的影片果然在網路上爆紅，點擊率高達數千萬次。到了春季的尾聲，多虧了《歐巴馬健保》，又有一千六百萬個美國人買了醫療保險。

不僅如此，歐巴馬總統就職時高居百分之九點三的失業率，如今降至百分之五點五；財政赤字逐漸縮減；我們對進口石油的依賴也正在下降。我們在制定新的環保法規這方面有所進展；也開始解開從冷戰遺留至今的紛爭，與古巴建立正常的國際關係。歐巴馬總統不會再乾等國會的許可了，他要實現自己的承諾。

美國民眾也注意到此事。我們大選日當天的支持率比平均下滑百分之十三，到四月又回到分隔線了。這可不符合故事的走向。根據故事線，歐巴馬白宮應該如風中殘燭，沒想到我們每天都能抗拒政治界重力，重新往上爬。

「你們那邊的氣氛怎麼樣？」人們不時會問我。

「大家都覺得很棒！」我會這樣回答他們，而且這次我沒有說謊。我們身在一場有意義的運動之中，努力讓它起死回生。如果是你，你能不感到心情雀躍嗎？你的現在會因此活起來，你的過去會因此得到正當性，以前錯過的假期、婚禮、生日派對與高薪工作，全都值了。我從沒有為自己身在白宮感到如此幸福過。

隨著三月變為四月，我發現自己也從沒為一場白宮記者協會晚宴感到如此興奮過。重大的日子即將到來，我有個大學時期的搞笑寫手朋友——安德魯．羅（Andrew Law）——用一則笑話完美捕捉了這一刻的感覺：

期中選舉過後，我的幕僚問我：「總統先生，您有夢想清單（Bucket List）嗎？」我告訴

他們，我有個和「bucket」押韻的清單。

移民政策改革？來吧，「bucket」。

新的環保管制？何不「bucket」呢？

我不曉得歐巴馬總統會不會刪掉這則笑話，畢竟這雖然是雙關，總統在公共場合罵髒話還是不太妥；而且我還記得二〇一二年拜登那句「巨棒」，我們寫的「巨棒」笑話後來被刪了。但現在已經是第四季度了，歐巴馬總統只改了一處，他劃掉最後一句「何不『bucket』呢？」，改成：

「Bucket」，這才是正確的行動。

總統做的其他修改都同樣帶有第四季度的精神，他在一句關於科赫兄弟的笑話旁寫道：**「改得更尖銳——更狠一點？」**還有一則笑話提到迪克·錢尼（Dick Cheney）最近說的一句話。前副總統錢尼表示，歐巴馬是他這輩子看過最爛的總統，我試著用這句話寫了個「微焦，但絕不燒焦」的笑話：「我們不是朋友嗎！」歐巴馬總統不滿意，他寫道：**「我們應該想個更尖酸的說法。」**他還特別強調：

「他可是錢尼耶！」

所有人都被總統的活力傳染了，那年我們寫了無數個好笑話。當然，這不代表準備講稿的過程很輕鬆。我們還得努力尋找效果最好、最精采的笑話。我們該如何讓一則笑話成為整場晚宴的焦點？我們能不能想出新鮮的點子？就在我準備棄械投降時，我想起之前一場節慶派對。

我這種職員亂入白宮派對，主要有兩個目的：一是偷吃派對食物，二是偷偷跟蹤名人。我在二〇一四年一天晚上，同時完成了這兩項任務。我追蹤獵物經過蛋酒與薑餅屋，終於在小羊排與白花椰菜起司通心粉之間逮到他。

「你好，我專門幫總統寫笑話，」我說，「我是《阿奇與阿皮》（*Key and Peele*）的超級粉絲。」我運氣很好，基根－麥可．凱（Keegan-Michael Key）不僅是喜劇中心頻道（Comedy Central）最受歡迎的喜劇小品的演員之一，還是我這輩子遇過最外向的人。

「哇，謝謝你特地來打招呼！」聽他的語氣，好像發自內心感到高興。

「總統也很喜歡你的節目，說不定我們能想辦法做個合作項目？」我弄到基根的電子信箱，寄了封信重提此事，然後馬上把這件事忘得一乾二淨。

我沒有說謊，歐巴馬總統真的是《阿奇與阿皮》的粉絲，他特別喜歡節目上一個叫「路瑟，歐巴馬的憤怒翻譯官」的角色。在節目上，喬登．皮爾（Jordan Peele）扮演冷靜又鎮定的歐巴馬總統，基根則每幾句就跳出來碎碎念，說都是美國害他遇到這麼多鳥事。從我接管白宮記者協會晚宴的搞笑獨白開始，我每年都默默覺得倘若總統能和路瑟在現實中同臺演出，那應該會是場難忘的表演，但之前一直找不到合適的時機。在二〇一二年，我們不想讓總統在人們心中留下不好的印象，如果民眾將巴拉克·歐巴馬當成心裡藏著無盡憤怒的黑人男性，那就不好了。在二〇一三年，白宮記者協會晚宴就在波士頓爆炸案過後兩週，還是嚴肅點比較好。在二〇一四年，Healthcare.gov的慘案還在人們心中徘徊不去，我們不能太囂張。

那二〇一五年呢？「Bucket」。我從收件匣找出基根的信件。

我在數日後收到回信，路瑟同意配合演出。我請遠在好萊塢的拉維特幫忙寫劇本。隔天，我和科迪進橢圓形辦公室，將講稿拿給總統看。總統不必練習「憤怒翻譯官」的臺詞，但他還是把路瑟的臺詞唸出來，享受難得能發洩情緒的時光。

「你們也太可笑了吧！」他揮著手指，對想像中的記者團說。這是他自己加上去的臺詞。除了這句以外，後面提到媒體關於伊波拉疫情的報導那段，總統也加了一句話：

「你們宣布我的總統任期結束，宣布幾次了——這是不是第十五次？」

學生時期的我和即興喜劇團準備上臺表演時，總覺得自己刀槍不入，我們能看見美好的未來。大學交誼廳裡的事實，搬到橢圓形辦公室依舊不變。歐巴馬總統讀到講稿最末時，空氣中瀰漫著一種寧靜、期待的氣氛，我們彷彿將跨出意義非凡的一步。

「您覺得我們明早要回來準備嗎？」科迪問。我們通常會在演講當天中午最後順過一次，但這回，總統搖了搖頭。

「不用，」他說，「告訴你們，我他媽的最擅長這個了。」

隔天下午，我帶著基根偷偷溜進西廂，為了躲避記者的視線，我把他藏在科迪的辦公室。最後，我們確定所有記者都去參加晚宴前的派對時，出發去白宮行政官邸彩排。

有人在地圖室（Map Room）擺好講臺，那是五個月前總統練習移民演講的地方。但今天的他和五個月前的他大不相同，歐巴馬總統穿禮服西裝，心情也輕鬆許多。他和基根聊得很愉快，彷彿已經有多年合演喜劇小品的經驗了。

沒想到這造成了一點問題——我們的最高統帥怎麼也無法保持表情木然。「給我抱緊你們白嫩嫩的屁股！」基根高呼。這是拉維特寫的臺詞，也是路瑟的第一句臺詞。歐巴馬總統聽了忍不住捧腹大笑。

「好，好，我要保持淡定。」

歐巴馬總統平時費那麼大的功夫遵守承諾，現在卻無法忍笑。每次聽到路瑟的臺詞，他都忍俊不禁。「我只是有點激動而已，」他說，「正式表演時我就不會笑了。」

我們斷斷續續試了六次，才終於唸到劇本的最後一頁。我們在這裡寫了劇情轉折，總統討論否認氣候變遷的國會議員，越說越火大，最後激動到連路瑟也無法讓他平靜下來。

「這部分應該很簡單，」歐巴馬總統告訴基根，「我真的會生氣。」他想了想。

「反正我不要笑就行了。」

結果他還是做不到。我們排演第二次，總統依然笑得前仰後合，而且我們沒時間再排練了。

總統和基根站在我兩側，看著我快速寫下最後的修正，然後我們上了車，車隊轟轟烈烈駛向晚宴會場——希爾頓酒店。歐巴馬總統在主桌坐下；基根去飯店房間換上灰西裝，套上八枚金戒指；我則與平時一樣緊張地彈來彈去，與氣體分子有那麼點像。歐巴馬總統來到後臺時，我恰巧站在簾幕後，他微笑著搖搖頭。

「我不要笑場就好，」他說。

我很訝異他知道喜劇表演當中不小心發笑叫「笑場」，但他接下來這句話，我聽了倒是不覺得意外。

「所以，我們夠不夠好笑？」

我已經聽歐巴馬總統問這個問題，聽好幾年了。這些年來我每次都結結巴巴地回答，但這次我想到最完美的答案了。我回想五個月前他在羅斯福室那場提振士氣的演講，想到他在歷史留下自己一筆的決心，以及他無論如何都要用自己的語言說下去的堅持。我想到第四季度餘下的二十個月，忍不住露齒一笑，抬眼直視美國的第一位黑人總統。

我說：「給我抱緊你白嫩嫩的屁股！」

14 大糖山

The Big Rock Candy Mountain

我和史帝夫坐在舞臺上方的通道上，對彼此的態度，比一同參加親師座談會的離婚配偶還要冰冷。下方，憤怒翻譯官路瑟走上臺，基根之前對歐巴馬總統保證會全力以赴，果然不是說假的。他滿頭青筋、雙眼凸出，在他尖吼出屁股那句臺詞時，我的視線迅速移到總統身上。

拜託不要笑場。拜託不要笑場不要笑場不要笑場。

我驚恐地看見總統硬生生嚥下笑聲，他好像隨時會噴笑……就在笑意超越臨界值的前一秒，他彷彿換了檔的腳踏車，整個人都變了。總統臉上出現嚴肅的神情，他用「蹦床放在後院很危險」的鎮靜語調，像發表每週演講那樣繼續說下去：

「多虧新聞媒體，我們才能深入瞭解當今最重要的議題。」

「多虧了福斯新聞，才有那麼多老白人被莫名其妙的事嚇得要死！」

路瑟大聲說話，但我不再擔心總統笑場，接下來五分鐘他都以無懈可擊的肢體語言，在完美的時機唸出臺詞。說到否認氣候變遷的人時，歐巴馬總統果然真的發火了。

「那我們的孩子怎麼辦?!怎麼會有人那麼蠢、那麼短視近利、那麼不負責任——」

「先生!」路瑟驚呼,「喂喂喂喂,喂——先生!」

「幹麼?!」歐巴馬總統怒罵一聲,惹得整間舞廳歡聲雷動。

舞廳外,觀眾的反應同樣熱烈。在下個星期一早上九點鐘的例行會議中,白宮數位長傑森·高德曼(Jason Goldman)對我們宣布消息:我們的臉書專頁上,總統與基根同臺演出的影片觀看次數高達三千五百萬次。在短短四十八小時內,「路瑟,歐巴馬的憤怒翻譯官」成了史上最受歡迎的政府出品影片。

我跟你說這件事的原因有兩個:第一個當然是炫耀,而第二個就重要得多了。某種層面上,每個白宮職員都是煉金術師,剛來到那棟建築時,你懷抱滿腔信念與夢想,希望能用現實事件的鉛塊製成閃亮無瑕的黃金。過不久,你就會發現這個夢想永遠不可能成真,無論你做得多好,只要一件事和現實世界扯上關係,就不可能完美無缺。

如果你運氣夠好,有一天你一如往常地辦事時,會發現自己面前突然出現一顆亮麗的小金塊。這,就是我們能得到的美好回報:即使你不再信仰奇蹟,還是能成為奇蹟的一小部分。

遺贈物(**Legacy Item**)。我們把這些短暫的金色時光稱為「遺贈物」,大部分時間連我們自己也不曉得這是什麼意思。我們知道解決賓拉登是一樣遺贈物。復甦汽車業,撤回派至伊拉克與阿富汗的軍隊,以及廢除「不問,不說」政策,都算是遺贈物。有時候我們想像自己留給後世的事物，卻像描述《大糖山祕境》（*Big Rock Candy Mountain*）的流浪漢一樣雙眼迷濛。我們幻想著遙遠的烏托邦、風光明媚的政治天堂，想像我們的信譽如瀑布長流，想像我們的支持率居高不下。

我們還沒到達那個烏托邦。在歐巴馬總統離開白宮前還有二十個月，我們在歷史上的定位仍是未知數；但在白宮內，有什麼東西悄悄變了。歐巴馬總統輕快的「我們來吧！」態度傳染給了所有人，我們不再覺得自己是瑟縮在殼裡的烏龜。

我們不但信心直漲，競爭力也隨之成長。我當然不是說我們之前沒有競爭力，以白宮團隊而言，歐巴馬的白宮打從一開始就運作得相當順利：不過歐巴馬總統做得越久，我們就越能從過去的錯誤學到教訓。Healthcare.gov之亂過後，我們開始在做重大決策前詢問「紅隊」的意見，也就是指派特定的人扮演批評者的角色，以免我們因希望而錯估現實。歐巴馬世界發現自己不夠多元後，滿辦公室的白人男性不再是常態，反而成了少見的例外。我知道這些都只是小小的進步，但在官僚體制下，有在慢慢進步的我們可說是像獨角獸一樣珍稀。

我訝異地發現，我自己也在慢慢進步。我這麼說你可能會覺得我在自誇，不過我已經整整兩年沒有惹怒別的國家了；而且更棒的是，現在白宮終於感覺像我的家了。你問我，這些改變是發生在哪個特定的時間點，我也答不上來。我並沒有破繭而出，這個過程比較像學習新的語言，你要努力讀書、多多練習、偶爾丟臉，等哪天別人的車子擋在你面前，你就能用流利的葡萄牙語對那個人罵髒話。

「哇，」這時候，你心想，**「我好像有學習耶。」**

不得不說，我熟練「白宮語」其實和全國政治的關係不大，和我熟習辦公室政治比較有關係。我認識了幾個第一夫人辦公室的職員，現在我偷溜去西廂的演唱會也不會被趕出來了。多虧了我認識的一大堆政策小組組員，我和事實查核員對戰時獲勝的機率大幅提升了。我甚至學會黑魔法，能在會有律師檢查講稿的情況下，故意加入一句無法證實的主張——如此一來，他們刪去那句話時就能滿足他們的正義感，講稿剩下的部分則能逃過一劫。

我還學會解讀超級機密的最高統帥聲納：歐巴馬總統永不停歇的口哨聲。我不確定總統是何時養成吹口哨的習慣——也許是二〇一四年，也許更早——我只知道他一旦開始，就沒有人能讓他停下來。有時我在一旁等他和人拍合照，或等他來錄影，會聽到遠方傳來的口哨聲，每個音都清晰明確，排列組合卻完全隨機，有點像小孩子吹直笛的聲音，或是呼喚同伴失敗的小鳥。口哨聲越響，表示總統離我越近。當口哨聲臨近最大音量，你就知道要立正站好了。

口哨聲與白宮裡所有事物一樣，是評判你和權力距離遠近的標準。你越是受不了口哨聲，表示你和大老闆在一塊的時間越長。「幹，它**真的**很煩耶！」一個總統助理在等候室大聲說，僅僅一句話就能說明他是圈內人。我聽他的語氣，好像恨不得對總統說些什麼——但他能對總統說些什麼？

「總統先生，不好意思，我知道您提名的大法官人選沒有通過，葉門那邊的情勢也一團亂，但您能不能別再吹口哨了？」

我這個總統特別助理還不夠重要，沒機會為總統的個人習慣感到煩躁；我倒是重要到有資格帶外人去海軍餐廳用餐。身穿制服的服務生領著我們來到座位上，我們在有裝飾牆板的餐廳入座後，服務生會問我們要不要點招牌甜點。

「不知各位貴賓想不想嚐嚐我們的『自由巧克力』呢？」聽到這句話，即使是不愛吃巧克力的人也會豎起耳朵。「自由巧克力？」他們問。我往往會在服務生回答前跳出來說：

「好啊！麻煩幫大家都來一份自由巧克力！」

甜點上桌，我的客人看著岩漿巧克力蛋糕汩汩流出的巧克力醬，以及緊鎖在糖果殼裡的香草霜凍優格，每個人都一臉痴迷。這時候，我當然是驕傲無比，客人在享受人生僅此一次的體驗；我不過是一如往常地吃午餐。我沉醉在權力——或者說，我對白宮的熟悉——之中，大搖大擺地走在白宮行政官邸，得意地將藍色胸章拿給特務看，和《白宮風雲》裡的羅伯．勞同樣自得意滿。然後，就在我抵達自傲的巔峰之時，一名同事在空軍一號的衣櫃裡，發現了只穿著內褲的我。

且聽我娓娓道來。

白宮職員可能遇到的厄運有兩種，一種是上帝的旨意：在前往安德魯斯聯合基地的路上，小貨車駛過凹凸不平的路面，你的上衣沾到咖啡也是無可厚非。

第二種厄運則像登山意外，你犯的不是一個大錯，而是一連串小錯誤：保暖層衣服忘在主營地，登山釦沒扣好，登山鞋太小。這些單獨而言都不值一提，加總起來，再加上一點厄運，等你回神你就發現自己在總統專機上，沒穿長褲的模樣被同事看光了。

導向那次「登山意外」的事件開端，是在六月的第一個星期，歐巴馬總統預計要在週六從華府搭機飛至德國，在週日參與G7高峰會，隔日下午搭機回來。科迪和泰瑞都沒興趣花三十六個鐘頭和時差搏鬥，結果我被派去陪同總統出國。

正合我意！我現在已經習慣搭空軍一號出差，拍了無數張空軍一號自拍照，知道飛機上最好喝的啤酒是雲嶺（Yuengling）的Black & Tan，用機上娛樂系統看過《銀幕大角頭》（*Anchorman*）與《扭轉時光機》（*Hot Tub Time Machine*）兩部電影的續集，還在飛機上監控了至少一場eBay拍賣。我至今為止還沒在空軍一號過夜過，最遠也只是從華府飛到加州。

因此，我犯下了第一個錯誤：我沒考慮睡衣的問題。等到此次出差的負責人路克．羅莎（Luke Rosa）提醒我們帶睡衣時，已經太遲了。我沒時間去買衣服，只能在衣櫃裡東翻西找，挖出兩個選項：第一個選項是四角褲加上太大的T恤，第二個選項是我大一買的綠巨人浩克睡褲。面對「蘇菲亞的選擇」[1]，我選了浩克。

我的第二個錯誤，發生在飛機起飛數分鐘後。我和其他人坐在職員機艙裡，突然有醫務小組的人走進來，發糖果似地發安眠藥給所有人。經驗老到的職員立刻吞下藥丸，在地毯上找最好的睡位，我卻坐在座位上沒有吃藥。

我就是在這時候學到一件事：空軍一號是個非常不適合睡覺的地方。它很冷、很吵，而且座椅只能往後傾四十五度。我知道「空軍一號毀了我的八小時睡眠」是最極端的第一世界問題，但我真的很想知道，那些安裝了機密通訊設備的人，就不能把活動式照明弄得稍微柔和一點嗎？

顯然不能。少了藥物的幫助，我遲遲無法入眠。當我好不容易睡著，也頂多睡一個小時就又醒了。

飛機經過法國領空時，我醒了過來，犯下第三個錯誤：吃東西。我其實不餓，但我還記得那個空服員的睿智發言：「軍隊是用肚子在行軍的。」我為了當個好士兵，不客氣地吃了雞蛋、可頌、果醬、水果與咖啡。我太專心將盤子上的食物吃光光，沒注意到飛機左側那排等著用廁所的人。等我的餐盤一點食物也不剩時，等著進廁所換上工作服裝的隊伍已經排了十幾個人。我現在去排至少得等一個小時，到時候飛機早就降落了。

這時我才意識到事情不妙，噩夢般的場面在我腦中飄來飄去。**要是飛機降落了，德國總理**

安格拉．梅克爾（Angela Merkel）來機場迎接我們，看到我穿著浩克睡衣下飛機怎麼辦？我焦急地四下尋找能充當更衣室的地方。有電腦和印表機的小隔間不能用，它沒有門。我也不可能用毛毯蓋住座椅，在自己的位子上換衣服，那樣很有可能被發現。我忽然靈光一閃！職員機艙前頭有個小小的衣櫃，大約六英尺高、兩英尺深，那是大家掛外套用的。

完美無瑕的計畫，在我腦中萌生。我趁同事不注意時溜進衣櫃，把門關上，然後以迅雷不及掩耳的速度脫下上衣、襪子與褲子。我將手伸向長褲，剛從衣架取下褲子時，行程負責人路克剛好來拿外套。

「認識我的人以後想起我這個人，會怎麼想我呢？」如果你的工作和意義深遠的偉大運動有關，你應該偶爾會思考這個問題。在我的想像中，多年後，前同事若聽見我的名字，應該會想起一個胸有成竹、很有文膽氣息的人。他們可能會說：「我喜歡他寫的笑話。」或是：「他不就是那個讓基礎建設財政活起來的人嗎？」

或許我在一些人心中確實留下這樣的印象，或許沒有；但就在我站在德國上空的某處，看著路克錯愕的神情與他後方一張張忍俊不禁的臉時，我只敢確信一件事：在少數幾個——但還是有一定數量的——同事心目中，我永遠會是個一臉慘白、半裸著身、驚駭地站在衣櫃裡，腳

1 《蘇菲亞的選擇》（*Sophie's Choice*），一部改編自同名小說的電影，女主角在納粹集中營裡面臨要讓兩名子女誰能存活的選擇。

邊是浩克睡褲的傢伙。

換言之，我的遺贈物正逐漸變得清晰；但我這些不足掛齒的成就，以及足以成為他人笑料的丟臉事蹟，究竟對總統造成了多少影響呢？

根據那些負責提振士氣的人所說，答案是，我對總統造成了「非常大」的影響。總統任期第四季度的某一天，艾森豪威爾行政辦公大樓一樓通往西行政大道的路上多了一張勵志海報，那是張金恩博士與詹森總統的黑白照，下方是粗黑體標題：

改變歷史的會談

我一直覺得這是作弊。如果要做符合現實的「會談」海報，那照片上應該是個在亞馬遜網站找聖誕節禮物，視訊會議關靜音的白宮職員。話雖如此，我還是明白他們想表達的意思：我的所作所為都對橢圓形辦公室有所影響，我能用行動支援或削弱全世界最有權勢的人。

可惜的是，牆上海報傳達給我們的訊息，被地板傳達的訊息給比了下去。艾森豪威爾行政辦公大樓走廊地板鋪有黑白瓷磚，瓷磚嵌了許多化石，這些不是恐龍牙齒或乳齒象牙那種令人印象深刻的化石，而是不知哪裡出土的軟體動物。有的像長了許多腳的螺旋，有幾隻像蟑螂。

總之不是暴龍就是了。

我還是忍不住幫這些很久以前就絕種的朋友想故事。在我的想像中，我腳下這些凍結在岩石之中的小動物，都曾是過去的白宮職員，牠們自信滿滿地在史前泥水中悠游，為自己的重要性驕矜自大，牠們也許還想過自己在歷史上的定位。幾百萬年後的今天，牠們成了地上的石頭，被新紀元的頂尖掠食動物踐踏在腳下。

你問我，最能形容白宮生活的是什麼呢？我會告訴你，就是地板與海報之間的認知失調。將人類的命運放在凡人手裡，基本上是個荒謬可笑的想法——我當然不是說我知道什麼更好的辦法，我想表達的是：一方面而言我們是VIP，但另一方面而言我們以後也將成為化石，這麼一想，我們情緒上就要承受不小的壓力。即使是為了正義、為了歷史上正確的一方，我們生活在如此矛盾的世界裡，依舊得每天承擔一點點痛苦，久而久之你會慢慢解體。

每個白宮職員處理心理混亂的方式都不同，有些人因此脾氣暴躁，有些人開始練瑜伽或抽菸，或者又練瑜伽又抽菸。有幾個強者選擇跑馬拉松。幾乎所有人都會喝酒。

有少數幾人——比你想像中少得多——會變得浮誇。這些人的自尊心消失了，只有在與橢圓形辦公室相關的方面他們才有自尊。他們失去了辨別自己與總統，以及區分個人恩怨與國家大事的能力。有些人相信他們因這份工作成為超人，但我不怪他們，畢竟「我是半神」情結在華府這片沼澤中等同瘧疾。儘管如此，看到一些好人受瘧疾殘害，我還是會感到難過。

那我呢？我有沒有染上這種病？假如我真得了這種病，我也沒辦法誠實告訴你，不是嗎？在這個悖論的世界，我可能（某些情況下，非常可能）無意中有了機掰人的表現也說不定。我只知道，在我沒去運動的日子，一瓶啤酒還不足以平復我緊繃的心神，很多時候我會在回家後無理取鬧，直到賈姬體驗到我工作時同樣沉重的壓力。甚至有些時候，特別是面對航空公司客服員時，我會毫無諷刺意味地想：**「你難道不知道我是誰嗎？」**

除此之外，我也逃不過所有白宮職員面對的命運：衰老。無論你年輕或年老、資淺或資深，在白宮上班就等於用狗的歲數過人的生活。在二十四歲與二十八歲之間這四年，我的灰髮從珍稀品種變為無限繁殖的外來種，黑眼圈簡直成了永久印在眼睛下方的刺青。每每聽到別人將我嘴巴旁的皺紋稱作「笑紋」，我就覺得自己被侮辱了——拜託，我認識很多笑口常開的人，那些人才不會為了想辦法描述什麼預算而輾轉難眠，或每次在電視上看到國會議員就皺起眉頭。那些人有嗜好、有時間吃早午餐，他們的嘴巴好得不得了。

衰老得最快且最引人注目的，當然是歐巴馬總統。我在二〇一二年寫過一則笑話，說他在做完第二任時應該會變得跟摩根·費里曼（Morgan Freeman）一樣老。

「這一點都不好笑。」他說。

三年後的今天，我終於明白他的意思了。歐巴馬總統頭上的灰髮在數年內暴增，而且不僅如此，到了二〇一五年，他的眼袋一層又一層，笑紋簡直像冰河刻出來的紋路，手指顯得更脆弱，皮膚似乎變薄了。為確保他視力衰退的雙眼能看清講稿，我們撰稿團隊默默將印出來的講稿字型大小從24級調整到26級。我們遇到的每一次危機、每一次決策都成了他的一部分，宛如樹幹的年輪。

那麼，這一切究竟值得嗎？我想，一個人挑起工作上的重責大任時，必然會反覆琢磨這個問題，而歐巴馬總統肩上的重擔絕對是世界之最。他當初選擇走這條路，並非盲目之舉。工作時面對的風險，也遠不及戰鬥機機師或海軍陸戰隊軍人，但他還是為工作犧牲了許多事物。

在他離開白宮前的倒數第二個夏季，這一切完全有可能成為無謂的犧牲。讓歐巴馬不僅在政治人物中鶴立雞群，即使在民主黨員之中也與眾不同的特點是，他承諾組建一個除了解決問題之外，還能做到更多的政府。這個美國政府能承載我們共同的理想，能處理多年來的挑戰，打從根本讓國家變得比以前更好。

這就是為何歐巴馬總統的遺贈物，要和美國靈魂難以抹滅汙點的兩大議題有關。歐巴馬執政這些年，最重要的政策議題是健保，最重要的道德議題則是種族。而在二〇一五年六月，我們是否能在這兩個議題有新突破，還是個巨大的問號。

在健保方面，問號以訴訟的形式出現。到了二〇一五年年中，《平價醫療法案》有很多部分都成功了，沒有醫療保險的人口比例創歷史新低，醫療花費的成長率也創新低。《歐巴馬健保》撐過了最高法院的挑戰、政府停工，以及無數張廢除法案的選票。

儘管如此，聖戰士派仍舊拒絕投降。他們不屈不撓地選擇踩著更不穩固的基礎，用法律途徑挑戰《歐巴馬健保》。他們的說辭真的非常荒謬，整起訴訟都奠基於立法上形同錯字的小爭議，我們本以為最高法院不可能同意審理此案。當最高法院同意審理聖戰士派的案件時，我們開始緊張了。

第二個議題——種族——就複雜許多。我是白人，所以沒資格自稱為種族議題的專家，但我絕對是提議總統用以下這句笑話的一流專家：

「無論發生什麼事，我覺得我還是有很大的機會作為美國第一位黑人總統被記入史書。」

我每年都試著將這句寫入搞笑講稿，我知道這不是什麼爆笑的笑話，但這句話一次次被刪掉，應該不是因為它不好笑。在歐巴馬世界，人們總是擔心總統在種族方面的遺贈物會是他的膚色與獲選總統這件事，其他什麼也沒有。沒有人想拿種族開玩笑。

但到了二〇一五年年中，最壞的狀況似乎成了最有可能成真的狀況。非裔美國人遭警察殺害的事件，使燜燒數十年的緊張感猛然沸騰。由新一代民權運動人士興起的「黑人的命也是命」運動（Black Lives Matter），對太過緩慢的民權進步感到不滿。每一次悲劇發生都有人上街抗議，甚至偶爾發生暴動。人們一而再、再而三希望這場噩夢是最後的噩夢；但新的悲劇還是會發生，事件不斷疊加。

然後，查爾斯頓槍擊案發生了。二〇一五年六月十七日，一名頂著披頭四髮型的二十一歲白人青年走進黑人教堂，參加教會的《聖經》研讀課，接著槍殺了九個人。凶手的名字是迪倫．盧福（Dylann Roof），他不是隨機殺人，而是想要挑起種族戰爭，如果能讓美國人相信種族戰爭已然拉開序幕，那就再好不過了。

在當時，他似乎很有可能成功，他的行為有機會引發混亂、暴力事件與無盡仇恨。就算盧福的恐怖行為沒能擴散，槍擊案後的美國也無疑變得疲憊不堪、鬱鬱寡歡。喬恩．史都華（Jon Stewart）在事發隔天晚間的《每日秀》告訴觀眾，他想不出笑話，接著發表了一段極為悲觀的演說。

「我們還是什麼都不會做，」他說，「沒錯，這就是美國。」

那之後的星期一，全國籠罩在憂鬱與不安的烏雲下，白宮也不例外。我們知道，也許在這週結束前，最高法院將奪走數百萬人的健保。而我們十分確定總統會在週五前往查爾斯頓，但即使是最高安慰者也不敵冰冰冷冷的絕望。我們在第四季度一系列的勝仗，突然顯得沒那麼令人雀躍了。歐巴馬總統對美國的信念，會不會不過是他一廂情願？他留給美國的遺贈物，以及我們得的一切努力，會不會就此分崩離析？誰也無法回答這些問題。

然後，在不到四十八小時內，所有問題都有了解答。

一切從週四，最高法院公開判決那天開始。很多人都以為白宮助理能提前接獲這種事情的通知，在白宮工作應該認識一兩個圈內人，能輾轉接獲熱騰騰的消息吧？我告訴你，沒這回事。最高法院的判決公開時，我們感覺像在看奧斯卡頒獎典禮——對我們這些時時刻刻營造幻覺，讓其他人以為我們掌控全局的白宮職員而言，這是種殘忍的酷刑。你想像自己是個精打細算、小心謹慎的撲克牌玩家，打牌打到一半突然得玩一輪俄羅斯輪盤。我們在最高法院公布審判結果的日子，都覺得自己是那個被迫上桌的撲克牌玩家。

在二〇一五年六月，本就緊張的時刻變得比平時更加緊張。大約在早上九點五十五分，大法官們準備公布結果時，整棟建築的人都放下手邊的工作，看著分針與秒針倒數計時。現在賈姬工作的單位有提供醫療保險，她不必擔心自己的健保被奪去；但對佐伊．林恩等數百萬人而言，接下來幾分鐘將是他們人生中最重要的時刻。我緊張地咬著自己臉頰內側的肉，雙腳不安地亂動。

然後，時針走到十點鐘，本該來臨的故事高潮沒有來，最高法院公布的是其他案件的判決結果。我只能強迫腎上腺素亂竄的身體回去工作。

痛苦的等待在六月二十五日結束了，那個星期四早上九點五十九分，《平價醫療法案》仍是薛丁格（Schrödinger）的貓，結果揭曉前同時處於生與死的狀態。接著，短短一分鐘後，最高法院公布結果：大法官以六比三的票數宣布聖戰士派落敗，巴拉克．歐巴馬最著名的成就不會在法庭上被撤銷。

早在結果公布前，科迪便準備了好幾份對應不同結果的講稿。那天早上，歐巴馬總統站在玫瑰花園裡，唸出大獲全勝版本。

「事情進行五年了，這已經不是法律的問題，《平價醫療法案》這項法案本身不是重點，《歐巴馬健保》是不是政治足球也不重要了。這可是美國的健保。」

這麼說當然太過樂觀，《歐巴馬健保》終究還是政治界的一顆足球，但沒有人能否認總統這次致辭的要點。對幾乎是維吉尼亞州人口兩倍的一群人來說，《平價醫療法案》並不是理念上的雷區，也不是政治上的獎品，而是保險。國會還是有辦法削弱《歐巴馬健保》，甚至有一天能廢除這項法案；但《歐巴馬健保》背後最基本的原則，現在成了美國生活不可分割的一部分，人們終於相信每個人都有權利得到醫療照護，而且政府能幫助人民獲得照護。

這一天餘下的時光，白宮所有工作人員彷彿都嗑了政治快樂丸。同事沒事都會對你露出笑容，會議開始與結束時大家會互相擁抱、擊掌，就連自由巧克力似乎也變得更甜。我覺得，我應該再也不會遇到比這更棒的事情了。

然而，短短一天後，還真的發生了比這更棒的事。

其實是兩件事。六月二十六日星期五早上十點，我聽見辦公室外一陣尖呼聲，我開門看到實習生們擠在走廊上，有點像電影《小魔女》（*Matilda*）裡川契布爾校長（Miss Trunchbull）遭報應時，孩子們一擁而上的場面。最高法院剛才又公布了某個案件的判決結果，同性婚姻在全美國都合法了。

我幾乎不敢相信自己的耳朵。走廊上那些手舞足蹈的大學生應該不記得二〇〇四年了，不過當時小布希就是靠反對同運議程成功連任的。當年我還在讀大一，那年我回家過感恩節時，兒時朋友克利斯對我出櫃，我永遠忘不了我腦中萌生的想法：

「可惜他永遠沒辦法結婚。」

別忘了，我是紐約曼哈頓人。即使在紐約這個藍州，婚姻平權依然是天方夜譚。你跟我說我們要騎龍或長尾巴，我還比較可能相信。結果在十年後的今天，克利斯不管去美國的哪一個州，都能合法結婚了。

這次，寫了不同版本玫瑰花園講稿的寫手，是同樣在艾森豪威爾行政辦公大樓工作的莎拉達．佩利。她和科迪一樣，將最有啟發性的講稿拿給總統，其他版本都可以拿去餵碎紙機了。

「這趟旅程當中，我們經常踩著很小的腳步前進，」總統說，「可能往前走兩步就會倒退一步，但美國國民總是驅使我們持之以恆。像今天這種時候，我們平緩、穩定的努力會得到回報，正義以迅雷不及掩耳的速度到來。」

從美國第一位總統就職到今日，已經過了兩百三十九年，不過你很難在歷史上找到能比擬此時此刻的時刻——本世紀才剛開始不久，最進步的法律，以及朝平等跨出的一大步，都在短短二十四小時內得到最高法院認可。即使在勝利的光輝下，歐巴馬總統也無暇慶祝司法正義；

因為再過幾個鐘頭，他將前往查爾斯頓發表悼詞。

過去一週，科迪忙著寫查爾斯頓悼詞時，我輾轉聽說歐巴馬總統相當不期待這場演說。過去，他已經在前後八次大規模槍擊事件後對全國演講。每次他都說我們必須改變，但我們一次也沒變過。這回又有什麼不同？

然而，到了演講當天，總統找到答案了。迪倫・盧福在法庭上露面時，受害者家屬非但沒對他惡言相向，反而道出了原諒的話語。南卡羅萊納州的共和黨州長妮基・黑利（Nikki Haley）非但沒以言語捍衛美利堅邦聯（Confederate）旗幟，還要求撤下南卡羅萊納州首府的旗子。殺人凶手本想透過行動喚醒美國最黑暗的一面，結果美國最美好的一面卻浮出水面。歐巴馬總統在悼詞中，用兩個字解釋這一切：

恩典。

「在這場可怖的悲劇中，上帝賜了恩典給我們的國家，」總統說，「祂讓我們看見自己的盲點。」他以動人的言詞說起邦聯旗帶來的傷痛、槍枝暴力帶來的恐懼，以及種族歧視在人們身心留下的疤痕。

比起這些話語更重要的，是他說出這些話語的方式。菜鳥寫手為非裔美國人觀眾寫講稿時，老鳥常建議他們：「帶他們上教堂。」在非裔美國人群體面前演說時，歐巴馬總統會借民權運動與過去數代黑人牧師的抑揚頓挫一用，我們寫手的工作則是找到相應的文句。但在查爾斯頓之前，這類演講的規模較小，而且針對特定的觀眾，而非全國民眾。在全世界的注目下，歐巴馬總統有點像混合兩種風格的藝術家，同時是教授與牧師，同時是甘迺迪與金恩。

現在卻不然。「從過去到現在，教會一直是非裔美國人生活的重心，」他說，「是我們的歸宿。」

他說的不是**「他們」**，而是**「我們」**。很多時候，在悲劇或不公的事件發生後，歐巴馬總統必須扮演逆向憤怒翻譯官的角色，說明美國黑人正在經歷的痛苦，但這回他並沒有描述美國民眾的哀痛，而是隨眾人一同哀悼。你可以看到總統越說越心痛，他演講到一半忽然無預警地停頓，垂眸搖了搖頭。

我困惑地看著直播畫面。我這幾年花了無數精力研究歐巴馬總統，還以為自己看懂了他所有的舉措，但我從來沒看過他這副模樣。他會哭嗎？他會走下臺嗎？片刻的寂靜，全場的哀悼者屏息注視著他。

然後，全世界最有權勢的人張口，開始輕聲歌唱：

「奇異恩典，何等甘甜，」

臺上一位牧師欣喜地笑出聲。「總統先生，大聲唱吧！」

「我罪已得赦免。」

他身後，第二個牧師點了點頭，開始拍手。不久後，整個會場的觀眾都唱了起來。有些人泣不成聲，有些人笑容滿面，大部分的人又哭又笑。總統說到演講的高潮時，一名教堂管風琴手即興彈了一段音樂。說到最後一句，總統特別強調最後三個字。

「願主繼續將恩典賜予美利堅**合眾國**。」

他滿意地用右手輕拍講桌。

在某些罕見的時刻，華府所有人會不約而同聚集在白宮外，一次是突襲賓拉登那晚，一次是六月二十六日星期五。我下班後和賈姬在白宮北方大約一英里處碰面，二話不說便加入街上的人潮。

我們來到拉法耶特廣場，震驚地停下腳步。白宮打了彩虹燈光，賓夕法尼亞大道上，形形色色的人們兩個兩個牽著手，一同高呼、一同歡笑、一同哭泣。人們仰頭看著總統居住的房屋，沉醉於政治上最接近驚嘆的情緒。

每一份遺贈物都需要象徵性的一刻，一個永遠印在我們心中的畫面，而巴拉克·歐巴馬給了我們許多這樣的畫面。歷史學者想必會為此爭辯，但在那個夏季夜晚，我做了選擇。在我心中，歐巴馬總統將永遠微微走音地唱下去：

「奇異恩典，何等甘甜，

我罪已得赦免。」

在那閃亮的奇蹟時刻，他顯得與常人無異，有些脆弱、滿頭灰髮，一顆心瀕臨破碎。但是，當他感謝更高權力的上主賜予我們赦罪的機會時，他的聲音再清晰不過。

「前我失喪，今被尋回，

瞎眼今得看見。」

巴拉克·歐巴馬在不到兩天內，確立了自己在歷史上的地位。他面對的問題並沒有永久解決，《平價醫療法案》仍受反對者抨擊，種族仍是分裂美國的裂隙，人們對LGBT人士的歧視並未消失。但現在，我生活在一個更好的國家：在這個國家，醫療照護不是特權而是基本權利，任何人都能和愛人結婚，一位黑人總統能去到舊時美利堅邦聯的中心，帶所有種族、所有群體的美國人上教堂。

歐巴馬總統不只振興了國內經濟，終結了一場戰爭，還使美國成為比過去更好的國家。美國已與七年前——七天前——截然不同。

二〇〇八年一月三日，一位菜鳥參議員曾告訴我，深愛這個國家的人就能改變這個國家。接下來的七年半時間，我一直希望他說的是真話，一直努力讓這句話成真，卻一直無法確信它的真偽。現在，我站在彩色白宮的大門外，不再有懷疑的必要。對深愛這個國家的人而言，我們還有很長一條路要走。但你問我，這些人真的能改變這個國家嗎？

能！我們已經做到了。

15 終點線

The Finish Line

問題是，我總覺得不對勁。過去兩天所有人沉浸在勝利的喜悅之中，這是歐巴馬腦粉夢寐以求的現實，我卻高興不起來。最高法院宣布同性婚姻合法化的那天早上，我遇到才剛加入白宮撰稿小組沒幾週的實習生翠西笑得合不攏嘴，享受這歷史性的一刻。

「我跟妳說，」我聽見自己的聲音，「在白宮上班不可能每天都這麼快樂。」

「完了，」我心想。**「我要趕快離開這地方。」**

精疲力竭。白宮外，每個人都用這四個字描述工作上的疲憊，但用在我們身上不夠貼切。實際上發生在我們身上的，是一種情緒上的侵蝕，每一個辛勞又不得回報的工作天，就是一滴落在靈魂與理想上的水珠。很多職員剛來到白宮時，都是讚嘆連連、眼睛閃閃發亮，十八個月後你再聽他們說話，就會覺得他們像準備逃獄的罪犯。

我還不是賓夕法尼亞大道1600號的囚犯。我還是很愛這份工作，但有時我就是不喜歡這份工作，而且隨著時間過去，那些不討人喜歡的部分只有變得更鮮明搶眼。我不想再為「這些步驟能帶來改變」這種句子，和事實查核員起爭執；不想再為總統是否要在光明節派對演講的「謝」提及他們的名字，和職員爭吵；不想再解釋並不是每一場演講都需要關於預算的長篇大論。問題沒有變多，只是變得更煩人。

還有，在我三十歲生日的兩年前，我已經覺得自己人老珠黃了。「我當然看過《白宮風雲》啦，超好看的！」實習生翠西興奮地說，「我八年級那年在Netflix把每一集都看完了。」這就已經夠糟了。更惱人的是，數週後，真實世界的白宮西廂有個年輕助理寄信給我，對我說：**「我覺得總統不該說『我們大家一起來』，這是《歌舞青春》（*High School Musical*）的臺詞。」**

資深的好處就是，我覺得自己不必回覆如此莫名其妙的信件，我相信自己對合作與團結的理解和二〇〇六年那部電影無關。但在我獲得權威的同時，我也漸漸與現實脫節。不知何時開始，我帶人參觀西廂時，會特別走向食堂附近一塊發光的紅色立方體。

「這是我們新買的汽水機！」我對客人說明，「最棒的是，你可以自己調配口味。每個人都有自己愛喝的組合，我個人喜歡覆盆子萊姆薑汁汽水。」

「好像很厲害，」客人隨便敷衍一句，就急著轉換話題。「那邊那個是什麼？」

「你說那個？喔，那是戰情室的門。」

我是有點心靈被侵蝕的感覺沒錯，但第二任期再不到一年半就要結束了，這十八個月我還撐得下去。到最後，我覺得自己做好離去的準備並不是因為挫敗，而是因為成功。這方面，我覺得歐巴馬總統說得很好：

「我們沒有屢戰屢勝，要做的事情還很多。不過，那些憤世嫉俗的人錯了，我們確實能改變我們的國家，持續進步。」

聽到歐巴馬總統如此肯定地宣布勝利，我自然是心滿意足。但這句話有如畢業典禮，是一個章節的結束，一個新章節的開始。總統該做的事情還很多，科迪也還有得忙——他得寫最後一次國情咨文、民主黨代表大會演說，以及告別致辭。那我呢？艾森豪威爾行政辦公大樓除了我之外，有五個能幹的一流寫手，華府還有無數個躍躍欲試只等機會來臨的撰稿者，這麼一想，我自己扮演的角色似乎就沒那麼重要了。名片上的委任官員印告訴所有人，我是必要的工作人員，然而某方面而言——最好、最好的某方面而言——我現在感覺自己再不必要不過。

奇怪的事情發生了。就在我決定辭去時，我的工作能力居然提升了。我不再擔心講稿會炸掉。就算我怕某句話寫得太超過，我還是會大膽寫下去，反正被開除也沒什麼大不了的。

查爾斯頓悼詞之後那週，科迪指派我寫一篇關於刑事司法改革的講稿，演講對象是全國有色人種協進會（National Association for the Advancement of Colored People，簡稱NAACP）的全國集會。我很喜歡這個主題，覺得是時候推動刑事司法改革運動了，可是我也隱隱聽見我之前搞砸的那篇移民演講。對參與全國有色人種協進會的數千人而言，大規模監禁是道德問題，它導致無數家庭與社群多出巨大的空洞，使美國的理想顯得虛偽。中間選民的看法不同。對凱倫那樣的人來說，最有說服力的應該是經濟論點：我們為什麼每年要花八百億美元監禁人，何不把那個錢花在道路和學校上？

我坐在辦公室裡，我知道自己必須穿針引線，但我不曉得自己有沒有那個能力。結果我愕然發現，有什麼東西悄悄變了。我感覺比從前更自在。寫作時不會為了躲避風險而斷斷續續，現在我能讓事實、故事、論據與原則組成文句，順暢地將之編織成一條牢固的繩索。將完成的講稿寄給科迪時，我敢肯定這是我目前為止最好的一篇講稿。

他沒有回覆。好幾個鐘頭過去了，我等著他修過的講稿寄回我的信箱，卻遲遲等不到消息。當了這麼久的撰稿者，我當然很清楚科迪在做什麼，他正在大幅修改我的講稿。寄回來的，一定會是一份滿江紅的文件。然後，在我絕望後許久，黑莓機終於亮了起來，我點開老闆的回信。

「讚！幹得好！你好像找到你的謬思女神了。」

我不曉得科迪是最近才相信謬思女神的存在，還是從以前就一直抱持這樣的信仰，而我只不過是現在才找到我的謬思。但這都不重要。我只覺得飄飄欲仙。

隔天，總統的個人助理菲莉亞．戈瓦希利（Ferial Govashiri）請我去一趟橢圓形辦公室。我為巴拉克．歐巴馬工作四年，這還是頭一次和他獨處。我們討論過他的筆記，以及他手寫在黃色便條上的段落。我回辦公室修改他指定的地方。隔天我們飛去費城，我看到在後臺等總統的全國有色人種協進會理事會即興合唱〈奇異恩典〉。

不得不說，我在白宮工作的這些時日，寫了一些非常糟糕的講稿。有的太技術性，有的太無趣，有幾篇不只有缺陷還很羞恥，現在看那些文章，我覺得自己彷彿拉開抽屜，看到多年前還是高中生的自己寫的詩文。但是，在我第一次為總統寫講稿過後四年的這天下午，歐巴馬總統站在臺上，面對擠得水洩不通的集會堂，發表了一場完美無瑕的演說。聽到他描述問題涉及的範圍，觀眾不由得倒抽一口氣；聽他說明接下來的行動，觀眾欣然鼓掌。他分析利害並說明政策細節時，從頭到尾都謹記自己的道德立場。

「一個司法體系如果允許我們忽視絕望與心死，那它就是不公正的體系。」

一年前的我不可能寫出這種句子，它太過強烈、牽扯範圍太廣，可能被人當成太過刻意的口號。但現在，我自己也走到了第四季度，不想再管這麼多了。「Bucket」，寫就寫，說就說啊！

歐巴馬總統用「真人」故事結束這場演講。傑夫·寇普蘭（Jeff Copeland）出生在費城，他在三十八歲生日前被逮捕足足六次。他為了消磨時間常在牢裡原地慢跑，一跑就是好幾個鐘頭，所以其他犯人稱他為「跑步男」。

有一天，傑夫不知為何決定改變人生方向。他不再酗酒，讀了社區大學，成績平均績點（Grade Point Average）高達三點九五分。他找到一份工作。

「兩年前，」歐巴馬總統對觀眾說，「跑步男跑了他此生第一場馬拉松——因為現在，他有了方向。」

熱情的掌聲不絕於耳。總統接著說：

「我們不完美，但我們能變得更完美。我們一步一步往前走，一英里一英里前進。這些里程累積起來，過不久你會發現我們離起點好一段距離了，終點線已經近在眼前。我們來到更好的地方了。」

我們離起點好一段距離了。我的人生與傑夫．寇普蘭簡直有天壤之別；但適用於他的理念，就某方面而言也適用於我。我回想當初找到總統候選人歐巴馬那個一月夜晚，以及過去在「危機小屋」把踩地雷當正職的時光。我離起點好一段距離，現在，終點線近在眼前。

我沒有馬上離開。二〇一五年十一月五日早上九點鐘，我出現在羅斯福室，期中選舉後那場勵志演講已是整整一年前的事了，我還記得一年前的那天房門被推開，歐巴馬總統走進來。當時他提醒我們，許多人都覺得我們不行了，但其實我們已經走了很長一段路：和伊朗達成核武協議，創造了數百萬份新工作，提升國人薪資，使用更多再生能源，還有加強對消費者權益、民權、女權與勞工權益的保障。當時我和其他人一起熱烈鼓掌，我知道，那應該是我最後一次在那種情況下，和美國總統身在那樣的會議室裡了。

我和科迪決定了我離別的日期：二〇一六年一月二十二日星期五。隨著道別的日子逼近，白宮的一切都變得更加明確、更加清晰，艾森豪威爾行政辦公大樓地下室顯得更像命案現場，艾克食堂外的油煙味聞起來比以前更油了。

我也清楚看見我以後會懷念的一切：玫瑰花園的花香，瓷磚裡的化石，華美卻又謙遜的男士廁所，高級職員健身房那扇門沉重的重要性。比起工作福利，我應該會更懷念我的同事，這種話已經被說到爛了，但這就是事實。你很難找到其他像白宮的工作場所，在這裡，百分之九十五的人——就連讓你精神崩潰的那些人——也非常非常專業。

話雖如此，我以後會最懷念的，應該是白宮的權力。我知道這種話不該說出來，我聽起來應該很像《007》系列的反派，可是我不管。一個希望能改變自己國家，讓它朝更好方向前進的人渴望權力，就和歌手渴望麥克風，或演員渴望舞臺一樣。過去五年，我的天賦在這塊占地十八英畝的地方被放大了一百萬倍。當我靈光一閃，或受到謬思女神眷顧，整個國家都能在某個小小的方面進步。如果你是我，應該也忘不了這種權力的滋味吧？

在白宮上班的最後一週開始了，我暗暗希望有人在最後一刻把我叫去橢圓形辦公室。

「利特！你怎麼能走？沒了你，這個國家會分崩離析啊！」

當然沒有人召喚我，也沒有外星人或殭屍來襲，所以我還是會照計畫離開白宮。這最後一週，我填了各式各樣、五花八門的表格，簡直像在玩反向尋寶遊戲。健身房鑰匙還體育辦公室了沒？電腦和黑莓機交給營運辦公室了沒？我重複借了十九次的富蘭克林・德拉諾・羅斯福傳記，到底還圖書館了沒？週一和週二幾乎都用來處理這些雜事了。

一月二十日星期三，則是我為總統寫的最後一場演講，也就是我們出差往底特律那次。我吃了頓兩千大卡的午餐，中間下了場暴風雪，最後整個車隊困在車陣中。星期四，昨晚在華府道路上打滑的經歷仍令我心有餘悸，但我默默開始打包。

說實話，我的辦公室不怎麼整齊。好吧，其實我的工作空間是一團無可救藥的垃圾堆。清空辦公桌和考古挖掘差不多。整理辦公室的時間沒有我預期的多，因為和氣象預報週五下午將襲捲華府的超級暴風雪相比，週三晚間的大雪不過是一點小意思。我全速將好幾年來累積的雜物塞進紙箱。

我無意中做了個再平凡不過的時間膠囊，裡頭有好幾磅的運動衣、一盒鞋油、七隻襪子找不到另一腳。我們上次玩祕密聖誕老人，科迪送我的Nerf玩具槍（我有時寫不出東西，就會像個狂戰士拿著玩具槍對空射擊）。除了這些出人意料的怪東西之外，還有我從食堂偷來的塑膠餐具，以及我一直說要看卻沒有看的三十幾本厚重歷史書。我將好幾個沉重的紙箱拖到我的車上，還好我有停車證。即使有了停車證，我還是一直整理到晚上才回家。

星期五是我在白宮工作的最後一天，那天因為暴風雪將至，聯邦政府沒有上班，公務員都遠距辦公。但整理辦公室可不能遠距完成，我只能回白宮繼續搬東西。這次我沒有開車，我帶著一個有輪子的大行李箱去裝好幾年的垃圾、辦公用品、迷你瓶裝蘭姆酒與威士忌、一隻孤零零的鞋子。我知道暴風雪將至，所以毫不留情地把全部東西都塞進行李箱——布洛芬（Ibuprofen）雙包裝止痛藥的單包，好幾盒總統 M&M巧克力。

我拿起一個老舊發黑的相框時，終於停下動作。

相框內，是一張給我曾祖父的紙條。曾祖父在一九三四年寫信到白宮，祝富蘭克林．德拉諾．羅斯福總統生日快樂，總統本人沒有回信；但他的高級助理路易斯．豪爾（Louis Howe）寫了張感謝字條給我曾祖父，豪爾還告訴我曾祖父，他的生日信確實送到總統的桌上了。我從來沒見過曾祖父，只知道他的名字是莫里斯；但我知道這張用白宮信紙寫的字條顯然對他意義深重，不然他不會將它裱框，到自己去世前一直好好保存著。

「他如果看到我，會怎麼想呢？」我不禁心想。三代後的我坐在離橢圓形辦公室幾百碼的位子上，辦公桌上也有一疊白宮信紙。如果曾祖父看到現在的我，究竟會作何感想？在人類史上，這是個極其罕見的故事，但在美國這卻成了典型故事。

我的下一個想法就沒那麼詩意了：**「幹，他媽的下雪了。」**

就如天氣預報，暴風雪果然來了，綿密的雪花從天而降。我不安地想到，若積雪高過幾英寸，行李箱的輪子就沒有用了，到時候我會被困在路邊，進退不得。我必須現在離開。

於是，我拿了辦公室裡最後幾件物品，焦急地穿上雪鞋，穿著羽絨外套滿身是汗地在空空蕩蕩的走廊上奔跑。我不怎麼莊嚴地拖著行李箱，最後一次穿過權力的走廊。

到了戶外，我還是忍不住停下來，環顧四周。在紛紛雪花中，白宮與外面的世界彷彿互換了角色，外頭的生活亂七八糟，裡頭卻純樸、寧靜而祥和。我走到西行政大道北邊，經過安檢站，聽到大門開鎖那熟悉的「喀擦」聲。

一年後，我的很多前同事最後一次走出白宮時，卻不會有留戀的餘裕。到時，定義歐巴馬與美國的許多理念將遭受攻擊。我很幸運，我站在白宮與賓夕法尼亞大道間的柵欄前，想到總統上回演講時，關於傑夫．寇普蘭的一句話。

「我們不完美，但我們能變得更完美。我們一步一步往前走，一英里一英里前進。」

帽子上的積雪落到外套上的同時，我想到過去八年我們累積的里程數。我敲了無數扇門，還光著身子開車。我組織了一整個縣的助選行動，還把詹妮絲．麥爾的桌子擦得雪亮。我在橢圓形辦公室唱了《黃金女郎》主題曲。我看過一個矮小男人拉著傑西．傑克遜的外套穿過人群。在夏洛特的民主黨集會上，我認識了一名不停為女兒奮鬥，來自亞利桑納州的母親。我一次次幻滅，一次次失望，卻也一次又一次重新被啟發。我通過了愛情最困難的測試，為一個女人上Healthcare.gov買健保。我幫忙錄了在網路上爆紅的影片。我寫了一篇完美的講稿。我在馬桶裡看到一片鮭魚，在空軍一號上被同事看到半裸的身體，還當面告訴總統他長得像希特勒。

我覺得，我比一開始的我更完美。這不就是一個章節完滿的結局，以及新篇章美好的開頭嗎？

我右手拖著行李箱，左手握住鐵桿。我一面眨掉睫毛上的雪花，一面回眸看了白宮最後一眼，然後推開大門。儘管一路上發生了這麼多事，我還是帶著大大的笑容，走向大雪紛飛的美國。

尾聲　被踩扁的蠍子

Squishing the Scorpion

「所以呢？」她問我。「你的希望呢？你改變這個國家的心願呢？結果怎麼樣啊？」

二〇一七年一月二十八日，我想像中的莎拉．裴琳在我耳邊低語。自從八天前，唐納．川普成為美國的新總統，她便頻頻出現在我身邊。我出門跑步，和賈姬一起煮非洲鯽魚，去CVS藥局買六包裝的擦手紙，都能聽到她故作隨意的侮辱，她成了我生活中不友善的背景音。

我現在要做的事——我從美國一頭飛到另一頭，要做的事——是看一個六歲小孩練空手道。即使以小學一年級生的標準來看，她個子還是很小。她穿著白色道服，戴著亮紫色眼鏡，還用亮紫色髮帶綁了個馬尾。我們此時在一間專門教小孩子的武術教室，裡頭有幾個沙包、幾張勵志海報，還有一張堆滿Capri Sun果汁的長桌。名叫B老師的金髮年輕女性站在軟墊中間。

「假裝我要接近妳。」B老師說。她彎下腰，用厚厚的黑色練習靶護住身體。「準備好了嗎？」

學生個子小，氣勢卻相當驚人。**「好嘶！」**她大喊。（現在的小孩是不是都不喊「喝！」了？）和高爾夫球差不多大的膝蓋往上頂，擊中B老師的練習靶時發出令人滿意的**砰**一聲。

「好嘶！」砰。

「好嘶！」砰。

我和小女孩的爸爸一起坐在牆邊長凳上，爸爸湊過來對我說話。「她有一次拿我來試這招，」他嘆息著說，「我站在廁所裡，她直接衝過來頂我的腿。」我試著想像這一幕，忍不住笑出聲。

但如今唐納．川普是美國總統，我的想像力不時會飄到奇怪的地方。我坐在亞利桑那州那間小小的空手道教室，心思飄到二〇一五年一個秋高氣爽的日子，我正走在從西廂回自己辦公室的路上，爬上艾森豪威爾行政辦公大樓階梯時，大衛．西馬斯正要下樓。他懸崖般的頭髮下，是一張帶著「天啊，這是怎麼回事？」笑容的臉。

「唐納．川普耶！」總統的政治主任笑著說。

「唐納．川普耶！」我笑嘻嘻地回應。

你別誤會，我們不是因為川普參選總統感到開心，當時他才剛開始競選活動沒幾個月，卻已成為全國之恥。過去小布希偷偷暗示的話語，裴琳用笑容掩飾的話語，川普全都用全力吼了出來。狗哨政治成了粗野的吼叫：墨西哥人是殺人犯和強暴犯，非法移民搶了我們的飯碗，歐巴馬是ＩＳＩＳ國創始者，普丁是大家的好榜樣，記者是我們的敵人，白人至上主義者都沒有錯。

儘管如此，我們身為助選派，還是會忍不住去享受這混亂的場面。看著川普在共和黨黨內初選大獲全勝，感覺像在看你的死對頭意識到把黑猩猩當寵物養會帶來什麼後果。共和黨明明有很多機會和川普斷絕關係，他們卻選擇留他。現在他將徹底毀滅保守運動，大部分的選民都不會接受他，他不可能當選的。

我們猜對了三分之二，但這麼說有點像是說興登堡號（Hindenburg）最後一次航行途中「幾乎沒出事」。值得一提的是，隆納．雷根的政黨隨著唐納．川普崛起，漸漸死去了。多年來，保羅．萊恩（Paul Ryan）等共和黨員一直假裝自家選民關心保守理念——像是給富人減稅、大規模解除管制，以及有男子氣概的下巴。川普揭穿了假象，他發現共和黨選民的投票動機並不是保守派理想，而是某種對機會平等的憎惡。有人問：「是誰害你過不了好生活？」川普的回答很簡單：所有人。他前一秒攻擊未登記的移民，後一秒攻擊華爾街銀行家；對世界菁英與少數人種的恐懼都是他背後的動力。

如他所料，許多美國人認為民主是一種奢侈品，如今我們已付不出民主的代價。「只有我能修好這些東西！」在共和黨全國代表大會上，川普大聲宣布。會場內，觀眾高聲歡呼；在我們灰色的瑪莎．史都華沙發上，我和賈姬驚駭地盯著電視螢幕。

「選民不可能吃這一套吧？」我問。

「不可能，」賈姬說，「絕對不可能。」但她說得很沒有底氣。

技術上而言，賈姬說得對，希拉蕊在大選日贏得了最多選票，但那些選票的地理分布對她不利。川普得到了搖擺州的支持。在我過去擔任組織者的俄亥俄州韋恩縣，他比羅姆尼的支持率高出整整百分之十三。大選日入夜後，在選舉人團制度的幫助下，川普當選下一任美國總統。

那已經是三個月前的事了。現在是一月二十八日星期六，我們新的最高統帥正在華府白宮的橢圓形辦公室致電普丁。在亞利桑那州，B老師正在幫學生複習步法，因為下週就是黃帶檢定了。

「想像地上有蟲，」她對滿腔熱血的學生說，「妳覺得什麼蟲最噁心？」

「蠍子！」

「好喔，假裝地上有蠍子。妳踢完以後，我要妳把腳用力踩在地上，把蠍子踩扁，好不好？」

亮紫色髮帶熱情地上下搖晃，六歲女孩繼續練習。我看著她踢腿，回想起第一次看到她的畫面：在那段助選影片中，才剛出生幾天的她，胸口就插了好幾根管子。第二次看到她是在夏洛特，當時她被父親抱在懷裡，看著母親對滿會場聚精會神的觀眾演說。那之後一年，多虧了解除醫療給付限制的新法，她接受了第三次——也是最後一次——心臟手術，手術結果好得超出史黛西預期。

「好嘶！」砰。

「好嘶！」砰。

佐伊．林恩小小的腳用力踩在軟墊上，蠍子肯定死透了。

我為什麼要來亞利桑那呢？在華府，新政府已經開始討論如何消除歐巴馬所有的奮鬥成果。他們會廢止哪幾條行政命令？廢除哪幾條法律？巴拉克．歐巴馬一部分的遺贈物確實存在紙上，但還有一部分就讀鳳凰城一間小學，這個愛吃墨西哥料理、喜歡動物布偶，下星期要接受空手道黃帶檢定的小女孩身上。

換言之，有些成就是不可能抹滅掉的。多虧歐巴馬的決策，有數百萬人找到了新工作；二〇〇八年在伊拉克與阿富汗過聖誕節的軍人，二〇一六年得以回家過節；八年前逍遙法外的賓拉登如今已受制裁。就連川普也無法改變這些。

另外，歐巴馬總統雖然沒有如我期望那樣徹底改變美國政治，還是完全改變了我們的文化。巴拉克．歐巴馬從小生長在灰色地帶，位處不同種族與不同世界之間。在他任職總統這段期間，新一代的圈外人——男女同志、非裔美國人、移民、科技宅、有怪名字的小孩——體驗到美國過去從未展現在人前的面向；新一代的圈內人——和我身世相近的孩子——成長過程中，學到別人和你不一樣並不是什麼可怕或可恥的事。這種大規模改變也許會被延遲，但幾乎不可能扭轉回原樣。

廢除法律也沒有大家想像中那麼簡單。我不是天真，在我看著佐伊練習空手道格擋的同時，才剛上任八天的川普就打算廢去歐巴馬努力的成果，美國顯然會在接下來四年大退步。

但是，即使是不喜歡歐巴馬的選民，也不得不同意他的許多看法。美國人要乾淨的空氣與水。比起高收入戶減稅，大家更關心中產階級的薪資。因《平價醫療法案》得到醫療保險的人，可不想看到自己好不容易得來的健保憑空消失。在美國這樣的代議民主國家，民眾的意見並不代表一切，不過它還是有一定的重要性。而此時此刻，民意主要站在前總統這邊。

所以說到底，巴拉克．歐巴馬究竟是不是好總統呢？在查爾斯頓演講那一晚，我本以為這個問題無須再多加討論。沒想到現在我生活在川普的陰影下，不得不再次提出這個問題。儘管未來充滿恐怖的未知，我看著佐伊．林恩專心地又踢又打，不由得對過去產生無可動搖的信心。歐巴馬當然是好總統，你看看佐伊就知道了。

我用這麼多篇幅講歐巴馬的遺贈物，那我們其他人呢？

我是認真在問這個問題。歐巴馬世界裡，對包括歐巴馬總統在內的一些人而言，白宮就是人生故事的高峰；但對其他許多人而言，故事最精采的橋段還在未來。我和幾千個前同事一樣，大學畢業後第一份正經工作就是在白宮上班。我們的名字不會記載在史書上，不會有教授將花一輩子研究我們的決策。可是，該回答的問題還是得回答。在政府機構工作，對二十多歲的我們而言真是正確的選擇嗎？下一代該如何改進？現在我們來到了這裡，下一步該怎麼走？

每次我問自己這些問題，就會想到大學畢業典禮時前來致辭的前英國首相東尼．布萊爾（Tony Blair）。其實他說了什麼我完全不記得，我倒是記得自己當時暗想，他的演講標題應該是「發生在我——前英國首相東尼·布萊爾（Tony Blair）——身上的趣事」。他說了許多小故事，嘲弄了法國人一番，最後教我們追尋自己的心聲。這說不上意義深遠的演講。

結果，我卻不知不覺照著他的建議去做了。我到政府機關工作，不是因為什麼高尚的原則，而是因為畢業後那段時間，白宮是最刺激、最新奇的工作場所。我的心燃燒著通往官僚體制的熱情，我則乖乖緊隨在後，邁入白宮。

於是我在無意間做了明智的選擇。我在歐巴馬世界做了兩任，出來後，我並不覺得誰都該跳入政治，但我相信所有人都該從事公共服務。工作內容不是重點，重點是道德方向，以及經常誠實地自問自答：「我做的好事，夠嗎？」如果你只把時間花在自己身上，如果你的心渴望名聲、錢財、權力，甚至是快樂，我不會說你是壞人；不過我會告訴你，這不是好選擇。

請選擇公共服務。選公共服務，不是因為「世界需要你」——老實說世界不需要你，世界沒有你的幫助也能過得很好；就算真的有問題，你也不可能憑一己之力解決問題——而是因為這世上最讓人受不了的，就是有才華、有幹勁的自私鬼。那種人真的很討厭，他們窮盡一輩子填補坑洞，到頭來只有把洞挖得更深。任誰都能成功，只有服務能讓你意識到自己在地球上生活的這段時間是多麼微不足道——卻又如此富含意義。

同樣重要的是，如果你是年輕人，那公共服務可以教你許多在學校學不到的事情。

在歐巴馬世界待了八年的我，學到了堅持不懈。二十一歲時，我以為站在歷史上正確的一方的人永遠自帶平靜光環，做好事就會讓人心情愉快，不然人幹麼要做好事？

現在，我想到「歷史上正確的一方」，會想到一個同事的離別派對。在派對快要結束時，他的一位前輩向他敬酒。

「過去一整年，亞各不停把備忘錄裡的數據做成投影片，再把同樣的投影片變回備忘錄。」前輩頓了頓，眾人會意地笑了起來。

「多虧他的努力，一億四千萬名美國勞工得以減稅。」

我相信這個故事的前後兩句都是事實。的確，遊行者、理想家與自由鬥士確實會帶來改變；但現在我也知道，坐在空氣悶熱、地毯很醜的辦公室辦事的工作人員，同樣能帶來改變。社會之所以能改變，是因為有人設下值得完成的目標，站上能完成目標的位子，即使在溫暖與快樂消失後仍不屈不撓。巴拉克·歐巴馬能當選，是希望的勝利；但他的總統任期，是堅持不懈的勝利。

我在歐巴馬世界待了八年，學到專注。歐巴馬總統就職時，新聞週期已縮短至二十四小時；他卸任後新聞週期已縮短至短短數秒。現在的美國總統時時刻刻承受巨大的壓力，必須以發推特文的十萬火急之速處理所有問題。我曾不止一次為歐巴馬總統的耐心感到煩躁；在我看來，他的耐心更像是拖延。不過歐巴馬的做法十之八九是對的。我從他身上學到：解決大問題的祕訣，就是先無視不值得花時間處理的小問題。

如果要寫「歐巴馬世界教我的事情」，我寫好幾頁都寫不完。我還學到決策的好壞與決策過程息息相關，我發現慷慨不是人格特質而是習慣。我還學到，所有人類——包括總統在內——嚼口香糖的時候看起來都有那麼點好笑。

但是，我當公務員這些年學到最有價值的一課是：世界上沒有「大人」這種東西，至少所謂「大人」和我小時候想像的人物不一樣。到某個特定的年紀後，世界上就沒有能讓你依賴的爸爸媽媽，倒是有多得嚇人的小孩。這些小孩有男女老少、高矮胖瘦、貧窮富有，政治地圖上各個角落都能看到他們的蹤影。

這，就是我對歐巴馬世界心懷感激的原因：在我成長的八年間，我經常被迫成為大人。小孩渴望快樂，大人渴望成就感；小孩要求他人鍾愛他們，大人憑自身言行獲得他人的尊敬；小孩重視他們獲取的事物，大人重視他們承擔的責任。大人和小孩之間最大的差異，就是他們愛的方式。

過去的我並不明白這點。二〇一一年某天晚上，我和賈姬才剛開始交往不到一個月，我喝了太多「島嶼薄荷酒」，管不住自己的嘴巴了。

「現在的問題是，」我宣稱，「我們的政治不夠愛。」

現在回想起來，我還真不曉得自己在說什麼鬼話。如果你是華府某一類型的人，可能會為了引誘人跟你上床而說這種話，我能成功用出這招完全是運氣好。如果我追問當時的自己，過去的我應該會承認，我說的「愛」其實比較接近「迷戀」。我初次看見那位來自伊利諾州的菜鳥參議員時，心中萌生的情感就是迷戀。**他太完美了！他懂我！只有他能讓世界變得跟他一樣完美！**

我現在知道，這樣的愛雖然美好，卻是孩子的愛。真正的愛——無論對象是總統、是一個人、是一個國家——有更多層次、更多不同的質感。真正的愛，是在一件事物的缺陷公諸於世後繼續為它奮鬥；真正的愛，是打從心底關心一個人，以致你不得不將那個人的健康與快樂擺在自己之上。愛不是一種感覺，它超越了感覺。愛，是在我們幻滅後，允許我們繼續相信的東西。

愛能使最黑暗的時刻亮起來。川普當選總統的四天後，我在賈姬面前單膝下跪，請她在未來無論多麼失望、無論幻滅了多少次，都繼續相信我。我應該說得比這個浪漫吧，其實那段記憶在我腦中一片模糊。無論如何，她能答應我，是我運氣太好。

我這麼說很奇怪，但我懷疑我們新的最高統帥不曉得賈姬答應和我結婚時，我心裡的感受。除了其他缺點之外，唐納．川普其實就是個七十歲的小孩——說實話，這就是他其他缺點的根源。

我來鳳凰城拜訪佐伊．林恩這天，也是總統就職典禮後第八天，我們清楚看見，讓巨嬰主掌白宮會帶來糟糕的後果。川普上任的第一週，我玩了無數次「從我上次看手機到現在，美國是不是又變得更慘了？」遊戲。

答案通常是「是，而且是變得非常慘」。國家環境保護局（Environmental Protection Agency，簡稱EPA）的科學家被下了封口令，新遣返規定將拆散無數移民家庭，法律的效力已經開始減弱，然而共和黨主導的國會忙著打壓消費者保護規範，無暇理會此事。

這一切很可怕，但並不意外。真正意外的是，儘管這個國家有缺陷，還是有許多人深愛它，不願放棄奮鬥。不曾關心政治的朋友突然都冒出來，問他們該怎麼幫忙。我無法給他們一個簡單的回答，但他們的提問本身就是答案了。這是美國最好的一面：儘管發生了不如意的事，我們依舊不屈不撓、驕傲且樂觀，讓我想起二〇〇八年的競選活動。

不用我說你應該也猜得到，史黛西．林恩參與了這場運動。她說選舉結果實在太可怕，隔天早上她甚至不願下床。但她還是回來奮鬥了，因為她別無選擇。一月十五日，她站在亞利桑那州民主黨參議員的辦公室外，要求議員保護她女兒的健保。就職典禮隔天，她與其他三百萬人加入了全美各地的女性大遊行（Women's March），參與了美國有史以來規模最大的抗議行動。

「這有點像我們和佐伊走過的這段路，」她告訴我，「你拿到一手爛牌，還是得振作起來，還是得站起來面對。」

我坐在史黛西家的廚房裡，腦中浮現好幾個問題。妳覺得我們能贏嗎？妳失望氣餒時都怎麼做？妳也和我一樣夜不能寐嗎？問題還沒出口，就被過動的六歲孩子打斷。佐伊近期得到一臺滑板車，巴不得出門玩。這才是小孩該有的樣子。多虧過去八年坐鎮白宮的男人，以及幫助他踏入白宮的所有人，佐伊能和其他孩子一樣不耐煩地蹦蹦跳跳。

這不代表一切將有好結局。車子離開林恩家的車道時，我開手機準備玩我最近愛玩的遊戲，赫然發現從幾個小時前到現在，美國又變得更慘了。川普總統希望能實現禁止穆斯林入境的競選承諾，他首先拿非洲與中東七個國家開刀，簽署一份結合了愚昧與惡意的行政命令。曾在伊拉克幫助美軍的譯者，現在像罪犯似地被困在機場。綠卡持有者被非法拘留，嬰兒得不到食物，老人弄不到藥物。令人心碎的故事頻頻傳出。

故事還沒說完。短短數小時內，幾千名美國公民自動湧入機場，律師紛紛站出來幫助受拘禁的人，美國公民自由聯盟（American Civil Liberties Union，簡稱ACLU）起訴川普總統並勝訴。混亂的一天即將結束，那晚，我看著手機螢幕上一段影片，臉上浮現一抹微笑。

影片中是約翰·甘迺迪國際機場——巴拉克·歐巴馬用一場演講改變我一生那晚，我搭機前往的機場。這回，航廈裡人潮洶湧，人們和當年參加造勢活動的觀眾同樣滿腔熱血。鏡頭轉向拘留室的大門，只見一名包著頭巾的中年女人走出來，親友衝上前與她相擁，她似乎放下了一顆沉甸甸的大石。女人緩緩走出機場時，周遭人群開始高聲歡呼：

「U、S、A！U、S、A！」

我詫異地發現，身在飯店房間裡的我也小聲加入他們的歡呼。

隔天午後，史黛西．林恩前去鳳凰城機場抗議，我則去機場搭機回家。飛機起飛了，我望向窗外逐漸縮小的房屋、街道與汽車，這時，莎拉．裴琳的聲音又陰魂不散地冒出來。

「所以呢……」她問。

但八天來，她的問句首次被無數個更重要的問題擠到一邊。佐伊．林恩以後能不能繼續使用健保呢？她能在充滿自由與機會的國家長大嗎？她能不能實現夢想，得到空手道黑帶，並當上學校校長，愛什麼時候辦防災演習就辦防災演習呢？

我不知道。沒有人知道。可是，我明白一件事：唐納．川普雖然成了我們的總統，他卻無法——而且是永遠無法——定義我們的國家。佐伊．林恩六歲了，現在，這裡仍然是巴拉克．歐巴馬的美國。

充滿可能性的美國。

Acks
「謝」

每個演講撰稿者都知道，謝辭要盡量寫得簡短；而且如果沒法寫得簡短，就絕對絕對不能不小心漏掉任何人的名字。我現在要打破第一條規則，第二條規則應該也不能倖免。所以我先說聲抱歉，接著來感謝幫助我完成這本書的以下這些人。

我的出版經紀人丹・格林伯（Dan Greenberg），謝謝你比我先領悟到我想表達的意思。

我的編輯丹妮絲・奧斯沃德（Denise Oswald），謝謝妳提出我答不上來的問題，並在我找到答案前一直支持我。

艾許麗・嘉蘭德（Ashley Garland）、詹姆斯・法辛托（James Faccinto）、梅根・狄恩斯（Meghan Deans）、米莉安・帕克（Miriam Parker）、索妮雅・雛斯（Sonya Cheuse）、艾瑪・加納斯基（Emma Janaskie）與Ecco出版社其他成員，謝謝你們確保這本書值得一讀，並將它帶給所有讀者。

凱瑟琳・波內斯（Catherine Burns）與Moth大家庭，謝謝你們給我友情、鼓勵，並用超強說故事技巧幫助我。

麥克・法拉赫、布拉德・詹金斯（Brad Jenkins）與Funny Or Die的團隊，謝謝你們對高品質作品的信念，以及你們持續出產好東西的堅持。

聯合人才經紀公司（United Talent Agency，簡稱UTA）的亞曼達・西姆森（Amanda Hymson）與傑森・利奇曼（Jason Richman），謝謝你們在提供策略意見的同時給予我支持。

文卡・拉弗勒、傑夫・努斯鮑姆、保羅・歐祖拉克與傑夫・謝索爾，謝謝你們在我還無法證明自己時，相信我有寫講稿的能力。

瓦勒莉・賈瑞特、科迪・基南、喬恩・法夫羅與麥克・斯特拉曼尼斯，謝謝你們給我千載難逢的機會（有些還是第二次機會）。

我在白宮那段時間，所有（免費且很多時候不具名）為歐巴馬總統寫笑話的人——賈德・阿帕托、大衛・阿克塞爾羅、貝絲・阿莫吉達（Beth Armogida）、凱文・布萊葉、喬恩・拉維特、安德魯・羅、妮娜・佩德拉、皮特・舒爾茲（Pete Schultz）、內爾・史科弗爾、瑞秋・斯克拉爾（Rachel Sklar）、威爾・斯蒂芬（Will Stephen）、凱蒂・利奇（Katie Rich）、托米・維托（Tommy Vietor）與西廂寫手團隊——謝謝你們提供優秀的笑話，有了你們的幫助，就算搞笑獨白的時間延長五倍也不成問題。

總統與第一夫人撰稿團隊的同事們——戴維・卡維爾（Dave Cavell）、勞菈・狄恩（Laura

Dean）、莎拉・赫維茲（Sarah Hurwitz）、蘇珊娜・傑克卜（Susannah Jacob）、史帝夫・克魯平（Steve Krupin）、泰勒・勒登堡（Tyler Lechtenberg）、凱爾・歐康諾、莎拉達・佩利、安內什・拉曼（Aneesh Raman）、卡林・瑞邱（Carlin Reichel）、梅根・盧尼（Megan Rooney）與泰瑞・祖普拉——我永遠不會忘記你們的才華與友誼，也謝謝你們當初只有偶爾笑我辦公室太亂。

奉獻時間讓這本書變得更好的所有人，謝謝你們花時間閱讀部分章節、鼓勵我，或給我價值連城的建議。以下是我該感謝的人們（的一小部分）：麥克・柏比葛利亞、喬安娜・科爾斯（Joanna Coles）、比利・埃西納、阿什利・福克斯（Ashley Fox）、彼得・戈德溫（Peter Godwin）、班・奧林（Ben Orlin）、泰格・諾塔洛、B・J・諾瓦（B. J. Novak）、艾瑞克・歐特納（Eric Ortner）、凱文・羅（Kevin Roe）、大衛・施達里斯（David Sedaris）、艾瑞克・史密斯、金寶爾・斯特勞德（Kimball Stroud）與亞歷珊卓・維奇。

最後，我在俄亥俄州的志工團隊、白宮同事與競選團隊的同事，謝謝你們啟發我。我在寫書時冷落了的朋友們，謝謝你們現在原諒我。我的家人，謝謝你們的慷慨與寬容。我的父母，謝謝你們相信我，並且一直以身作則。我最該感謝的是賈姬，謝謝妳給我的一切。

PEOPLE叢書 0443

謝謝，歐巴馬 THANKS, OBAMA——我在白宮燒腦寫講稿的年輕歲月

謝謝，歐巴馬：我在白宮燒腦寫講稿的年輕歲月 / 大衛．利特（David Litt）著；朱崇旻譯. -- 一版. -- 臺北市：時報文化，2019.12
面； 公分. --（PEOPLE叢書；PEI0443）
譯自：Thanks, Obama : my hopey, changey White House years
ISBN 978-957-13-8063-6（平裝）

1.利特（Litt, David, 1986-） 2.傳記

785.28 108021223

作者 大衛・利特（David Litt）｜譯者 朱崇旻｜編輯 黃筱涵｜校對 簡淑媛｜美術設計 張文德｜內文完稿 藍天圖物宣字社｜第一編輯部總監 蘇清霖｜董事長 趙政岷｜出版者 時報文化出版企業股份有限公司 10803台北市和平西路三段240號3樓 發行專線—(02)2306-6842 讀者服務專線—0800-231-705・(02)2304-7103 讀者服務傳真—(02)2304-6858 郵撥—19344724時報文化出版公司 信箱—10899 臺北華江橋郵局第99信箱 時報悅讀網—http://www.readingtimes.com.tw｜法律顧問 理律法律事務所 陳長文律師、李念祖律師｜印刷 勁達印刷有限公司｜一版一刷 2019年12月27日｜定價 新台幣420元｜版權所有 翻印必究（缺頁或破損的書，請寄回更換）

時報文化出版公司成立於一九七五年，並於一九九九年股票上櫃公開發行，於二〇〇八年脫離中時集團非屬旺中，以「尊重智慧與創意的文化事業」為信念。

ISBN 978-957-13-8063-6
Printed in Taiwan